Alice Bota
Die Frauen von Belarus

ALICE BOTA

DIE FRAUEN VON BELARUS

VON REVOLUTION, MUT UND DEM DRANG NACH FREIHEIT

BERLIN VERLAG

Mehr über unsere Autorinnen, Autoren und Bücher:
www.berlinverlag.de

ISBN 978-3-8270-1442-9
2. Auflage 2021
© Berlin Verlag in der Piper Verlag GmbH, Berlin/München 2021
Satz: Uhl+Massopust, Aalen
Gesetzt aus der Calluna
Druck und Bindung: CPI books GmbH, Leck
Printed in the EU

INHALT

Eine kleine Gebrauchsanleitung   6

1. Leben im Exil   12
2. Vor dem Sturm   19
3. Dreister Wahlbetrug   47
4. »Es war eine Revolution in mir« – Swetlana Tichanowskaja   66
5. Die Macht der Frauen   101
6. »Wenn nicht wir Frauen, wer dann?« – Veronika Zepkalo   124
7. Das System schlägt zu   141
8. »Die Freiheit ist den Kampf wert« – Maria Kolesnikowa   169
9. Die Sprache der Zukunft   191
10. Ein weißer Fleck in Europa   208
11. Schon gescheitert oder noch nicht gesiegt?   222

Dank   235
Literatur   238

EINE KLEINE GEBRAUCHSANLEITUNG

Ich war Zeugin, als in Georgien 2008 gegen den damaligen Präsidenten demonstriert wurde. Ich stand dabei, als 2011 in Tel Aviv Tausende gut gelaunt ihre Zelte aus Protest gegen die Wohnungsnot aufbauten. Ich folgte einem Sarg, als bei den Maidan-Protesten in der Ukraine 2014 der erste Demonstrant getötet wurde. Ich schaute ungläubig zu, als bei der Samtenen Revolution in Armenien 2018 der Machtwechsel friedlich gelang und auf den Straßen getanzt wurde. Ein Jahr später folgten die Proteste in Moskau, zu denen auch Alexej Nawalny aufrief und die nicht ganz so fröhlich waren. Ich kenne das alles. Protestbewegungen sind nicht neu für mich. Eher journalistisches Tagesgeschäft. Aber dann kam Belarus 2020.

Diese Protestbewegung hat mich um den Schlaf gebracht. Ja, wirklich: Meist wurde am Wochenende demonstriert. Dann lag das Handy neben meinem Bett, und ich verfolgte unaufhörlich die sich ständig aktualisierenden Zahlen über Festnahmen. Ich schrieb über Messengerdienste an meine belarussischen Gesprächspartner: »Hallo, ist alles in Ordnung bei Ihnen?« Oder: »Wissen Sie schon, wann Ihre Frau wieder freikommt?« Oder: »Können Sie sprechen? Sind Sie verletzt?« Manchmal wartete ich bis zum Morgengrauen auf Antwort. Wenn keine kam, wusste ich Bescheid: Haft also.

In den ersten Monaten nach der gefälschten Wahl im August 2020 konnte ich nicht durchschlafen. Das Thema, die Schicksale, das Engagement waren mir unter die Haut gekrochen. Zum einen konnte ich nicht glauben, was sich in nächster Nähe zu Deutschland abspielte. Es hat etwas Erhabenes, wenn Menschen ihre Angst überwinden und sich einem ungleichen Kampf stellen, obwohl sie so unendlich viel zu verlieren haben. Wenn sie friedlich bleiben, obwohl sie so viel Gewalt erfahren. In dem Moment, da ich dieses Vorwort schreibe, dauern die Proteste seit fast 300 Tagen an.

Klein sind sie geworden, immer weniger sichtbar, aber sie sind noch immer nicht verschwunden. Ich muss an ein Interview mit dem ukrainischen Philosophen Michail Minakow denken, der sich die Daten sozialer Proteste der vergangenen 120 Jahre angeschaut hatte. Er fand keinen einzigen vergleichbaren Protest, der so lange friedlich geblieben war wie der in Belarus.

Zum anderen schien es mir kaum zu fassen, wie lange es gebraucht hatte, bis diese Bilder in Deutschland einsickerten und schließlich Anteilnahme und Solidarität bewirkten – und wie schnell die Wirkung dieser Bilder dann doch wieder verblasste. Als wäre das Land weit weg von uns in Deutschland. Als ginge es bei den Ereignissen in Belarus nicht um viel mehr als um das Land: nämlich um den Kampf um Grundrechte. Um Freiheit. Um Selbstbestimmung. Um eine zutiefst europäische Geschichte.

Dieses Buch will eine Übersetzungshilfe sein. Es will eine Gesellschaft, die fern und fremd erscheint, in Deutschland vertrauter machen. Ich hoffe, es spricht auch zu jenen, die nichts von Belarus wissen, aber seit dem Sommer davon gehört haben. Und wer sich nicht für Belarus und Machttransitionen interessiert, den fesselt vielleicht die Geschichte dahinter von der weiblichen Selbstermächtigung. Davon, wie drei Frauen den Diktator Alexander Lukaschenko herausgefordert und sich schließlich in einer breiten Protestbewegung ihre Sichtbarkeit erkämpft haben – und wie diese Bewegung ihren Anteil daran trug, dass die Proteste gegen Lukaschenko friedlich blieben.

Deshalb will dieses Buch beides. Einerseits stellt es die drei entscheidenden politischen Akteurinnen vor: die Lehrerin und Hausfrau Swetlana Tichanowskaja, die Musikerin Maria Kolesnikowa und die IT-Managerin Veronika Zepkalo. Und andererseits gibt es Raum für viele unbekannte Frauen: Ärztinnen, Programmiererinnen, Mütter, Lehrerinnen, PR-Managerinnen, Hausfrauen, Feministinnen, die in Belarus oder im Exil leben und davon erzählen, wie dieser Sommer 2020 und die Proteste sie für immer verändert haben.

Man muss sich nichts vormachen: Natürlich ist eine so breite Massenbewegung keine allein weibliche Sache. Sie wird von allen getragen: von Konservativen wie Liberalen, von Alten wie Jungen, von Frauen wie Männern. Aber ausnahmsweise soll es nicht um die Männer gehen. Sondern um die Frauen, um ihre Geschichten der Überwindung und ihre Selbstermächtigung. Das hat es so noch nie östlich von Deutschland gegeben – und doch ist es ein universelles Thema. Ein Soundtrack, der auch in Deutschland noch oft genug abgespielt wird.

Ein Buch zu schreiben bedeutet, Entscheidungen zu treffen. Manche sind mir nicht leichtgefallen. Die Frage nach der geschlechtergerechten Sprache zum Beispiel. Natürlich wandelt sich Sprache, und wie schnell Wandel manchmal gehen kann, davon erzählt nicht zuletzt auch dieses Buch. Also ist es naheliegend, mit Binnen-I oder Sternchen auszudrücken, dass Frauen nicht nur mitgemeint, sondern Teil des Ganzen sind. Zumal in einem Buch über weibliche Selbstermächtigung!

Und doch habe ich mich dagegen entschieden. Denn über

weite Strecken zitiere ich belarussische Gesprächspartnerinnen. Die aber gendern nicht, wenn sie über sich selbst oder Mitstreiterinnen auf Russisch sprechen. Das ist im Russischen nicht üblich. Es ist sogar noch immer selten, weibliche Berufsformen zu benutzen: Politikerin, Ärztin, Künstlerin, Schriftstellerin. Mir jedenfalls riet meine – übrigens äußerst emanzipierte – Moskauer Russischlehrerin von der Verwendung ab. Die weibliche Form, fand sie, habe etwas »Entwertendes« an sich. Ich habe mich dennoch weiterhin als »Korrespondentin« vorgestellt – aber ich konnte und wollte diese Entscheidung nicht stellvertretend für meine Gesprächspartnerinnen treffen. Gerade wenn Sprache Selbstbestimmung widerspiegeln soll, wäre mir ein solcher Schritt übergriffig erschienen.

Mein Kompromiss: So gut wie immer nenne ich im Buch bei den allgemeinen Passagen die weiblichen Formen. Manchmal bleibt es beim generischen Maskulinum, an einigen wenigen Stellen erlaube ich mir, ein generisches Femininum auszuprobieren. Und wo die deutsche Übersetzung absurd gewirkt hätte, zum Beispiel, wenn Maria Kolesnikowa in einer Rede zum internationalen Frauentag von sich selbst als »Feminist« spricht, habe ich die Übersetzung angepasst und die weibliche Form benutzt.

Der andere Kompromiss: der Umgang mit dem Belarussischen, einer noch immer verdrängten Sprache. Schreibe ich »Belarus«, obwohl jahrzehntelang »Weißrussland« galt? Das zu entscheiden war einfach, ich bin den Empfehlungen der deutsch-belarussischen Historikerkommission gefolgt. Außerdem leuchtet mir ein, dass »Weißrussland« nach einer weiteren westlichen Oblast von Russland klingt. Aber dann wird es schon schwieriger: »belarussisch« oder »belarusisch«? Ich habe mich für Ersteres entschieden, obwohl es gute Gründe für Zweiteres gibt.

Oder die Namen der drei entscheidenden Frauen – wie schreibe ich sie? Auf Belarussisch? Dann hieße das Frauentrio Maryja Kalesnikawa, Weranika Zapkala und Swjatlana Zichanouskaja. Oder verwende ich die russische Schreibweise? Russisch ist in Belarus zweite Amtssprache, wird von der überwältigenden Mehrheit benutzt. Die Auseinandersetzung über die Sprache spielt, anders als im ukrainisch-russischen Verhältnis, bei diesem Aufstand keine Rolle. Zwei der drei Frauen beherrschen deutlich besser Russisch als Belarussisch und benutzen fast immer ihre russischen Namen. Wenn die Gesprächspartner und -partnerinnen nicht auf der belarussischen Schreibweise bestanden, bin ich deshalb der russischen Variante gefolgt. Im Buch heißen die drei Frauen Maria Kolesnikowa, Veronika Zepkalo und Swetlana Tichanowskaja, genauso wie in meinen Artikeln für die *Zeit*. Sicherlich ist das kein idealer Kompromiss, aber einer, mit dem die Leserinnen und Leser und vor allem hoffentlich die belarussischen Gesprächspartnerinnen leben können.

Der schmerzlichste Kompromiss betrifft die Recherche. Persönliche Treffen mit Belarussen und Belarussinnen fanden nicht in Belarus statt, sondern im Ausland. Um vor Ort Informationen und Quellen zu sammeln, war ich auf Online-Gespräche und Videoschalten angewiesen. Um die hundert Interviews habe ich in den vergangenen Monaten geführt. Jedes Gespräch beendete ich mit der Frage, ob Namensänderungen aus Sicherheitsgründen nötig seien oder die Verfremdung persönlicher Angaben. Biografische Details sucht man in dem Buch deshalb meist vergeblich – außer bei den drei bekannten Frauen. Manche Gesprächspartner und Gesprächspartnerinnen hatten nichts dagegen, mit vollem Namen genannt zu werden – und manche änderten Wochen später dann doch ihre Einschätzung. Bei anderen war es notwendig, selbst den Vornamen zu verschleiern – diese Änderungen sind im Buch kenntlich genannt. Auf die Nennung von Nachnamen habe ich verzichtet. Selbst wenn die Gesprächspartnerin nicht dagegen war, erschien mir die Dynamik der politischen Prozesse in Belarus als zu unberechenbar und zu gefährlich, um das Wagnis einzugehen. Was gestern noch unverfänglich war, steht heute unter Strafe. Wer könnte schon sagen, was morgen ist?

Ich hatte sehr gehofft, vor Ort recherchieren zu können. Wieder und wieder hatte ich Diplomaten kontaktiert und das belarussische Außenministerium. Aber es war nichts zu machen. Die Eindrücke vom Land Belarus, die ich im Buch wiedergebe, stammen von früheren Reisen. Gegenwärtig darf ich noch immer nicht in das Land einreisen. Im Herbst 2020 hat das Regime allen ausländischen Korrespondenten und Korrespondentinnen die Akkreditierungen annulliert.

Seither gehöre ich zum Kreis jener, die kein neues Visum und keine neue Presseakkreditierung erhalten haben. Von Woche zu Woche wurde ich vertröstet, von Monat zu Monat. Einige Kollegen und Kolleginnen hatten schon lange ihre Papiere erhalten. Bis mir schließlich klar wurde, dass dieses Verschleppen in meinem Fall System hat. Ich weiß, dass sich manche europäische Diplomaten in Minsk in Hintergrundgesprächen sehr für mich eingesetzt haben, und dafür möchte ich danken. Doch das Regime, das die Corona-Pandemie weitestgehend ignoriert hat, fand sogar eine Begründung, warum es mir keine Papiere ausstellen könne: und zwar wegen Corona.

Berlin, im Juni 2021

1.

LEBEN IM EXIL

In der Schaltzentrale

Die Tür fliegt auf, Swetlana Tichanowskaja kommt herein – und ist kaum wiederzuerkennen. Selbstbewusst wirkt sie, strahlend, sehr professionell, aber auch vorsichtig, irgendwie tastend. Wie sich doch ein Mensch binnen eines halben Jahres wandeln kann, denke ich.

Es ist ein verschlafener Februarsamstag in Litauen 2021. Noch kein Jahr zuvor, im vergangenen Sommer, war Swetlana Tichanowskaja die unsichere Hausfrau aus der belarussischen Hauptstadt Minsk, die das Schicksal ins Scheinwerferlicht gezerrt hatte. Sie hasste Schminke, machte sich nicht viel aus Kleidung, hatte für aufwendige Haarfrisuren keine Zeit. Jetzt trägt sie ein seriös wirkendes Etuikleid und hohe Absätze. Ihr Gesicht ist sorgfältig gepudert, die Augenbrauen sind perfekt nachgezogen, die Augen mit Lidschatten betont. Die langen Haare hat sie abgeschnitten – ihre Stylistin hat ihr zu einem kinnlangen Bob geraten. Sie sucht auch die Kleider für Swetlana Tichanowskaja aus, wenn sie auf Dienstreisen geht oder Regierungschefs trifft. Ein Visagist hat ihr beigebracht, wie sie sich am vorteilhaftesten schminkt.

Ist es nötig, das Äußere dieser 38-jährigen Frau so ausführlich zu beschreiben? Ja, denn Macht ist immer auch eine Frage der Wahrnehmung. Das weiß Swetlana Tichanowskaja mittlerweile nur zu gut. Ihr Äußeres spiegelt die innere Wandlung einer Frau wider, die sich in einem neuen Leben zurechtfinden muss. Sie wollte dieses Leben nicht. Es bedeutet eine ungeheuerliche Zumutung. Aber Swetlana Tichanowskaja versucht, es anzunehmen und auch äußerlich zu einer Person zu werden, die diese neue Rolle mit ihren Erwartungen auszufüllen vermag.

Kleider, Make-up, Interviews, Treffen mit mächtigen Politikern auf der ganzen Welt – nichts davon war im früheren Leben von Swetlana Tichanowskaja je wichtig. Damals, am 9. August 2020, mussten ihre Weggefährtinnen sie überreden, sich zu schminken. Es war der Wahltag, der alles in Belarus unwiederbringlich verändern sollte – auch ihr eigenes Leben. Swetlana Tichanowskaja gab in der Minsker Schule Nummer 137 ihren Stimmzettel ab. Sich dafür zurechtzumachen fand sie überflüssig. Aber ihre Mitstreiterinnen ließen nicht nach: Immerhin würden Hunderte internationale Reporter auf sie warten! Bilder seien wichtig! Tichanowskaja gab nach.

Früher war sie mit den Kindern meist allein in ihrer Dreizimmerwohnung in der belarussischen Hauptstadt Minsk und wartete, dass ihr Mann am Wochenende nach Hause kommen würde. Heute leitet sie in der litauischen Hauptstadt Vilnius in einem modernen Bürokomplex ihren Stab mit etwa 20 Leuten, der die gesamte Etage einnimmt. Hier ist jetzt ihre Schaltzentrale, von der aus sie ihre Botschaften an die Welt sendet: dass sie die gewählte Anführerin eines freien Belarus ist; dass die Europäische Union mehr tun muss gegen ihren Gegner, den belarussischen Diktator Alexander Lukaschenko; dass die Belarussen und Belarussinnen Hilfe brauchen, weil sie es angesichts der staatlichen Repressionen und der Gewalt allein nicht schaffen.

Siebter Stock des Bürokomplexes, in dem Swetlana Tichanowskajas Stab untergebracht ist. Hinter der Eingangstür sitzt ein breitschultriger Wachmann. Er schaut kurz hoch und lässt mich ohne Reaktion passieren. Der Flur teilt sich, ein Gang führt nach links, einer nach rechts. Im rechten Gang laufen Studenten und Studentinnen aus Belarus mit Kaffeebechern in der Hand. Hier im Exil arbeiten sie an einer demokratischen Zukunft daheim, recherchieren, betreiben Blogs, Youtube-Sendungen und halten Kontakte nach Belarus.

Links liegt der Trakt des Stabes. In diesen Teil der Büro-Etage dürfen nur Swetlana Tichanowskaja und ihr Team. Als Erstes kommt ihr schlichtes Büro, das an diesem Samstag abgeschlossen ist. Dann folgt ein großer offener Raum mit langen Tischreihen, der an einen Seminarraum erinnert – hier arbeitet das Team. Dahinter öffnet sich eine Küche mit Espressomaschine und Pizzakartons, die sich in der Ecke stapeln. Und dann noch ein mit Glaswänden abgetrennter Raum mit Kamera-Ausrüstung und weiß-rot-weißer Fahne, als Hintergrund für Interviews und Online-Schalten.

Swetlana Tichanowskaja hat jetzt einen Berater für internationale Beziehungen, eine Expertin für Kommunikation, die in mehreren Sprachen die Twitter- und Telegramkanäle bespielt, und eine potenzielle Ministerin für Bildungspolitik. Es gibt einen Beauftragten für die künftige Verfassungsreform und einen für die Außenpolitik. Letzterer heißt Valerij Kowalewskij, hat früher als Diplomat für Alexander Lukaschenko gearbeitet, vor 15 Jahren ernüchtert ob Lukaschenkos wiederholter Wahlfälschungen den Machtapparat verlassen und sich im Dezember 2020 Swetlana Tichanowskajas Team angeschlossen. »Meine Anführerin ist Swetlana Tichanowskaja. Ich habe für sie gestimmt«, sagt er. Es ist eine Art Schattenkabinett, auch wenn Tichanowskaja es nicht so nennt. Es bereitet sich auf die Stunde null vor: darauf, dass

Alexander Lukaschenko abtritt und es endlich faire Wahlen gibt in Belarus. »Irgendwann wird ein neuer Präsident kommen. Wir wissen nicht, was Lukaschenko hinterlässt. Vielleicht bleibt da nur verbrannte Erde. Vielleicht wird man mit allem ganz von vorn anfangen müssen«, sagt Swetlana Tichanowskaja. Darauf wolle sie ihr Land nun vorbereiten.

An diesem Februarsamstag, während ihre Mutter auf die Kinder aufpasst, wird sich Swetlana Tichanowskaja noch häufiger umziehen, ausgeleuchtet werden und mit ernsthaftem Blick für die Kamera posieren. Professionelles Fotoshooting für ihre Homepage und die sozialen Medien. Sie verschwindet wieder nach nebenan, wo der Fotograf auf sie wartet. Zurück bleibt ihre Pressefrau Anna Krasulina, die vor Freude strahlt: »Toll, oder? Dort der fürchterliche Lukaschenko und hier unsere schöne Anführerin!«

Wie der Plot einer Netflixserie

Wie im Zeitraffer und unter brutal schwierigen Bedingungen vollzieht sich die Metamorphose einer vormals unpolitischen Frau zu einer Politikerin. Angela Merkel galt mal als »Kohls Mädchen«, als unbedarft und überfordert, bis sie schließlich zu einer der mächtigsten Frauen der Welt wurde. Doch wofür Merkel viele Jahre Zeit hatte, muss die Belarussin Swetlana Tichanowskaja binnen weniger Monate schaffen. Während sie sich wandelt, während sie mit ihrer neuen Rolle hadert, sieht sie täglich, wie hoch der Preis ist, den Belarussinnen und Belarussen in der Heimat zahlen: Sie werden eingesperrt, gedemütigt, geschlagen. Und jeder Belarusse, jede Belarussin kann wiederum in Echtzeit Swetlana Tichanowskaja dabei zuschauen, wie sie lernt, wie sie sich verändert und, ja, auch wie sie Fehler macht.

Müsste man einem Menschen, der das Jahr 2020 dornröschenhaft verschlafen hat, erklären, was in diesem Jahr geschehen ist, man käme aus dem Erzählen gar nicht mehr heraus. Großbritannien verabschiedete sich aus der Europäischen Union. Eine Pandemie lähmte die ganze Welt. Donald Trump suchte sich nach seiner Wahlniederlage an die Macht zurückzuputschen. Doch die unglaublichste Geschichte spielte sich mitten in Europa ab, gerade mal anderthalb Flugstunden von Berlin entfernt: in Belarus. Ein Land mit 9,3 Millionen Einwohnern, gelegen zwischen der EU, der Ukraine und Russland, seit 26 Jahren von einem Diktator beherrscht.

Was 2020 in Belarus geschehen ist, klingt, als hätte sich ein überambitionierter Drehbuchschreiber eine Politserie für Netflix ausgedacht und es zu gut gemeint mit den unerwarteten Wendungen: Ein Blogger will Alexander Lukaschenko herausfordern und Präsident von Belarus werden. Doch noch bevor er als Kandidat zugelassen wird, lässt Lukaschenko ihn einsperren. Daraufhin erklärt die Frau des Bloggers, Swetlana Tichanowskaja, dass sie anstelle ihres Mannes kandidieren wolle. Sie wird belächelt, denn sie ist nur eine politisch ahnungslose Hausfrau. Und weil sie so harmlos wirkt, lässt die Wahlbehörde sie tatsächlich für die Präsidentschaftswahl zu.

Swetlana Tichanowskaja ist überfordert, doch sie bekommt Hilfe von zwei Verbündeten: der IT-Managerin Veronika Zepkalo, deren Mann Valerij ebenfalls kandidieren wollte und nicht zugelassen wurde. Und der Musikerin Maria Kolesnikowa: Auch ihr Freund Viktor Babariko wollte gegen Lukaschenko antreten und wurde dafür zusammen mit seinem Sohn verhaftet. Die Frauen ziehen gemeinsam durch belarussische Städte, sprechen auf Bühnen zu Zigtausenden und schaffen allen staatlichen Schikanen zum Trotz ein Wunder: Nie zuvor kamen in der jungen Geschichte des Landes so viele Menschen in den unterschiedlichsten Regionen zusammen. Menschen, die alle für Swetlana Tichanowskaja sind. Oder, genau genommen: Sie sind gegen den Diktator Alexander Lukaschenko. Swetlana Tichanowskaja ist lediglich das Versprechen auf eine Alternative. Mit ihr wird die Chance auf Wandel für sehr viele Menschen überhaupt erst denkbar, dann greifbar.

Doch am 9. August 2020, dem Wahltag, veranlasst Lukaschenko die dreisteste Wahlfälschung in der Geschichte des Landes. Bis auf seine Wahl 1994 hatte er jede Wiederwahl gefälscht, damit es aussah, als würde so gut wie das ganze Volk hinter ihm stehen. Aber dieses Mal war das Ausmaß der Fälschungen beispiellos. Alexander Lukaschenko ließ sich mit 80,1 Prozent zum Sieger ausrufen – eine schamlose Lüge. Nie da gewesene Proteste begannen.

Einen Tag später, in der Nacht zum 11. August, wurde Swetlana Tichanowskaja gezwungen, Belarus zu verlassen. Die IT-Managerin Veronika Zepkalo war schon am Tag der Wahl zu ihrer Familie nach Moskau gereist und stimmte dort in der Botschaft ab. Die Musikerin Maria Kolesnikowa beschloss zu bleiben – koste es, was es wolle. Seit dem 8. September 2020 sitzt sie im Gefängnis. Ihr drohen bis zu zwölf Jahre Haft.

Hier würde eine Netflixserie üblicherweise enden, Fortsetzung nicht vorgesehen. Die drei Frauen – sind besiegt. Sie sitzen im Knast oder leben in der Verbannung. Es ist vorbei. Kein Happy End.

Doch die Geschichte geht weiter. Sie erzählt vom Aufbruch, von der Sehnsucht nach einer ganz gewöhnlichen Zukunft und von der weiblichen Selbstermächtigung. Und sie hat jetzt schon Belarus verändert. Drei Frauen haben etwas losgetreten, das sich selbst mit brutalster Staatsgewalt nicht wieder einfangen lässt. Belarus wird nie mehr sein wie früher, und die Leben der drei Frauen auch nicht. Swetlana Tichanowskaja kämpft im Exil. Es ist ein doppelter Kampf, den sie führt: ein Kampf um die Zukunft ihres Landes und ein Kampf mit sich selbst, bei dem es darum geht, wer sie sein will. Die IT-Managerin Veronika Zepkalo lebt mit ihrer Familie im lettischen Riga und harrt der Rückkehr nach Belarus. Und Maria Kolesnikowa schreibt am 17. September 2020 ihren ersten Brief aus dem Gefängnis an ihren Vater.

> *Hallo,*
> *Ihr könnt euch nicht vorstellen, wie mich dieses Gefühl der Unge-*
> *rechtigkeit und der Hilflosigkeit gestärkt hat, als sie mich gegen*
> *meinen Willen aus dem Land bringen wollten. Vor allem, wenn*
> *man berücksichtigt, vor was für eine Entscheidung mich der erste*
> *Stellvertreter des Innenministers gestellt hat: 25 Jahre Zone (Lager)*
> *zahnlos Hemden nähen für die Sicherheitsleute oder eben aus-*
> *reisen. Ich habe mich entschieden, zu bleiben. Keine Minute bereue*
> *ich meine Entscheidung! Die Freiheit ist es wert, um sie zu*
> *kämpfen. Alles wird gut! Ihr seid unglaublich!*
> *Eure Mascha*
> *Untersuchungsgefängnis Nummer 8, Schodino*

Was für Aussichten: Hemden nähen im Akkord für Lukaschenkos Handlanger, eine typische Tätigkeit für Insassinnen eines bela-russischen Straflagers. Maria Kolesnikowa hat ihre Entscheidung getroffen.

2.

VOR DEM STURM

Ein Politiker des Gestern

Wann hat das alles angefangen? Wann bekam das System, das unzerstörbar wirkte, die ersten feinen Risse? Die Hauptstadt Minsk wirkt wie eine Kulisse eines längst vergangenen Sozialismus. Die Straßen sind nach Lenin, Dserschinskij und anderen sowjetischen Henkern benannt. Wuchtige Magistralen fressen sich durch die Stadt und führen an überdimensionierten Plätzen vorbei, groß und oft leer, sodass der Mensch nicht anders kann, als sich klein und nichtig zu fühlen. Sauber ist es, sehr sogar – es ist diese Art von Sauberkeit, die autokratischen Ländern oft eigen ist und bei Besuchern Eindruck schindet. Alles ist in schönste Ordnung gebracht, die Straßen sind sorgfältig gefegt, die Wände frei von Graffitis – und taucht doch mal eine Schmiererei auf, wird sie sogleich übermalt.

Üppige Fassaden aus der Stalin-Zeit säumen das Zentrum, an jeder Straßenecke gibt einem die Hammer-und-Sichel-Symbolik das Gefühl, die Sowjetunion habe hier überlebt. Und an den Rändern von Minsk stehen graue Platten in Reih und Glied, als hätte sie Leonid Breschnew eben erst fertigstellen lassen. Selbst der Geheimdienst heißt in sowjetischer Manier noch heute KGB.

Beherrscht wird die Kulisse von einem einzigen Mann. Er hasst das Internet, sieht aus wie gerade dem Politbüro entsprungen und lässt alljährlich das Jubiläum der bolschewistischen Oktoberrevolution feiern. Auf Alexander Lukaschenko ist alles ausgerichtet: die Regierung, die Fernsehsender, das Parlament, der Sicherheitsapparat, das Militär. Seit fast 27 Jahren schon. Der belarussische Publizist Anatolij Majsenja nannte Lukaschenkos System nur zwei Jahre nach dessen Wahl 1994 »einen politischen Albtraum, geschaffen aus der Vergangenheit«.

Es ist schwer, Alexander Lukaschenko politisch zu verorten. Er ist ein Politiker des Gestern. Er war für den Erhalt der Sowjetunion, hat nur kurz nach seiner Wahl zum Präsidenten 1994 die sowjetischen Symbole zurückgebracht und überhöht Stalin trotz des unvorstellbaren Leids, das dieser über Belarus gebracht hat. Doch ein Kommunist ist Alexander Lukaschenko nicht. »Er hat keine konkreten sozialen Ideen, keine Ideologie, die ein Ziel oder ein Modell für die Umgestaltung der Gesellschaft formulieren würde«, schreibt der belarussische Politikwissenschaftler Valerij Karbalewitsch in einer Biografie über Alexander Lukaschenko. Lukaschenkos Ideologie heißt Macht. Er verstehe sie nicht als Mittel, sondern als Ziel in sich, als Selbstvergewisserung seiner selbst. Ich herrsche, also bin ich. »Ein Leben ohne Macht ist für Lukaschenko unvorstellbar. Es verliert jeden Sinn«, schreibt Karbalewitsch.

Vor über zehn Jahren erschien auf Russisch seine viel beachtete Lukaschenko-Biografie, die ein nicht gerade schmeichelhaftes Bild von Lukaschenko zeichnet. Karbalewitsch beschreibt ihn als einen unsteten, komplexbeladenen Menschen, der durch einen unersättlichen Machthunger getrieben ist. Ein Machtfanatiker. Lukaschenko weise gewisse pathologische Charakterzüge auf, stellte Karbalewitsch schon damals fest. Er sei zu allem bereit, wenn es seiner Macht diene.

Nach so einer Veröffentlichung wähnte ich Valerij Karbalewitsch im Ausland, doch er lebt noch immer in Belarus und lacht höflich über die Frage, wie es möglich sei, dass er in Minsk unbescholten seiner Arbeit nachgehe. »Lukaschenko ist nicht wichtig, was über ihn geschrieben wird, sondern *dass* über ihn geschrieben wird. Als ich in Moskau war, stand mein Buch über ihn in den Läden in einer Reihe mit den Biografien über Thatcher und de Gaulle. Das schmeichelt ihm.«

Alexander Lukaschenko hat es viele Jahre lang vermocht, gesellschaftliche Stimmungen zu erahnen und den richtigen Ton zu finden, wenn er zum Volk sprach. Als er sich 1994 zur Präsidentschaftswahl aufstellen ließ, gewann er, weil er den Korruptionsbekämpfer gab, Reformen und ein besseres Leben versprach. Kaum war er an der Macht, erfand er sich neu: als Garant für Stabilität, für Frieden und Ruhe in Belarus.

Er verbesserte die Lebensbedingungen, die Gehälter stiegen, die hohe Inflation ging zurück, die Wirtschaftsleistung nahm zu. Aber er scheute echte Reformen. Weder modernisierte er die staatlichen Industrien und sorgte dafür, dass die Betriebe global konkurrenzfähig werden, noch schuf er bessere Bedingungen für Unternehmer und Selbstständige. Er konservierte das alte System. »Lukaschenko kann seiner Natur nach kein Reformer sein«, sagt Karbalewitsch. Er sei kein Mann der Zukunft. Schon vor über einem Jahrzehnt schrieb der Politologe, dass es für Alexander Lukaschenko unmöglich geworden sei, je abzutreten. Das System, das er erschaffen hat, ist in allen politischen und gesellschaftlichen Bereichen ganz und gar auf ihn ausgerichtet: Alexander Lukaschenko *ist* das System geworden, das sich keinerlei Veränderungen erlauben darf. Denn Veränderungen könnten den Zusammenbruch bedeuten.

Doch wie konnte in einem Land, in dem das Gestern über das Heute regiert, der kühne Glaube aufgehen, dass es gar so etwas wie eine Zukunft, ein anderes Leben geben könnte?

Als ich nach dem Anfang dieser unglaublichen Geschichte suche, stelle ich fest: Es gibt ihn nicht, diesen einen entscheidenden Moment, der alles auf den Kopf stellt, den ultimativen Wendepunkt. Die Veränderung hat sich angeschlichen. Es sind viele individuelle Erlebnisse, die am Ende zu einem Ausbruch führen – oder besser: einem Aufbruch.

Manche spürten die Veränderung schon im März 2006, als Alexander Lukaschenko die Präsidentschaftswahl fälschen ließ – damals hatte auch Swetlana Tichanowskajas außenpolitischer Berater den Staatsapparat verlassen. Für manche kündigte sie sich im Dezember 2010 an, als Lukaschenko wieder die Wahl fälschte und sein Apparat die Opposition mit bis dahin beispiellosen Repressionen und hohen Haftstrafen büßen ließ. Für wieder andere trat der Wendepunkt 2017 ein, als Alexander Lukaschenko die berüchtigten Forderungsschreiben der Behörden an jene verschicken ließ, die nicht genug Steuern zahlten.

Lukaschenkos Dekret Nummer 3 zur »Vorbeugung von sozialem Schmarotzertum« bestrafte alle, die keine Steuern zahlten oder nicht genug, weil sie zu wenig verdienten – also Arbeitslose, Künstler, Blogger, Freischaffende, Beschäftigte in Teilzeit. Mit einem Schlag demütigte Lukaschenko Zigtausende Menschen. Online verabredeten sich in ganz Belarus Hunderte Menschen zu Protesten, wenn einer dieser »Glücksbriefe«, wie die Betroffenen die Schreiben nannten, ins Haus geflattert kam.

Das Ende der Apathie

Für Swetlana Tichanowskaja begann die persönliche Wende erst im Mai 2020 mit den Repressionen gegen Manager, Geschäftsleute und Blogger, die Alexander Lukaschenko bei der Präsidentschaftswahl herausfordern wollten, als auch ihr Mann Sergej festgenommen wurde. Tichanowskaja suchte die Politik nicht, aber die Politik fand sie. Kurz darauf wurden der angesehene Bankmanager Viktor Babariko und sein Sohn Eduard verhaftet – Babariko war in Belarus bekannt und galt als der aussichtsreichste Kandidat gegen Alexander Lukaschenko, wenn dieser denn eine echte Wahl zugelassen hätte. Wieder andere spürten ihre Abkehr vom Regime erst nach dem Betrug am 9. August 2020, als es mit unvorstellbarer Gewalt jeden Protest zu ersticken suchte und etwas geschah, womit Alexander Lukaschenko nicht gerechnet hatte: So wie es drei Frauen waren, die Lukaschenkos größte politische Krise ausgelöst hatten, waren es nun die Frauen, die sich gegen die Gewalt des Regimes erhoben. Ihre Gesichter sollten die Bilder der Proteste prägen.

Geschwelt hatte die Unzufriedenheit mit Alexander Lukaschenko schon lange. Der Staat brach immer häufiger den ungeschriebenen Vertrag, der in den Neunzigerjahren zwischen Herrscher und Volk geschlossen worden war: Die Regierung garantierte soziale Absicherungen wie in der Sowjetzeit, politische Stabilität und einen minimalen Wohlstand. Lukaschenko versprach wieder und wieder ein Einkommen von 500 Dollar im Monat – eine für ihn »heilige« Zahl. Im Gegenzug verlangte er, dass die Bürger erst gar nicht auf die Idee kamen, an der Politik teilzuhaben. Ihre Aufgabe: den Status quo mitzutragen. Oder wenigstens zu ertragen.

Doch seit der Wirtschaftskrise vor etwa zehn Jahren verstärkte sich der Frust über das Leben im eigenen Land, das so viele Zumutungen und so wenige Versprechungen bereithielt. Die Wirtschaft stagnierte, die Staatsbetriebe erwiesen sich oft als nicht rentabel, die Einkommen sanken, die staatlichen Gängelungen nahmen zu. In den Küchen der grauen Wohnwaben, dort, wo schon in der Sowjetunion hinter verschlossenen Türen über Politik diskutiert und über Despoten gelästert wurde, gedieh mit den Jahren offenbar die stille Verzweiflung darüber, wie allein der Mensch in seiner Not ist und wie satt er es hat, vom Staat verhöhnt zu werden.

Alles hätte dennoch die nächsten Jahre weiter vor sich hin gären können. Jahre, in denen sich die stille Mehrheit im Land irgendwie arrangiert hätte mit den alltäglichen Zumutungen, weiterhin weggesehen hätte aus Furcht vor Repressionen, den Ungewissheiten, die auf Veränderungen folgen, oder schlichtweg aus Gleichgültigkeit. Denn Belarus ist eben nicht Nordkorea, innerhalb des Systems gab es immer schon begrenzte Freiheiten, solange man sich aus der Politik heraushielt.

»Ich war unpolitisch wie 90 Prozent der Belarussen. Bei uns herrschte die Haltung vor: Was kannst du schon ausrichten?«, sagt Swetlana Tichanowskaja. Sie erinnert sich sehr gut, wie sie sich in dieser Gleichgültigkeit eingerichtet hatte. »Die Leute haben in ihren kleinen Familien gelebt, in denen alles gut war. Und wenn sie rausgingen, dann verschlossen sie vor vielem die Augen«, erzählt sie. »So konnte man leben. Es ist einfacher, bestimme Dinge nicht wahrzunehmen.«

Wer es nicht länger aushielt, der reiste eben aus, nach Russland, in die Ukraine, nach Polen oder Litauen. Diktaturen leben von der Angst. Sie bläuen dem Menschen von klein auf ein, den Kopf gesenkt zu halten, duldsam und dankbar zu sein. Sie machen aus schönen Menschen geduckte, die durchs Leben eilen. Jede Diktatur funktioniere so, dass einer Angst macht und andere Angst haben, schrieb die deutsche Literaturnobelpreisträgerin Hertha Müller, die Jahrzehnte in der rumänischen Diktatur überlebte. Die Diktatur lässt den Menschen denken, sein Nachbar könnte ein potenzieller Feind sein; dass er nicht nach rechts und nicht nach links schauen darf, sondern am besten mit zusammengekniffenen Augen stur geradeaus blickt, so ist es am sichersten; dass er sich nicht interessiert für das, was um ihn herum geschieht, sondern nur für die eigene, abgeschirmte kleine Welt. Und selbst in diese dringt die Angst ein.

Der Mensch gewöhnt sich an die Angst, aber er vergisst sie nie ganz. Er lernt, mit ihr einzuschlafen und aufzuwachen, aber sie bleibt das Hintergrundrauschen seines Lebens. In Belarus hat bis zum Sommer 2020 eine stabile Mehrheit ihr Leben in Apathie gelebt – seltsam unberührt von dem, was in ihrem Land vor sich ging, das Hintergrundrauschen immer leicht hörbar.

Eines der vielen Stereotype über Belarus lautet, dass die Belarussen friedfertig und duldsam seien, viel weniger kämpferisch und aufrührerisch als ihre ukrainischen oder polnischen Nachbarn. Es gibt sogar ein Wort im Belarussischen, das sich schwerlich ins Deutsche übersetzen lässt, aber oft benutzt wird, um diese merkwürdige Schicksalsergebenheit zu fassen: *pamjarkounasz*. Der belarussische Autor Anton Somin erzählt einen Witz, um Fremden die Bedeutung des Wortes begreiflich zu machen: »Im Rahmen eines wissenschaftlichen Experiments wird in einen abgedunkelten Raum ein Stuhl gestellt, dessen Sitzfläche von einem Nagel durchbohrt ist. Ein Russe setzt sich darauf, springt sofort auf, fängt an zu fluchen und zerbricht den Stuhl im Zorn. Ein Ukrainer setzt sich darauf, springt sofort auf, zieht den Nagel aus dem Stuhl, versteckt ihn in der Hosentasche und murmelt: ›Den kann ich noch mal brauchen.‹ Der Belarusse setzt sich auf den Stuhl, rutscht hin und her und sagt nachdenklich: ›Muss wohl so sein.‹«

Die belarussische Gesellschaft, will der Witz sagen, ist es gewohnt, viel hinzunehmen. Aber als die Corona-Pandemie das Land erreicht, ist sie nicht mehr bereit, die Zumutungen weiter zu ertragen.

Die Pandemie und die Frauen

Warum jetzt? Warum nicht früher? Warum nicht 2006, warum nicht 2010 oder 2015?

Oleg Aizberg ist ein bekannter Psychiater, der in Minsk seine Praxis betreibt. Er sieht an seinen Patienten, welche Folgen die Corona-Pandemie für das Land und seine Menschen hat. Die psychischen Erkrankungen nehmen zu, die Angststörungen, die Depressionen, der Alkoholismus. Die Folgen der Pandemie ähnelten sich überall auf der Welt, sagt Aizberg, als wir im Januar 2021 sprechen. »Der Unterschied zu uns in Belarus ist, dass die Machthaber uns immer gesagt hatten, es gebe gar kein Problem. Und plötzlich sahen alle, dass es doch sehr schlimm steht.«

Die Frage, warum die Belarussen ausgerechnet jetzt genug hatten von Alexander Lukaschenko, lässt Aizberg eine Weile überlegen. Politik, antwortet er dann, habe bis zur Pandemie keine Rolle im Leben der meisten Menschen gespielt. Man wusste, dass es Repressionen gibt und Menschen für sprichwörtlich nichts im Gefängnis landen. Für die Mehrheit im Land schien diese Ungerechtigkeit aber weit weg. Es traf immer die anderen, die Haudegen der alten liberalen Opposition. Nie einen selbst. Swetlana Tichanowskaja kannte nicht mal die Namen der Oppositionspolitiker, die bei den Wahlen der vergangenen Jahre verhaftet worden waren und teils Jahre im Gefängnis einsaßen. Sie wusste nichts über Politik. Bis sie durch die Verhaftung ihres Mannes plötzlich selbst betroffen war.

»Wir nennen das ›moralische Distanz‹«, sagt Aizberg. Was zeitlich und räumlich weit weg scheint, entbindet von dem Gefühl, handeln zu müssen. Das Corona-Virus aber, meint Aizberg, rückte plötzlich alles ganz nah heran an die Menschen. Das Virus konnte jeden und jede treffen. Ganz gleich, ob Lukaschenko treu ergeben oder oppositionell, ob Staatsbediensteter, Ärztin, Verkäuferin oder Soldat. So gut wie jeder kannte jemanden, der erkrankt war, schwer an Covid-19 litt oder gar an dem Virus gestorben war. »Hinzu kam die dreiste Lüge, alles sei in bester Ordnung«, sagt Aizberg.

Fragt man das Frauentrio Swetlana Tichanowskaja, Maria Kolesnikowa und Veronika Zepkalo, was die Pandemie für das Schicksal Lukaschenkos bedeutet, geben sie fast identische Antworten. »Die Menschen waren erschöpft davon, wie unfähig Lukaschenko mit der Pandemie umging«, sagt Maria Kolesnikowa, als sie noch in Freiheit war. »Die Respektlosigkeit und Verachtung des Regimes gegenüber den Menschen waren abstoßend«, sagt Swetlana Tichanowskaja. »Lukaschenkos Worte waren der letzte Tropfen, der das Fass vor den Protesten zum Überlaufen brachte«, sagt Veronika Zepkalo. »Lukaschenkos Respektlosigkeit war nicht länger auszuhalten. Als wir sahen, dass uns der Staat nicht hilft, hat es uns gereicht.«

»Es reicht!«

Die Unzufriedenheit greift um sich, und sie erreicht auch die 38-jährige Ljudmila in Bobruisk. Bobruisk ist eine mittelgroße Stadt, die recht zentral in Belarus liegt. Sie hat eine so leidvolle Geschichte, dass es einem Tränen in die Augen treibt – aber eigentlich ist sie ziemlich typisch für belarussische Städte und Dörfer. Eben die ganz gewöhnliche Grausamkeit, die mit den deutschen Soldaten einzog. Vor dem Zweiten Weltkrieg, in besseren Zeiten, blühte in Bobruisk die jüdische Kultur. Fast ein Drittel der Bewohner waren Juden, es gab etwa 30 Synagogen. »Hauptstadt Israels« wurde Bobruisk genannt – bis im Juli 1941 die Deutschen die Stadt besetzten. Sie töteten 14 000 Juden und Jüdinnen.

In einem Bericht der Einsatzgruppe B wurde Ende Dezember 1941 vermeldet, Bobruisk sei nun »judenfrei«. In der historischen Festung der Stadt betrieben die Deutschen ein KZ für sowjetische Kriegsgefangene und löschten dort 80 000 Menschenleben aus. Als die 1. Belarussische Front der Roten Armee 1944 schließlich Bobruisk befreite, war nur weniger als ein Drittel der früheren Bevölkerung verblieben. Die anderen waren tot, deportiert oder geflohen.

Wenn Ljudmila das heutige Bobruisk beschreibt, dann fällt ihr wenig Gutes zu ihrer Heimatstadt ein. Sicher, es gibt einige schöne herrschaftliche Bauten. Aber die Deutschen hatten ganze Arbeit geleistet: Fast die Hälfte der Häuser wurde im Krieg zerstört. Auf den Ruinen der Stadt erbauten die Bolschewiki ihr sozialistisches Ideal: sowjetische Architekturklötze, ausladende Straßen und viel Industrie. Das staatliche Reifenwerk Belshina ist der größte Arbeitgeber für die gut 212 000 Einwohner, das Aushängeschild. 1998 war Alexander Lukaschenko hier zu Besuch und tätschelte Autoreifen.

Jahre später nannte er Bobruisk »eine im Wesentlichen jüdische Stadt«, die er deshalb mit einem »Schweinestall« verglich. Viele Bobruisker, vor allem die Männer, erzählt Ljudmila, machten sich auf in andere Länder, nach Polen, Russland oder in die Ukraine, auf der Suche nach Arbeit und besserer Bezahlung. Die Frauen – blieben zurück. Bobruisk ist keine blühende Stadt, kein Ort der Hoffnung oder der Veränderung. Gesellschaftliches Engagement, Proteste gar? »Die Bobruisker waren nicht bereit, überhaupt aktiv zu werden«, sagt Ljudmila.

Bis sie es doch wurden. An einem kalten Märztag 2020 sitzt Ljudmila im Kreativcafé 1387 im Zentrum der Stadt mit einigen Bekannten zusammen und weiß nicht weiter. Sie fühlt sich zerrissen und hilflos. Die Pandemie hat Belarus längst erreicht. Ljudmila weiß, dass es das Corona-Virus gibt, dass es gefährlich ist und die Situation sich weltweit zuspitzt. Es ist nur eine Frage der Zeit, bis ihre Heimat Belarus schwer betroffen sein wird, wenn nicht etwas geschieht. Ljudmila hasst das Gefühl der Hilflosigkeit. Es lässt bei ihr nur nach, wenn sie handelt. Aber sie weiß nicht, was sie tun könnte und wie.

Ljudmila ist eine zupackende Frau mit extrem ansteckender Laune und viel Energie. »Wenn ich handele, dann vergesse ich, dass ich mir Sorgen mache!«, sagt sie und lacht. Eigentlich gibt es in ihrer Geschichte nicht viel zu lachen, aber wie zum Trotz lacht Ljudmila extra viel, wenn sie von dieser Zeit erzählt. Damals, als sie im Café 1387 zusammensitzen, tragen sie Masken, obwohl es keine Pflicht gibt und Alexander Lukaschenko selbst nie Maske trägt. Sie reden darüber, wer schon erkrankt ist in ihrer Stadt und wie sich die Zahlen entwickeln. Sie wundern sich, warum es plötzlich so viele Lungenentzündungen gibt in den Krankenhäusern. Fast alle, die bei dem Treffen dabei sind, sind Frauen. In kürzester Zeit werden sie zu einer kleinen, äußerst effizienten Hilfszelle. Sie ahnen, dass sie keine Zeit verlieren dürfen.

Im März 2020, als die Pandemie gerade erst Europa erreicht hat, ist in den belarussischen Krankenhäusern noch Platz. Aber sie füllen sich schnell mit Corona-Erkrankten. Ärzte und medizinisches Personal sind überfordert. Offiziell fehlt es an nichts, ist das Gesundheitssystem bestens vorbereitet auf die Pandemie. Aber überall organisieren sich Bürger ehrenamtlich, viele von ihnen Frauen. Sie rufen bei den Krankenhäusern an und fragen die Ärzte, was sie benötigen. »Es stellte sich heraus: Es fehlt an allem«, sagt Ljudmila. Mundschutzmasken, Gesichtsschilde, Schutzkittel, Geräte für die Sauerstoffsättigung, Essen für das medizinische Personal, sauberes Wasser, Kaffee, Versorgung von Erkrankten daheim. Ljudmila half früher ehrenamtlich bei einer Hilfsorganisation. Sie ist der Typ Kümmerin, die sich immerzu um andere sorgt, statt gleichgültig zu bleiben. Sie sei eine »starke Bür-

gerin«, sagt sie. Aber Politik? – Ist für sie eine fremde, irgendwie
abstoßende Welt, mit der sie nichts zu tun haben will.

Innerhalb kürzester Zeit baut Ljudmila die Logistik auf. Wer
näht die Schutzanzüge, wer die Gesichtsmasken? Und wer die
langen, wurstförmigen Kissen für die Lagerung beatmungsbe-
dürftiger Patienten auf dem Bauch? Wer liefert die Sachen aus?
Wo bekommt man möglichst billiges Material für die Kittel her?
Und woher das Geld, es zu kaufen? Wer besorgt die Thermome-
ter? Wer benötigt die Sachen am dringendsten? Wo überhaupt
anfangen?

Als Erstes gucken sie sich ab, wie die Ehrenamtlichen in Minsk
ihre Datenbank angelegt haben. In jedem Krankenhaus weiß nun
das medizinische Personal, dass es jederzeit angeben kann, was es
dringend benötigt. In Bobruisk legt Ljudmila eine eigene Datenbank an und gleicht sie mit der in Minsk ab, um keine Anfragen
doppelt zu bearbeiten. Sie eröffnet ein Spendenkonto. Ganz normale Leute fangen an, Geld zu überweisen, oder bringen welches
vorbei. Ljudmila klappert Märkte für Landwirtschaft ab und kauft
Vliesstoffe, weil sie dort billiger sind als die Stoffe aus dem medizinischen Fachhandel. Sie schneidet die Nähmuster zu, und die
Frauen lernen, Schutzkittel zu nähen. Ljudmila kauft Schnorchel-
masken und arbeitet sie zu Gesichtsschutzmasken um.

In den Krankenhäusern werden die Geräte zur Sauerstoff-
versorgung knapp – schon melden sich IT-Fachleute und ein
Hackerkollektiv. Mit 3-D-Druckern stellen sie Verbindungsstücke
her, mit deren Hilfe ein Sauerstoffgerät zwei Menschen gleichzeitig beatmen kann. Auch die Gesichtsschilde für die Ärzte in
der »roten Zone«, wie die Covid-19-Stationen genannt werden,
werden mit 3-D-Druckern gedruckt. Die Ehrenamtlichen kaufen Lebensmittel ein für das Krankenhauspersonal, Kaffee, Wasser, Pizza. Denn teilweise leben die Mediziner und Medizinerinnen während der ersten Pandemie-Welle in den Krankenhäusern,

um ihre Familien daheim nicht anzustecken. In manchen Kliniken werden eigens Abteilungen freigeräumt. Dort schläft in den Patientenzimmern das medizinische Personal – oder, als der Platz knapp wird, in den Schwesternzimmern auf den Sofas. Die Ärztinnen und Ärzte malochen rund um die Uhr. Ist die Woche um, gehen sie für eine Nacht heim, duschen und holen saubere Wäsche. Manchmal geht auch das nicht, weil sie sich mit Covid-19 angesteckt haben, aber weiterarbeiten müssen und deshalb das Krankenhaus auf keinen Fall verlassen dürfen. Manche sehen ihre Familien monatelang nicht, bis die erste Welle der Pandemie langsam abebbt.

Innerhalb weniger Tage kommen in Bobruisk um die 300 Leute zusammen, die helfen wollen. Ljudmila ist eine davon. 35 bis 40 Menschen werden zum harten Kern der Gruppe. Der Rest reagiert, wenn Bedarf da ist oder jemand ausfällt. In kürzester Zeit funktionieren die Abläufe reibungslos. »Natürlich haben wir das alles ohne staatliche Hilfe geschafft«, sagt Ljudmila. »Der Staat hatte nichts damit zu tun. Im Gegenteil, er hat uns Steine in den Weg gelegt.«

Es ist nicht so, als würde der belarussische Staat nichts tun, kaum dass die erste Welle der Pandemie das Land erreicht. Zu Beginn informiert das Gesundheitsministerium regelmäßig über die Pandemie. Der erste Covid-19-Fall in Belarus wird am 28. Februar bestätigt. Fortan werden täglich Statistiken über das Infektionsgeschehen und Karten mit den besonders betroffenen Regionen veröffentlicht. Journalisten stellen Anfragen und bekommen tatsächlich Antworten; das Gesundheitsministerium betreibt mit der staatlichen Nachrichtenagentur eine Webseite, »StopCovid«. Es vermittelt sogar Experten für Informationsgespräche und lässt sich von dem belarussischen Christian Drosten beraten. Nikita Solowej heißt der, lehrt an der medizinischen Fakultät in Minsk und wird später als Chef-Infektiologe gefeuert.

Bis Ende März 2020 werden mehr als 24 000 Corona-Tests im Land gemacht – bei neuneinhalb Millionen Einwohnern. Das Gesundheitsministerium sendet online einen Stream, »Deine Frage an das Gesundheitsministerium und das Bildungsministerium bezüglich der Covid-19-Situation«. Über den Messengerdienst Telegram veröffentlicht es täglich Aktualisierungen und empfiehlt auf seiner Webseite, dass Kasernen, Universitäten und Betriebe Hygienekonzepte ausarbeiten, Abstandsregelungen eingehalten, Masken getragen und regelmäßig ausgetauscht werden. Es fordert ältere Menschen auf, daheim zu bleiben. Es qualifiziert viele städtische Kliniken zu Infektionskrankenhäusern um, damit sie auf die wachsende Zahl der Corona-Erkrankten vorbereitet sind. Für Ärzte gilt zunächst eine rigorose Quarantäne-Regelung: Wer einen Kontakt ersten Grades hatte, muss für zwei Wochen im Krankenhaus in die Isolation.

Die Pandemie schreitet voran, das Infektionsgeschehen verstärkt sich – aber das belarussische Gesundheitsministerium schwenkt um. Ende März erklärt der Minister plötzlich, dass man die Karte mit dem Infektionsgeschehen im Land nicht mehr aktualisieren werde – die Persönlichkeitsrechte der Erkrankten müssten geschützt werden. Pressekonferenzen und regelmäßige Briefings über die aktuelle Infektionslage werden eingestellt. Einige regionale Gesundheitsbehörden veröffentlichen keine Zahlen mehr bezüglich Neuinfektionen – die würden erstens niemanden interessieren und zweitens nur für Unruhe sorgen. Auch die Zahl der beatmungsbedürftigen Patienten und Patientinnen im Land wird nicht mehr bekannt gegeben.

Eine Journalistin des unabhängigen Online-Mediums *tut.by* berichtet, dass ihre Anfragen auf einmal unbeantwortet bleiben. Plötzlich werden Informationen zur Pandemie nur noch an belarussische Staatsmedien weitergegeben. Experten, Virologen, Epidemiologen dürfen mit unabhängigen Journalistinnen und Journalisten nur noch dann reden, wenn das Gesundheitsministerium es genehmigt – also so gut wie nie. In den Abendnachrichten beruhigen die Staatsmedien, dass das Virus im Land unter Kontrolle sei. Kein Grund zur Panik!

Für die Kehrtwende trägt maßgeblich Alexander Lukaschenko die Verantwortung. Er fürchtet die wirtschaftlichen Folgen eines Lockdowns – Swetlana Tichanowskaja kann ihn sogar verstehen. »Wenn er gesagt hätte: Leute, wir müssen uns gemeinsam anstrengen, dann schaffen wir es!«, sagt sie, und dann viele Bereiche des Lebens offen gehalten hätte – sie hätte es mitgetragen. Aber Lukaschenko spielt die Gefahr durch die Pandemie herunter. Das Virus behandelt er wie sonst seine politischen Gegner: Er nimmt es nicht ernst, sondern plustert sich auf und führt ihm seine Macht vor.

Zunächst zweifelt er an seiner Existenz – wie könne es das Virus geben, wenn es nirgends zu sehen sei? Mal nennt er die Pandemie eine »Psychose«, mal behauptet er, sie sei ein geopolitisches Spiel, um eine neue Weltordnung zu schaffen. Mal schätzt er das Virus als nicht gefährlicher ein als das Leben selbst – man würde ja auch weiterhin Autos produzieren, obwohl Menschen bei Verkehrsunfällen sterben. Mal verspricht er, dass niemand in Belarus an Corona sterben wird. Da ist der erste Mensch bereits tot – der in Belarus berühmte und preisgekrönte Schauspieler Viktor Daschkewitsch stirbt am 31. März mit 75 Jahren an einer Lungenentzündung, verursacht durch das Corona-Virus.

Belarus' Nachbarstaat Russland schließt seine Grenzen und verbietet in so gut wie allen Städten große Veranstaltungen. In Moskau wird eine gesetzliche Masken- und Handschuhpflicht in Bussen, Zügen und U-Bahnen eingeführt, der Bürgermeister verhängt einen rigiden Lockdown – fortan dürfen Moskowiter und Moskowiterinnen nur noch zum Einkaufen gehen, Müll rausbringen und ihre Hunde bis zu 100 Meter von der Wohnung entfernt ausführen. Für alle anderen Erledigungen müssen sie digital einen Passierschein beantragen. Selbst die gewaltige Militärparade zum 75. Gedenktag an den Sieg über Hitler-Deutschland in Moskau wird verschoben. Litauen macht bereits Mitte März die Schulen zu, schließt die meisten Geschäfte. Die Ukraine verhängt einen Shutdown, die Metro in Kiew stellt für einige Zeit den Betrieb ein.

In Belarus indes geht das Leben fast ungestört weiter. Ganz so, als gäbe es die Pandemie nicht. Die Landesgrenzen bleiben offen, eine Maskenpflicht wird nicht verhängt. Restaurants, Cafés und Fitnessstudios arbeiten weiter, ebenso Schulen und Kindergärten. Während sich in den belarussischen Städten die Krankenhäuser mit Infizierten füllen, während Chirurgen und Gynäkologen umgeschult werden, um Corona-Patienten zu beatmen, finden im Rest des Landes Fußballspiele und Eishockeyturniere statt – vor Publikum. Zum orthodoxen Osterfest drängen sich Gläubige in volle Kirchen und küssen der Reihe nach die Ikonen. Selbst an der Siegesparade am 9. Mai hält Lukaschenko fest, obwohl Tausende Belarussinnen und Belarussen in einer Online-Petition darum bitten, diese abzusagen. Denn die Veteranen, die traditionell teilnehmen, sind alle weit über 80 Jahre alt. Mehr als 10 000 Menschen machen dennoch mit.

Alexander Lukaschenko pflegt seine eigenen Ratschläge gegen die Pandemie: Wodka trinken, Trecker fahren, auf den Feldern arbeiten, saunieren, Ingwer, Knoblauch, Zitronen, fette Speisen essen, Sport treiben und, für die Männer: mindestens einen Monat lang auf die Geliebte verzichten. »Die Pandemie hat alle Probleme auf den Tisch gelegt«, sagt die ehrenamtliche Helferin Ljudmila aus Bobruisk. »Seither ist die Welt für mich eine andere geworden.«

Während sich in Deutschland die Bundesregierung dafür rechtfertigen muss, Geschäfte und Restaurants zu schließen, Angela Merkel in einer emotionalen Ansprache den Bürgerinnen und

Bürgern die Logik des exponentiellen Wachstums erklärt und an die Menschen appelliert, persönliche Kontakte maximal einzuschränken, fordern die Menschen in Belarus den Staat zum Handeln auf. Laut Umfragen der Marketing-Agentur Satio wünschen sich 70 Prozent, dass der Staat sofort alle öffentlichen Veranstaltungen verbietet; mehr als die Hälfte ist dafür, alle Bildungseinrichtungen zu schließen und Arbeitgeber zur Anordnung von Homeoffice zu verpflichten. Doch der Staat bleibt untätig, und so handeln die Menschen eben an seiner Stelle.

In Deutschland organisieren sich die ersten Corona-Schwurbler, die sich als Freiheitskämpfer in einer totalitären »Corona-Diktatur« wähnen. Sie dürfen bei Einhaltung von Hygieneauflagen protestieren, halten sich aber nicht dran. Gibt es dann Ärger, fühlen sie sich als Wiedergänger von Sophie Scholl und Anne Frank. Auf einer ihrer Demonstrationen in Berlin hält ein älterer Mann, während er sein Recht auf Versammlungsfreiheit wahrnimmt, ein Plakat hoch: »Versammlungsfreiheit nicht nur in Minsk!«

In Belarus hingegen beobachten die Menschen ganz genau, welche Maßnahmen die Regierungen in den Nachbarstaaten Ukraine, Litauen, Lettland und Russland ergreifen – und wenden sie bei sich daheim freiwillig an. Sie begeben sich in Selbstisolation, obwohl Lukaschenko davor warnt, zu Stubenhockern in stickigen Räumen zu werden. Private Firmen schicken ihre Angestellten ins Homeoffice. Menschen begrenzen ihre sozialen Kontakte. Swetlana Tichanowskaja lässt ihre Kinder nicht mehr in die Schule und in den Kindergarten, sondern übernimmt die Betreuung – wie Tausende andere Mütter in Belarus auch. Veronika Zepkalos Arbeitgeber Microsoft schickt sie in Heimarbeit, auch sie nimmt ihre beiden Söhne aus der Schule und unterrichtet sie zu Hause. Maria Kolesnikowas Kunstkollektiv OK16 begibt sich in Isolation, sie sagt alle Ausstellungen in Minsk ab und stellt auf Online-Formate um, obwohl öffentliche Veranstaltungen trotz Corona weiterhin erlaubt sind. Aber sie und ihr junges Team wollen kein Risiko eingehen.

Mehr als 50 Prozent der Belarussen und Belarussinnen bleiben im ersten Pandemie-Frühjahr zu Hause, wenn nicht gerade ein Notfall vorliegt, zeigen Untersuchungen aus dieser Zeit. Fast die Hälfte der Menschen verzichtet darauf, öffentliche Verkehrsmittel zu benutzen, und meidet öffentliche Veranstaltungen. 40 Prozent sagen ihre Reisen ab. Das Internet-Unternehmen Yandex wertet für diesen Zeitraum Daten aus, mit denen sich die Mobilität messen lässt. Im März und April geht sie massiv zurück.

Wie ein Flüstern wabert ein kollektives »Es reicht!« durch das Land. Hätte Alexander Lukaschenko noch das politische Gespür, das ihn einst an die Macht gebracht hat, wäre er nur aufmerksam genug – er könnte es hören. Doch Lukaschenko, der stets den Volkstribun gab, hat sich längst abgeschirmt in seinem prächtigen Palast. Er hört das Murren der Gesellschaft nicht. Er bemerkt nicht, dass er ausgerechnet jene verliert, die ihm all die Jahre zuverlässig die Treue gehalten haben: die Frauen.

Fast 55 Prozent der Wähler in Belarus sind laut Schätzungen weiblich. Die Mehrheit der Frauen hat in der Vergangenheit Alexander Lukaschenko unterstützt. Frauen halten in Belarus die Familien, das soziale Gefüge und den Gesundheitssektor zusammen. Sie pflegen Angehörige, sie erziehen die Kinder, sie kümmern sich um Alte und Hilfsbedürftige, die in der Pandemie besonders verwundbar sind. Die Arbeit in Krankenhäusern, Pflegeheimen oder Kindergärten ist schlecht bezahlt. Und wo die Gehälter schlecht sind, diese Kausalität gilt noch immer so gut wie überall auf der Welt, arbeiten besonders viele Frauen: Im Gesundheitssektor und im Sozialwesen in Belarus sind nahezu 86 Prozent der Beschäftigten weiblich und verdienen weit weniger als Lukaschenkos versprochene 500 Dollar. 170 Euro bekommt eine belarussische Krankenschwester im Durchschnitt, etwa 160 Euro eine Erzieherin im Kindergarten. Außerhalb der Hauptstadt kommen sogar Gehälter von 100 Euro vor, Aufschläge nicht mitgerechnet.

Nun sind es die Ärztinnen und Pflegerinnen, die Ehefrauen und Mütter, die spüren, welche Folgen die staatliche Untätigkeit hat. Die Organisation »Arbeitende Frauen« hat im Sommer, fast ein halbes Jahr nach Ausbruch der Pandemie, mehr als tausend Frauen in Belarus befragt, wie sich ihr Leben durch die Pandemie verändert habe und mit welchen Schwierigkeiten sie bei der Arbeit zu kämpfen hätten. Fast die Hälfte der Befragten arbeitet in Bereichen mit erhöhtem Infektionsrisiko – in der Pflege oder in der Medizin, als Lehrerinnen und Kindergärtnerinnen. Und nur 14 Prozent der befragten Frauen waren der Meinung, dass sie ausreichend darüber informiert wurden, wie sie sich während der Pandemie verhalten sollten. Vor allem die Behauptungen und Ratschläge von Alexander Lukaschenko scheinen Verwirrung darüber gestiftet zu haben, wie ernst die Pandemie tatsächlich ist.

Es sind die Frauen, die nun sehen, wie Menschen erkranken und an den Folgen leiden oder gar sterben. Sie bekommen aus nächster Nähe mit, wie überlastet die Krankenhäuser sind und wie alleingelassen sich das medizinische Personal fühlt. Von der ersten Stunde an werden sie zu Zeuginnen, wie wenig dem Staat das einzelne Leben wert ist. Hatten sie den staatlichen Zynismus zuvor verkraftet, weil er ihnen niedrig dosiert verabreicht worden war, fangen sie nun an aufzubegehren. So wie Kristina, eine junge, ehrgeizige Ärztin, die bis August 2020 davon überzeugt war, dass das Berufsethos von Medizinern verlangt, apolitisch zu sein, weil sie allen gleichermaßen Hilfe leisten müssen, Tätern wie Opfern, Schurken wie Helden.

Ärzte in Angst

Kristina hat von klein auf davon geträumt, Ärztin zu werden. Sie liebt ihren Beruf. Auf ihrem Gebiet will sie zu den Besten gehören. Sie hat im Ausland studiert, sich in Großbritannien fortgebildet und lehrt als Dozentin neben ihrer praktischen Arbeit. Seit Jahren arbeitet sie als Medizinerin in einem städtischen Krankenhaus in Minsk, dessen Name unerwähnt bleiben muss, ebenso wie Kristinas Nachname, auch wenn sie aus ihren Ansichten kein Geheimnis macht.

Als wir über den Messengerdienst Telegram sprechen, sie in Minsk, ich in Berlin, sitzt sie im roten Kapuzenpulli in einem schmucklosen, weiß getünchten Raum ihres Krankenhauses. Gleich fängt ihr Dienst an, gleich wird sie sich umziehen. Gelegentlich kommt eine Kollegin rein und grüßt. Kristina grüßt zurück und redet ungerührt weiter. »Natürlich könnte ich deshalb meine Arbeit verlieren. Ich wundere mich ja selbst, dass ich noch nicht gefeuert wurde. Irgendwann werden sie mich entlassen. Ich weiß, dass meine Chefs schon oft darüber gesprochen haben. Aber wenn sie mich entlassen, dann ganz sicher nicht wegen meiner Arbeit. Ich bin eine sehr gute Ärztin.«

Als die Pandemie beginnt, stellt ihre Klinik den Normalbetrieb ein und wird zu einem der vielen Infektionskrankenhäuser, in dem Corona-Erkrankte behandelt werden. Ärzte, die jenseits des Rentenalters sind, aber dennoch weiterarbeiten, nehmen nun unbezahlten Urlaub, um sich nicht im Krankenhaus anzustecken. Die jüngeren malochen rund um die Uhr. Hatten sie vorher einmal wöchentlich eine Schicht von 32 Stunden, stehen nun drei solcher Dienste in der Woche an. Meist bleibt Kristina gleich in der Klinik.

»Ich ging sonntagabends heim, schlief eine Nacht im eigenen Bett, am Montagmorgen bin ich dann wieder ins Krankenhaus, um die ganze Woche durchzuarbeiten. Wir hatten keine Zeit, auch nur daran zu denken, was da passiert«, sagt sie. Als sie angewiesen werden, bei Todesfällen die Covid-19-Diagnose wegzulassen und stattdessen andere Begleiterkrankungen als Todesursache einzutragen, Lungenentzündung, Herzinfarkt oder Thrombose, weigert sich Kristina. »Uns hat das wütend gemacht. Warum sollten wir ein so offenkundiges Problem verstecken?«

An manchen Tagen sterben allein in Kristinas kleinem Krankenhaus mehr Menschen an Covid-19, als die offizielle Gesamtstatistik für das gesamte Land verzeichnet. Auch während der zweiten Welle der Pandemie, die im Herbst 2020 beginnt, wird weiter gelogen, meint Kristina. »Nehmen Sie nur einen Tag vor zwei Wochen«, sagt sie und nennt ein Datum im Dezember 2020. »Offiziell starben in ganz Belarus neun Menschen an Covid-19. Aber allein bei uns im Krankenhaus gab es an dem Tag zwölf Tote.« Nie zuvor habe er so viele Herzinfarkte gesehen wie im Frühjahr 2020, sagt Kristinas Kollege: »Das war nun die Diagnose Nummer eins.« Ein anderer meint, dass sie manche Patienten mit eindeutigen Corona-Symptomen bewusst nicht getestet hätten, um die Infektionsstatistiken nicht in die Höhe zu treiben.

Vieles deutet darauf hin, dass es sich um systematische Manipulationen handelt. Offiziell hat Belarus eine der niedrigsten Corona-Sterblichkeiten in Europa. Doch es gibt Klinikärzte, die losprusten, wenn man nur die Worte »offizielle Statistik« ausspricht. In Wirklichkeit seien sehr viel mehr Menschen in Belarus mit dem Virus infiziert als offiziell bekannt, sagen sie. Auch stürben sehr viel mehr Menschen an Corona als angegeben – ein Hinweis darauf sei die für 2020 deutlich höhere Übersterblichkeit: 5600 mehr Todesfälle seien zwischen April und Juni 2020 verzeichnet worden als im gleichen Zeitraum in den Jahren zuvor – offiziell hatte das Gesundheitsministerium für diese Zeitspanne 398 Todesfälle infolge von Covid-19 angegeben.

Die Sterblichkeitsrate hat das belarussische Statistikamt, anders als sonst üblich, im Frühjahr 2021 noch immer nicht veröffentlicht. Sie wurde nur deshalb bekannt, weil sie den Vereinten Nationen übermittelt werden musste und in einer Statistik auftauchte. Das Medium Mediazona Belarus hat interne Dokumente ausgewertet und kam zu dem Schluss, dass es für das gesamte Jahr 2020 allein in Minsk mehr Covid-19-Tote gab als offiziell im ganzen Land. 5000 Tote mehr hatte die Hauptstadt zu verzeichnen – das bedeutet einen Anstieg der Todesrate von 29 Prozent.

Die Journalistin des Online-Portals *tut.by* erzählt von einer Intensivstation mit 18 verfügbaren Betten, auf der Ärzte und Ärztinnen 38 Patienten mit Covid-19 behandeln mussten; zeitgleich wurden immer weiter Notfälle eingeliefert. Sie könne das sogar mit Belegplänen und Aussagen der Ärzte und Ärztinnen beweisen. Doch sie weiß nicht, was das für Konsequenzen für sie hätte, wenn sie diese Informationen veröffentlicht. Ihre Kollegin Katerina Borisewitsch wurde zu einem halben Jahr Haft verurteilt, weil sie angeblich die ärztliche Schweigepflicht verletzt haben soll, als sie aus einem medizinischen Untersuchungsbericht zitierte. Am Ende veröffentlicht die Redaktion den Artikel mit den Zahlen – aber ohne Namen. Andere Recherchen jedoch, die belegen, dass allein an einem Tag in nur sechs Minsker Krankenhäusern 40 Patienten und Patientinnen an Covid-19 starben, bleiben unveröffentlicht. Zu gefährlich.

Immerhin haben die Vorgesetzten nichts dagegen, dass in Kristinas Krankenhaus Ehrenamtliche helfen, so wie Ljudmila in Bobruisk den Ärzten und Ärztinnen hilft. Außerhalb der Hauptstadt, in den Kleinstädten und Regionen, sehe es anders aus, erzählt Ljudmila. Dort fehle es, mehr noch als in Minsk, an allem. Doch Ärzte seien unter Druck gesetzt worden, Hilfsangebote auszuschlagen – denn offiziell ist ja alles vorhanden und die Pandemie gar nicht so schlimm. »Hier in den Regionen haben die Ärzte viel mehr Angst als in Minsk, Hilfe anzunehmen«, sagt Ljudmila. Je kleiner die Ortschaft, desto größer die Vorsicht, scheint es.

»Einmal baten uns die Ärzte aus einem nahe gelegenen Kaff um Unterstützung. Aber sie hatten Angst, was ihre Vorgesetzten dazu sagen würden«, erinnert sich Ljudmila. »Also schlugen sie uns vor, dass wir die selbst genähten Schutzanzüge und die Gesichtsschilde in einem nahe gelegenen Wald ablegen. Sie würden die Sachen dann später abholen und ihren Vorgesetzten sagen, sie hätten sie ganz zufällig bei einem Spaziergang gefunden.« Sie lacht laut. Gut drei Monate nach unserem Gespräch schreibt mir die fröhliche Ljudmila und fragt höflich, ob es noch möglich wäre, ihren Vornamen zu ändern. Ljudmila, die eigentlich anders heißt, sagt, es sei mittlerweile zu gefährlich geworden, sich in Belarus als ehrenamtliche Helferin zu erkennen zu geben.

Am schlimmsten aber ist nicht die staatliche Untätigkeit. Am schlimmsten ist, wie Alexander Lukaschenko die Opfer der Pandemie verhöhnt.

Ein übergewichtiger Mann kommt infolge einer Corona-Erkrankung zu Tode? Lukaschenko erklärt vor Fernsehkameras, ihm sei es unbegreiflich, wie man mit einem solchen Gewicht überhaupt leben könne. Als der Schauspieler Viktor Daschkewitsch stirbt, das erste offiziell registrierte Covid-19-Todesopfer, verhöhnt Lukaschenko auch ihn: Fast 80 Jahre alt sei der gewesen, warum der noch rumgelaufen sei und gearbeitet habe? Dem kalten Zynismus begegnen die Menschen mit schwarzem Humor. In den sozialen Medien veröffentlichen sie unter dem Hashtag #AbschiedsworteDesPräsidenten von Lukaschenko verfasste Traueranzeigen auf sie selbst. Sie nehmen seinen Hohn beim Wort, überspitzen ihn und schießen ihn übers Netz zurück an Lukaschenko. »Was will sie denn?«, schreiben sie in seinem Namen. »Sie mochte Partys, hatte keinen festen Wohnsitz, trieb sich von Land zu Land herum wie eine Zigeunerin, immerzu trank sie Alkohol – natürlich hatte ihr Körper keine Abwehrkräfte!«

All die Jahre war Alexander Lukaschenko für viele der »Batka«, das Oberhaupt, der Landesvater, der am besten wusste, was gut ist für die anderen. Man nahm es hin, wenn er wieder irgendwen öffentlich demütigte. Aber das Leben ihrer Liebsten nicht wertzuschätzen und auch noch im Angesicht des Todes nachzutreten – damit ging Alexander Lukaschenko selbst für diese geduldigen Seelen zu weit.

»Bestimmte Dinge darf man einfach nicht sagen«, sagt Ljudmila, die mit ihrer ganzen Familie an Covid-19 erkrankt war. Sie schüttelt den Kopf. Ihre Familie hatte Glück – alle wurden wieder gesund, auch ihre schon etwas ältere Mutter. Aber Ljudmila hat Freunde und Bekannte, deren Eltern und Verwandte die Erkrankung nicht überlebt haben. »Ich kriege Gänsehaut, wenn ich nur an Lukaschenkos Worte denke!«, ruft sie. »Selbst wenn du nicht politisch bist und nicht an Corona glaubst – ein Menschenleben darf doch nicht zu einer Kleinigkeit werden! Wenn deine Angehörigen im Sterben liegen, dann tut es sehr weh, solche Worte zu hören. Das ist unmenschlich! Der Tod ist heilig.«

In dieser Zeit erleben in Belarus viele Menschen eine Wandlung, die auf Außenstehende außergewöhnlich wirkt, aber zur neuen Normalität wird: Frauen wie Kristina oder Ljudmila, die nie für Lukaschenko waren, aber von Politik nichts wissen wollten, entdecken sich als aktive, handelnde Menschen. Kristina fühlt sich nun getrieben, in diesen Zeiten für ihre Meinung einzustehen. »Warum sollte ich davor Angst haben? Wir haben keine Gesetze gebrochen. Was könnte ich denn sonst tun?« Und Ljudmila, die eigentlich nur helfen wollte, entdeckt sich neu. »Ich war früher sehr unpolitisch. Ich las keine Nachrichten, Politik interessierte mich nicht, die Opposition ging mich nichts an. Aber plötzlich gab es eine Kehrtwende in meinem Bewusstsein. Meine Arbeit als Ehrenamtliche hat mich verändert. Meine Augen wurden weit geöffnet. Die Welt wurde eine andere für mich.«

Eine Gesellschaft erwacht

Alle Gesprächspartnerinnen erzählen davon, wie die Pandemie sie mit anderen ins Gespräch bringt, das ist ein großer Schritt für eine Gesellschaft der Vereinzelten. Der Psychiater Oleg Aizberg beobachtet eine bemerkenswerte Euphorie, die sich trotz aller Depressionen in dieser pandemischen Zeit breitmacht. Früher, meint Aizberg, seien die Menschen in Apathie versunken, weil sie überzeugt waren, dass von ihnen nichts abhänge. Nun stellen sie fest, dass sie fähig sind zur Selbstständigkeit, dass sie etwas verändern können. Dieses Gefühl, das wird sich später zeigen, ist für Alexander Lukaschenko die größte Gefahr.

Als ich mit diesen engagierten Menschen spreche, die meisten von ihnen Frauen, sind sie noch Monate später erstaunt, fast ungläubig über das, was mit ihnen geschehen ist. Als wären sie im Frühjahr 2020 erwacht, hätten nach links und nach rechts geschaut und keinen Feind neben sich entdeckt, sondern ziemlich nette, hilfsbereite und anständige Menschen. Ungläubig stellen sie fest, dass sie nicht allein sind; dass neben ihnen andere Menschen stehen. Sehr viele sogar.

Ljudmila und Kristina werden einige Monate später, in dem unglaublichen Sommer 2020, auf die Straße gehen. Kristina in Minsk, Ljudmila in Bobruisk. Sie werden sich nicht begegnen, sie werden sich nicht kennenlernen. Aber sie beide werden zum allerersten Mal in ihrem Leben an Protesten teilnehmen, werden sich den Frauen anschließen, die zu Tausenden im ganzen Land zusammenkommen und Solidaritätsketten bilden. Für Ljudmila wird die Pandemie der Wendepunkt, für Kristina beginnt der Unmut mit den Lügen und dem Mangel in ihrem Krankenhaus. Aber erst die staatliche Gewalt nach dem Wahltag treibt sie schließlich auf die Straße. »Hätte mir jemand bis dahin gesagt, dass ich an Protesten teilnehmen und offen meine Meinung sagen würde, ich hätte ihn für verrückt erklärt«, sagt Kristina.

So wenig, wie im vergangenen Januar zu ahnen war, dass mit 2020 für Belarus ein Schicksalsjahr anbrechen würde, so wenig war vorstellbar, dass der Staat selbst durch seinen Umgang mit der Pandemie den Protesten den Weg bereiten würde. Und dass ausgerechnet Lukaschenko dafür sorgen würde, dass Frauen bei diesen Protesten besonders sichtbar werden. »Alexander Lukaschenko hat für den Feminismus in Belarus mehr getan als alle Feministinnen!«, sagt Maria Kolesnikowa im September, nur wenige Tage vor ihrer Verschleppung durch den belarussischen Geheimdienst. Und Veronika Zepkalo sagt mir: »Lukaschenko hat uns keine Wahl gelassen. Er hat das alles mit seinen eigenen Händen geschaffen! Er hat einfach nicht an die Frauen geglaubt.« Die Worte fallen im Februar 2021, gut ein halbes Jahr nach der gefälschten Wahl. Geschichte wird eben meist doch erst im Nachhinein verstanden.

Im März 2020, als alles beginnt, ahnen Swetlana Tichanowskaja, Maria Kolesnikowa und Veronika Zepkalo nicht, dass ausgerechnet sie zu den wichtigsten Persönlichkeiten dieses Wandels werden. Fragt man Swetlana Tichanowskaja, ob sie alles genauso wieder machen würde, mit dem Wissen, was danach passiert, zögert sie. »Hätte, hätte – wie gut, dass es in der Geschichte dieses Wörtchen nicht gibt. Vermutlich hätte ich so gehandelt, weil ich nicht gewusst hätte, dass es Repressionen gibt und Morde. Hätte ich gewusst, dass alles so laufen würde, dann hätte ich diesen Schritt vielleicht nicht gemacht. Ich weiß es nicht. Aber ich kann nicht zurückblicken und sagen, ich würde alles genauso wieder machen, wenn man bedenkt, wie viele Opfer es schon gegeben hat.«

Damals, als sie diesen Schritt macht, lebt sie mit ihrem Mann Sergej in geordneten Verhältnissen in Minsk. Tichanowskaja ist zufrieden. Das Leben sei ihr vorgekommen wie in einem Treibhaus, sagt sie: wohlig, gedeihlich, geschützt. Sie spürt keine großen Entbehrungen in ihrem Leben und hat keine großen Träume. Dafür aber ein kleines Glück: Mitten in der Pandemie steigt sie nach vielen Jahren als Hausfrau wieder in ihren Beruf ein. Sie unterrichtet Englisch an einer Minsker Schule, natürlich online. Tichanowskajas Mitstreiterin Veronika Zepkalo unterrichtet ihre Zwillingsjungs daheim, arbeitet als erfolgreiche IT-Managerin und plant mit ihrem Mann seine ersten Schritte in die Politik.

Nur die Dritte im Bunde, Maria Kolesnikowa, trifft schon damals eine weitreichende Entscheidung – und womöglich ahnt sie da noch gar nicht, wie sehr diese ihr Leben verändern würde. Kolesnikowa ist Musikerin, spielt Flöte, lebt in Stuttgart und pendelt regelmäßig nach Minsk, seit sie dort das Kunstkollektiv OK16 leitet. Zwei Wochen lebt sie in Deutschland, zwei in Belarus. Nun, da in Deutschland wegen der Corona-Pandemie das öffentliche Leben stillsteht, zieht sie nach fast 13 Jahren in Stuttgart wieder dauerhaft in ihre Mietwohnung im Zentrum von Minsk, gleich gegenüber dem Geheimdienst KGB.

Ohne die Pandemie hätte die belarussische Gesellschaft womöglich nicht gelernt, sich selbst zu helfen. Vielleicht würde Swetlana Tichanowskaja noch heute zu Hause auf ihren Mann warten, statt durch die Welt zu reisen und Politiker und Politikerinnen zu treffen. Vielleicht hätte Veronika Zepkalo in Minsk bleiben können und nicht ins Exil fliehen müssen. Vielleicht hätten sich die Proteste nie ereignet. Vielleicht säße Maria Kolesnikowa nicht im Gefängnis, sondern würde mit ihrer besten Freundin Julia in ihrem Lieblingscafé im Zentrum von Stuttgart Tee trinken. Vielleicht würde sie vorschlagen, auf den verfallenen Treppen zwischen den Weinhängen am Stadtrand zu spazieren, bis sie ganz oben stehen und auf Stuttgart blicken würden; vielleicht würden sie die Grabkapelle umrunden, in der die Großfürstin von Russland, Katharina Pawlowna Romanowa, in einem Doppelsarg aus Carrara-Marmor neben ihrem Gatten Wilhelm dem Ersten liegt, über dem Eingang zur Gruft die Erinnerung: »Die Liebe höret nimmer auf.«

Hätte, würde, wäre. Aber es ist nun mal.

3.

DREISTER WAHLBETRUG

Die digitalen Freigeister

Ich gebe zu, dass ich so etwas nie zuvor erlebt habe: Ich frage lauter Frauen für Interviews an über die Proteste, die gesellschaftlichen Veränderungen, die Folgen der Pandemie in Belarus, das Leben in der Diktatur – und sehr viele meiner Gesprächspartnerinnen erweisen sich als IT-Spezialistinnen, Maschinenbauerinnen, Ingenieurinnen, Programmiererinnen. Sie leben in Minsk, Gomel oder Bobruisk, haben Familie oder auch nicht und finden ihren beruflichen Weg nicht weiter erwähnenswert. IT-Spezialistin, Programmiererin – na und? Was soll daran schon besonders sein?

In Deutschland sind Frauen in diesen Disziplinen noch immer eher selten anzutreffen. Sie bevölkern eher die Geistes- und Sozialwissenschaften oder, wenn schon die Naturwissenschaften, dann den medizinischen Bereich. In Belarus habe ich eine Ordensschwester interviewt, die sich aus Enttäuschung über die Passivität der orthodoxen Geistlichen während der Proteste von ihrer Kirche abgewandt hat und nun, da ihre Rente zum Leben nicht reicht, wieder in ihrem alten Beruf arbeitet: Sie programmiert jetzt Algorithmen und Bots. Auch in Belarus ist die Mehrheit in der IT-Branche männlich. Aber es ist eben keine reine Männerdomäne – Computer, die Hardware, waren in der späten Sowjetunion Männersache; Programmieren aber, der Umgang mit Software, galt eine Zeit lang als Frauenarbeit, bevor es sehr viel später vorwiegend von männlichen Nerds übernommen wurde.

Veronika Zepkalo arbeitet als IT-Managerin bei Microsoft und ist zuständig für die Geschäftsentwicklung in zwölf Ländern der früheren Sowjetunion. Maria Kolesnikowa hat zwar Flöte studiert und alte sowie zeitgenössische Musik – aber sie hat sich in der Nutzung sozialer Medien fortgebildet, hat gelernt, wie sich die Nutzung von Suchmaschinen optimieren lässt und wie Algorithmen funktionieren. Kolesnikowas Vertraute und Mentorin Christine Fischer leitet in Stuttgart das Eclat Festival für Neue Musik. Sie erinnert sich, wie diese junge, hoch motivierte Frau von den Möglichkeiten der sozialen Medien schwärmte und welche Bedeutung sie für die jüngere Generation in Belarus hätten. »Als Maria bei uns ankam, habe ich gemerkt, wow, da steht eine Expertin vor mir!« Kolesnikowa arbeitete als Kuratorin, studierte Neue Musik auf Master und wurde gleichzeitig zur Social-Media-Expertin des Festivals. Kolesnikowas jüngere Schwester Tatjana ist Mathematikerin, versteht es zu programmieren und arbeitet, wenig überraschend, in einem IT-Unternehmen.

In Belarus, dem Land der Normerfüllungsvorgaben und Jahrespläne, haben sich in den vergangenen 15 Jahren nach und nach Freigeister ihre Räume erobert. Der Anteil der Staatsbetriebe in Belarus ist zwar immer noch immens hoch; die Industrie bleibt eine Geisel der Regierung, die sich die kollektive Folgsamkeit erkauft. Nur deshalb konnten Arbeiter nach dem Wahlbetrug im Sommer 2020 gezwungen werden, sich dem Streikaufruf gegen Alexander Lukaschenko nicht anzuschließen. Hätten die Arbeiter gestreikt, wären sie augenblicklich entlassen worden. Der Staat besitzt knapp 65 Prozent der Betriebe oder ist daran beteiligt. Das ist viel – aber es gibt eben auch hier und da Nischen der Unabhängigkeit, die in den vergangenen Jahren entstanden sind. In diesen Freiräumen tummeln sich Kreative, Künstler, auch Kleinhändler – und vor allem IT-Fachleute. Zugegeben: Groß sind diese Freiräume nicht und so gründlich vermessen wie eine Schrebergartenparzelle. Aber es gibt sie.

Das Zentrum bildet die IT-Branche mit dem einst von Valerij Zepkalo geführten Belarus Hightechpark. Er hat etwas von einer Utopie mitten in der Diktatur: Es gibt ein eigenes Steuerregime, vier- bis fünfmal so hohe Gehälter wie im Rest des Landes und mehr Möglichkeiten. Den Hightechpark ließ Lukaschenko 2005 nur deshalb zu, weil er vermutlich nicht damit gerechnet hat, dass aus diesem Projekt jemals etwas Erfolgreiches erwachsen könnte, meint zumindest Veronika Zepkalo.

Das teilt Alexander Lukaschenko mit Wladimir Putin: Er ist ein Mann des Analogen. Er mag das Internet nicht, und mit den Jahren ist es für ihn zu einer Bedrohung geworden. Einer bekannten Journalistin des Staatsfernsehens erzählte er, dass er kein Smartphone besitze und sich Nachrichten aus dem Messengerdienst Telegram ausdrucken lasse. Auf großen Versammlungen spricht er von dem Netz als einem bösen Ort, an dem Menschen das Gehirn gewaschen werde. Hätte Alexander Lukaschenko damals, im Jahr 2005, auch nur eine Vorahnung gehabt, wie der Hightechpark die Minsker Mittelschicht und das Internet die junge Generation prägen würde – ganz sicher hätte er den Park verhindert, den IT-Firmen den Krieg erklärt und das Internet unter seine Kontrolle zu bringen versucht.

Die neue belarussische Mittelschicht lebt zwar vor einer sozialistischen Kulisse, aber sie verändert sie auch. Die Freigeister eröffnen Galerien, übernehmen alte Fabriken, machen aus ihnen Kunsträume. Sie schauen sich Aufführungen im Untergrund-

Theater an, tanzen in den Klubs der Altstadt bis zum Morgengrauen und verscheuchen ihren morgendlichen Kater in schicken Cafés oder sozialistischen Milchbars.

Maria Kolesnikowa kuratiert Ausstellungen, plant Techno Raves und Partys in ihrem Kunstkollektiv OK16, einem verlassenen Fabrikgelände an der Oktjabrskaja 16 in Minsk, daher der Name. Sie unterstützt Künstler und Künstlerinnen, redet beim Minsker Ted Talk über die Kraft gemischter Orchester, in denen gleichermaßen Frauen wie Männer spielen. Sie spricht mit Geschäftsleuten und Bankern und versucht sie zu Investitionen zu bewegen. Kunst und Kultur sind für sie keine schöngeistige Beschäftigung, die von der Großzügigkeit wohlwollender Mäzene abhängen. In der Kultur sieht sie eine riesige Zukunftsindustrie mit Konsumenten und Konsumentinnen. Ein Investitionsobjekt.

Mythos gleichberechtigte Frau

Natürlich sind die Freigeister nicht ganz frei. Sie leben ein Lückenleben. Es spielt sich in den Zwischenräumen ab, die Kunst, Kultur und die neuen Technologien bieten. In diese Lücken reicht der Griff des Staates nicht ganz so weit, denn sie hängen finanziell nicht vom Staat ab. Und die Frauen – gehören zu dieser kleinen, sich entwickelnden Elite dazu; ergreifen Berufe, die in Deutschland »MINT« heißen und sich gezielt um Frauen bemühen, aber die überwältigende Mehrheit der Akademikerinnen will nach wie vor nicht. Wenn belarussische Frauen also Programmiererinnen sind und Maschinenbauerinnen und Ingenieurinnen, warum müssen sie im Sommer 2020 überhaupt darum kämpfen, gesehen zu werden? Ihnen bleibt doch kein Bereich vorenthalten, sie können alles, was sie wollen – warum also um die Sichtbarkeit des Offensichtlichen kämpfen?

Die Wahrheit ist: Weil das Bild der gleichberechtigten Frau ein Mythos ist. Natürlich ist es keine Lüge, es hat einen wahren Kern. Aber es ist grob unvollständig und deshalb irreführend. Der Mythos um dieses Frauenbild hält sich, seit der Sozialismus die Frau zur Ikone der größten Befreiungsideologie der Welt erhoben hat.

Die sowjetische Frau sollte stark und zupackend sein, feminin und robust, liebend und malochend, unabhängig und fürsorglich, schön und geerdet, mütterlich und furchtlos – fehlt was? Sie war, diese Erfahrung teilten Belarussinnen, Russinnen und Ukrainerinnen, eine Projektionsfläche. Wichtig war sie vor allem als Instrument der Wertschöpfung, noch wichtiger aber als Instrument der Schöpfung. Als Arbeiterin, die für die vielen gefallenen Männer einspringen musste – und als Mutter, die das durch den Krieg entvölkerte Imperium mit Nachwuchs versorgte.

Diese Anforderungen klingen widersprüchlich, und das sind sie auch. Es war eben an der sowjetischen Frau, diese Widersprüche in ihrem Leben aufzulösen oder zumindest auszuhalten. Die Erwartungen zu erfüllen, die Gesellschaft und Arbeitgeber, Partner und Partei an sie stellten. In den Gesinnungsblättern jener Zeit wies man ihr den Weg. *Die Arbeiterin – Die Zeitschrift für Frauen und Familien* und *Die Bäuerin* hießen die Postillen. Auf den Titelblättern wurde die Frau als Arbeitskraft und als Pionierin des fortschrittlichen Sozialismus gefeiert. Auf den Seiten weiter hinten konnte sie dann nachlesen, welche Hausmittel gegen Falten helfen, wie sie ihre Brustwarzen mit Eiswasser abhärtet, den anspruchsvollen Mann zufriedenstellt, für die Familie sorgt, den Haushalt schmeißt und dabei auch noch anziehend aussieht.

In der Ideologie war die sowjetische Frau frei – doch in der Realität reichte ihre Freiheit meist genau so weit, wie es ihr die Männer gestatteten. Zwei Jahre nach Stalins Tod durfte sie wieder legal und kostenlos abtreiben – zu einer Zeit, in der Frauen in der Bundesrepublik für diese Entscheidung noch strafrechtlich belangt wurden. Sie durfte in den Kosmos fliegen, als im piefigen Westdeutschland die Ehefrau ihren Mann noch darum bitten musste, ihr eine Berufstätigkeit zu erlauben. Sie durfte in Fabriken malochen, Ingenieurin sein und Programmiersprachen erfinden. Und sie ergriff ihre Chancen. Die belarussische Soziologin Elena Gapova, die seit vielen Jahren in den USA lebt und doziert, erzählt dazu eine Geschichte aus der Zeit, als sie an der belarussischen Staatsuniversität dozierte. Sie erinnert sich, dass in den Fächern wie Physik, Mathematik, Chemie mindestens genauso viele Frauen studierten wie Männer, wenn nicht sogar mehr. Und Programmieren erst! War fest in weiblicher Hand. Eben ein Frauenjob. Das alles war ein Ergebnis des sowjetischen Bildungssystems und seines Gleichheitsideals.

Aber professionell Fußball spielen? Verbot der Staat der Frau bis kurz vor dem Zusammenbruch der Sowjetunion, weil es sich nicht ziemte. Ebenso versperrte er Frauen den Zugang zu mehr als 400 Berufen, um ihre Fortpflanzungsfähigkeit zu schützen – als wäre die Reproduktionsfähigkeit von Männern egal. Die Antibabypille, diese Erfindung des Klassenfeinds im Westen, wurde Frauen so gut wie nie verschrieben – die Nebenwirkungen! Stattdessen blieb die Abtreibung das gängige Instrument der Geburtenkontrolle. Entschied sich die sowjetische Frau zur Abtreibung, dann nicht, ohne zuvor indoktriniert zu werden, wie wichtig Mutterschaft sei. Mehrere Abtreibungen gehörten im Leben einer gewöhnlichen Frau in der Sowjetunion dazu. Der Gesundheitsapparat wusste dafür zu sorgen, dass sie diese Erfahrung niemals wieder vergessen würde.

Vor allem junge, ledige Frauen berichteten von entwürdigenden Gesprächen mit Ärzten, die vor Unfruchtbarkeit als unerwünschter Folge des Eingriffs warnten, und von demütigenden Behandlungen durch Krankenschwestern. In manchen Kliniken saßen Frauen nebeneinander aufgereiht mit entblößtem Unterleib, auf die Operation wartend. Die erfolgte üblicherweise ohne Betäubung und Schmerzmittel – die Frau sollte sich gut merken, was eine Abtreibung bedeutet. Doch was hätte sie sonst tun können? Kondome und Zäpfchen waren eine Seltenheit, alternative Verhütungsmittel gab es nicht. Außer vielleicht einem: dem selbst gewählten Zölibat. Aber auch der Mann hatte seine Ansprüche, und die Frau hatte ihm zur Verfügung zu stehen. Da unterschied sich die gesellschaftliche Sexualmoral der Sowjetunion trotz emanzipierter Streitschriften früherer Feministinnen wie Alexandra Kollontai nicht wesentlich von der im Westen.

Eigentlich führte die sowjetische Frau zwei Leben in einem. Die Propaganda sah sie als Arbeiterin und Mutter, eine doppelte Heldin des Sozialismus. Zuständig gleichermaßen für Produktion und Reproduktion. In der grauen sowjetischen Realität, die sich vom Bug bis zum Amur erstreckte, von dem heutigen Belarus bis zum Fernen Osten Russlands, war sie ein erschöpftes Wesen. Natalja Baranskaja, die als Schriftstellerin debütierte, als sie 60 Jahre alt und schon in Rente war, hat in ihren Büchern immer wieder das Los sowjetischer Frauen aufgegriffen. In der Erzählung »Woche für Woche«, erschienen im Jahr 1969, beschreibt Baranskaja, wie die 26-jährige Wissenschaftlerin Olga mit ihren beiden Kindern durch den ganz gewöhnlichen Alltag hetzt, immer rastlos, immer überfordert, immer erschöpft. Kinder wecken, anziehen, füttern, während der Mann sich in Seelenruhe rasiert, immer arbeiten, immer zu spät, immerzu putzen, kochen, abwaschen, nähen, bügeln, das Geld zusammenhalten, in der Schlange für Milch und Fleisch anstehen, die Panik vor der nächsten Schwangerschaft und die staatlichen Erwartungen an ihre reproduktiven Pflichten im Nacken – die ganz gewöhnliche Überforderung eines sowjetischen Frauenlebens eben.

Baranskajas Erzählung wurde in ein Dutzend Sprachen übersetzt. Der sowjetische Kulturminister indes urteilte damals über die Veröffentlichung, da müsse »ein Fehler in der ideologischen Kontrolle« unterlaufen sein. Das sollte dem Regime nicht noch mal passieren: Eine Zeit lang wurden Baranskajas Werke zensiert. Eine Frau, die öffentlich über ihre seelische und körperliche Erschöpfung spricht – das war eine Provokation, ein Ausbruch aus der staatlichen Ideologie, in der die Frau als Ikone der Befreiung konserviert war.

1991 ging die Sowjetunion unter. Aber der Mythos von der emanzipierten Frau, die durchs Leben pflügt und über die Klagelieder der westlichen Frauen müde lächelt, der alle Türen offen stehen – dieser Mythos hat den Zusammenbruch der Sowjetunion überlebt. Er hält sich bis heute.

Diskutiert die belarussische Soziologin Jewgenija Iwanowa über das Frauenbild in ihrem Land, dann geht es meist mit der immer gleichen gut eingeübten Litanei los: Wo denn das Problem sei? In Belarus sei die Gleichberechtigung zwischen den Geschlechtern doch längst erreicht, niemand zwinge die Frau, Burka zu tragen oder daheim zu sitzen! Frauen würden doch arbeiten! Hätten Zugang zur höheren Bildung! Würden viel länger leben als die Männer! Gingen früher in Rente, müssten nicht zur Armee, würden sogar gesetzlich von der Vollstreckung der Todesstrafe verschont! Wenn man schon Geschlechtergleichheit wolle, dann solle man doch bitte bei den Männern anfangen und deren Rechte schützen!

Die belarussische Frau steht, zumindest in Zahlen vermessen, tatsächlich nicht schlecht da. Fast 40 Prozent der Abgeordneten im Parlament sind Frauen – im weltweiten Schnitt beträgt der Anteil der Frauen in Parlamenten lediglich ein Viertel. Einige der treuesten Verbündeten von Alexander Lukaschenko – sind Frauen. Seine Pressesprecherin. Die Chefin der zentralen Wahlkommission, die über die Wahlergebnisse wacht. Die Vorsitzende des Oberhauses, das sich Rat der Republik nennt. Im Gender Gap Index, einem vom Weltwirtschaftsforum veröffentlichten Bericht, der anhand von 14 Indikatoren die klaffenden Lücken bei der Gleichberechtigung auf der ganzen Welt vermisst, steht Belarus auf Platz 29, noch vor Österreich und den USA. Belarussinnen studieren häufiger als ihre Männer. Die gesundheitliche Versorgung einer durchschnittlichen Belarussin ist besser als die einer Amerikanerin, die Kindersterblichkeit bei Geburten deutlich geringer. Anders als in den USA haben Belarussinnen Anspruch auf bezahlte Elternzeit, sogar auf drei Jahre – und das Recht auf Rückkehr an ihre alte oder zumindest eine vergleichbare Arbeitsstelle.

Doch die Wirklichkeit ist nicht schwarz, nicht weiß, sondern oft recht trübe, verwaschen und ziemlich deprimierend. Der Eintritt ins Rentenalter beginnt für Belarussinnen fünf Jahre früher als für Belarussen – aber die Rente ist meist so niedrig, dass sie zum Leben nicht reicht und Frauen bis ins hohe Alter arbeiten müssen. Die Elternzeit von drei Jahren ist so schlecht bezahlt, dass eine alleinstehende Frau davon nicht leben kann; und hat sie einen Partner, dann bleibt die Familienarbeit dennoch überwiegend Frauensache – nur ein Prozent der Männer bleibt daheim, und das ist schon ein beachtlicher Fortschritt der vergangenen Jahre.

Zu Hause, in den eigenen vier Wänden, mag in vielen Familien ein weibliches Reglement herrschen. Aber wenn die Frau tagsüber eine Firma leitet, bleibt der Haushalt trotzdem ihre Sache, in bester sowjetischer Tradition. So gut wie alle Frauen müssen irgendwann bei Bewerbungsgesprächen Fragen über Kinderwunsch, Familienstand und die Krankheitshäufigkeit ihrer Kinder über sich ergehen lassen – Männer hingegen fast nie. Mutterschaft – unbedingt! Aber nicht für alle Frauen: Immer wieder wird berichtet, dass Alkoholikerinnen und Drogenabhängige zur Sterilisation genötigt werden.

In dem Land der sozialistischen Fassaden dürfen Frauen noch immer nicht alles tun, was sie wollen – 181 Berufe bleiben für sie auch heute noch verboten, ein Erbe der Sowjetunion. Gehälter angleichen? Belarussinnen verdienen mit jedem Jahr immer weniger als Belarussen, obwohl sie oft besser ausgebildet sind. Das Internet ist geflutet mit Stellenanzeigen wie diesen: »Fräulein zwischen 19 und 23 Jahren mit Model-Maßen, Größe 174–180 Zentimeter, Blondine, gesucht für eine Stelle als Sekretärin«. Oder: »Attraktive Frau mit Hochschulbildung bis 35 Jahre, vorzugsweise ledig, gesucht als Assistentin des Direktors in einer Consulting-Firma«. Oder: »Gesucht ab 23 bis 30 Jahre, attraktives Äußeres, Bitte: Bewerbung mit FOTO schicken (als Chef-Sekretärin)«.

Sexuelle Belästigung gilt bis heute in Belarus nicht als Straftatbestand. Sie bleibt Privatsache. Frauenkram eben. Das Parlament, in dem Frauen so stark vertreten sind, ist erstens machtlos, und zweitens sind die Machtpositionen in Lukaschenkos Dunstkreis mit Männern besetzt, daran können auch ein paar handverlesene Frauen im System nichts ändern. Lukaschenko gibt offen zu, dass er die Frauen geholt habe, um die Männer zu zähmen: »Die Männer machen keinen Quatsch, die springen und laufen nicht herum – weil es ihnen vor den Frauen peinlich wäre«, sagte er.

Die exponierten Positionen in Lukaschenkos Machtzirkel entsprechen jenen von treuen Dienerinnen, die ausführen, was der Hausherr verlangt. Und jene Frauen, die im Parlament sind, werben damit, eine Art nationale Mutterrolle zu erfüllen und die heranwachsende Generation zu erziehen. Reden zu sexueller Belästigung und häuslicher Gewalt wird man von ihnen vergeblich suchen. Wie auch: Einen Gesetzesentwurf zur häuslichen Gewalt, den das Innenministerium abgesegnet hatte, verhinderte Alexander Lukaschenko höchstpersönlich. Das sei Schwachsinn, den man sich im Westen abgeschaut habe.

Wie in einer unheilvollen Ehe

Es herrscht eine merkwürdige Beziehung zwischen Alexander Lukaschenko und den belarussischen Frauen. Sie erinnert an eine unheilvolle Ehe: Er beleidigt, sie beschwichtigt. Er erniedrigt, sie erträgt. Sein Stil: grob, herablassend. Ihr Stil: ertragend, abwiegelnd. Könnte ja alles noch viel schlimmer sein. So geht das seit vielen Jahren.

2012: »Wenn eine Frau es mit einer Frau treibt, dann ist die Schuld von uns zerlumpten Männern, dass die Frau den Mann durch eine Frau ersetzt hat. Wir Männer haben uns als unfähig erwiesen.«

2014: »Bei Feiern sitze ich nie schlecht gelaunt zwischen den Beamten. Das ist mein Prinzip. Ich sitze immer zwischen den Fräuleins. Auf der einen Seite den jungen Sohn, auf der anderen ein Mädchen. Die eine ist brünett, die andere eine Blondine, sie arbeiten mit mir.«

2015: »Den Präsidentenstuhl würde ich für eine Vertreterin des schwachen Geschlechts nicht räumen. Erstens ist das schwere Arbeit, nichts für Frauen. Zweitens habe ich die Vollmachten als Oberbefehlshaber. Wie will eine Frau im Rock vorn an der Front marschieren, Militärübungen abhalten? Heute tragen Frauen zwar auch Hosen, aber das ist nicht dasselbe.«

2018: »Die Bestimmung von Frauen liegt darin, die Welt zu verschönern. Die Bestimmung von Männern liegt darin, diese Welt und die Frauen zu verteidigen.«

2019: »Gebärt mehr Kinder. Es ist ganz einfach: Zwei Kinder sind eure, und das dritte Kind – ist meins.«

Die Frauen in Belarus haben die Entgleisungen Alexander Lukaschenkos lange nicht als Problem gesehen, im Gegenteil. Als Lukaschenko sich 1994 anschickte, nach der Macht zu greifen, habe sein Team auf die Frauen über vierzig gesetzt, erinnert sich ein früherer Wahlkampfberater: »Lukaschenko war überzeugt, dass Frauen in ihm den idealen Verlobten und Ehemann sehen würden.«

Hätten bei den großen Entscheidungen der vergangenen Jahre nur die Stimmen der Frauen gezählt, dann wäre Großbritannien noch immer Mitglied der Europäischen Union. Donald Trump wäre wohl nie Präsident geworden. In Deutschland hätte es nach der Bundestagswahl 2017 womöglich eine rot-grüne Regierung gegeben, weil die Grünen vor der AfD gelegen hätten. Nur in Belarus wäre Alexander Lukaschenko nicht trotz, sondern wegen der Frauen an der Macht geblieben. Der belarussische Soziologe Oleg Manajew hat vor Jahren, als unabhängige Meinungsumfragen im Land noch möglich waren, untersucht, warum Lukaschenko ausgerechnet von Frauen unterstützt wird. Das Ergebnis, kurz gesagt: weil er ihnen imponiert.

Lukaschenko stammte aus einer Kolchose, wuchs allein und in Armut bei seiner Mutter auf, der Vater war abwesend – doch er biss sich durch, stieg auf. Er wurde Kolchosedirektor, Abgeordneter und schließlich Präsident – und dabei war er auch noch in der Lage, gleich drei Söhne zu versorgen. Die Frauen sähen in Lukaschenko »einen starken Mann, einen echten Kerl«, meint Manajew. Und sie machten sich zu seinen Komplizinnen. Die meisten Mitglieder in der Wahlkommission sind Frauen. Auch in den Wahllokalen, in denen abgestimmt und ausgezählt wird, arbeiten laut Schätzungen mehrheitlich Frauen. Wenn Lukaschenko über Jahrzehnte erfolgreich Wahlen fälschen konnte, dann auch mithilfe von Frauen.

Dabei offenbart sich der despotische Charakter von Lukaschenkos Herrschaft gerade in seinem Verhältnis zum weiblichen Geschlecht, schreiben Journalistinnen des russischen Investigativmediums *Projekt*. Lukaschenkos Ehefrau Galina, die er mit 19 Jahren geheiratet hat und die die Mutter seiner beiden älteren Söhne sein soll, verschwindet früh aus der Öffentlichkeit. Lukaschenko, der traditionelle Werte predigt und die Ehe zwischen Mann und Frau als heilig schützen will, lebt wie ein Junggeselle – noch so eine Gemeinsamkeit mit Wladimir Putin. Sein jüngster Sohn Kolja, den er schon von klein auf gern als seinen Thronfolger vor die Kameras zerrt, wächst – zumindest offiziell – ohne Mutter auf.

Der Präsident, der den konservativen, traditionellen Haudegen gibt, hat keine First Lady an seiner Seite. Am liebsten umgibt er sich mit sehr jungen, sehr hübschen und sehr vielen Frauen. 1996, kaum zwei Jahre im Amt, unterschreibt er einen Erlass für eine staatliche Modell-Agentur – »die nationale Schönheitsschule«. In Lukaschenkos Weltbild sind Frauen keine Subjekte, eher gleichen sie Gegenständen. Sie haben keine besonderen Rechte, dafür aber Funktionen. Frauen sollen das Leben von Männern »verschönern«. Er meint das durchaus wörtlich: Lukaschenkos Agentur organisiert staatliche Schönheitswettbewerbe. Es sei ein offenes Geheimnis, schreibt das russische Investigativmedium *Projekt*, dass die Finalistinnen nicht die Jury aussucht, sondern Alexander Lukaschenko persönlich. Gemeinsam mit Kollegen des belarussischen Mediums *Belsat* haben die Journalistinnen in Lukaschenkos engerem Umfeld recherchiert. Sie fanden heraus: Die Teilnehmerinnen gehen in der Präsidial-Administration ein und aus, nennen Lukaschenko »unseren Papi«.

Die Gewinnerinnen des nationalen Wettbewerbs »Miss Belarus« haben seine private Telefonnummer, zitiert *Projekt* einen Insider, der jahrelang Lukaschenkos Schönheitswettbewerbe organisiert hat und heute im Ausland lebt. Schöne, kaum volljährige Frauen werden Lukaschenko zum Zeitvertreib zugeführt, natürlich nicht, ohne vorher vom Geheimdienst KGB überprüft worden zu sein. Die Gewinnerinnen der Schönheitswettbewerbe belohnt Lukaschenko mit Posten in seinem Staatsapparat. Schönheit ist für ihn eine strategische Ressource; vor Jahren hat er sogar erwogen, ob man schönen Belarussinnen, die sich nach einer Modelkarriere sehnen, nicht die Ausreise ins Ausland verbieten könne – offiziell, um gegen Menschenhandel vorzugehen.

Fährt er auf Staatsbesuch, nimmt er manchmal vier, fünf junge Frauen mit in seiner Delegation. Er nutze die Frauen als »Waffe«, sagt er: Bei ihrem Anblick vergäßen alle anderen Männer die Welt um sich herum. Manchmal beginnen auf diese Weise politische Karrieren: Maria Wassilewitsch, Miss Belarus 2018, soll von Alexander Lukaschenko erst in den Staatsdienst übernommen und dann auf die »Miss World«-Wahl im selben Jahr höchstpersönlich vorbereitet worden sein. 2019 wird Wassilewitsch schließlich mit 22 Jahren die jüngste Abgeordnete im Parlament.

»Ihr müsst mich schon töten, damit es Neuwahlen gibt«

Warum verzeihen die Belarussinnen Alexander Lukaschenko ein solches Gebaren? Warum halten sie ihm die Treue, obwohl er sie wie Dekor benutzt? Warum sind sie über das Macho-Gehabe und die Tatsache, dass er ihre Rechte missachtet, nicht wütend?

»Weil Geschlechtergleichheit in Belarus anders verstanden wird als beispielsweise in den USA«, meint die Soziologin Elena Gapova. Man kann sie ruhigen Gewissens eine Feministin nennen. Gapova hat 1997 an der Europäischen Humanistischen Universität in Minsk das erste Institut für Gender Studies im osteuropäischen Raum gegründet. 2004 wurde die Universität dichtgemacht, ein Jahr später zog sie ins Exil ins litauische Vilnius. Auch Gapova hat Belarus verlassen. Seit vielen Jahren lebt sie in den USA. Und ihr fällt auf: Wenn in den USA über Emanzipation und Geschlechtergleichheit diskutiert wird, dann geht es oft um andere Dinge als in Belarus. Da wird gendersensible Sprache verhandelt, das Recht auf körperliche und psychische Unversehrtheit, Selbstbestimmung und die Möglichkeit, sich so zu kleiden, wie frau will, ohne deshalb Belästigungen befürchten zu müssen oder für Übergriffe verantwortlich gemacht zu werden.

Für Frauen in Belarus hingegen definiert sich Gleichberechtigung vor allem sehr konkret über soziale Absicherung: Die vergünstigte Wohnung bei mehr als drei Kindern, der robuste Kündigungsschutz selbst in Krisenzeiten, die dreijährige Elternzeit, das Recht auf Rückkehr an den alten Arbeitsplatz, die zusätzliche Betreuungszeit bei Kindern mit besonderen Bedürfnissen. Was nützt einer Frau geschlechtersensible Sprache, wenn sie als Mutter schutzlos den Gesetzen des Marktes ausgeliefert ist? Wenn sie keinen gut verdienenden Partner hat, der die Ungerechtigkeiten des dysfunktionalen Systems ausgleichen kann? So gut wie überall auf der Welt, meint Gapova, stimmen Frauen tendenziell eher für Kandidaten, die soziale Garantien und Absicherungen versprechen.

Alexander Lukaschenko war groß darin, diese Versprechen zu geben. Nach dem Zusammenbruch der Sowjetunion – für die meisten Belarussen und Belarussinnen ein Schock – begann eine sehr kurze Zeit der eher ungeliebten und unperfekten Demokratie und Marktwirtschaft. Bis Lukaschenko 1994 gewählt wurde mit seiner Versicherung, eine Art »Sowjetunion light« zu garantieren. Die weiß-rot-weiße Fahne, neben der Lukaschenko seinen Eid schwor, wurde gleich nach einem Referendum 1995 wieder abgeschafft, die alten Symbole aus der Sowjetzeit galten fortan wieder als Staatsinsignien. Mithilfe eines weiteren Referendums verlieh Lukaschenko sich 1996 nahezu unbegrenzte Vollmachten und beendete die zaghaften Anfänge der Demokratie. 2004 hob er, abermals dank eines Referendums, die verfassungsrechtliche Beschränkung von zwei Amtszeiten für den Präsidenten auf.

Lukaschenko wurde zum Garanten der sozialen Privilegien und Absicherungen aus der Sowjetzeit, zum Bollwerk gegen Raubtierkapitalismus und enthemmte Liberalisierung, die beim russischen Nachbarn zum Ausverkauf des Landes und zur Verarmung weiter gesellschaftlicher Schichten geführt hatten. Auch deshalb galt der Entwicklungsweg, für den Lukaschenko stand, unter Experten in Russland eine Zeit lang sogar als ein nachahmenswertes »belarussisches Modell«. Es garantierte den sanften Übergang vom Kommunismus in eine neue Epoche, während anderswo Schocktherapien und enthemmte Märkte die breite Gesellschaft teuer zu stehen kamen.

In Belarus mutete Alexander Lukaschenko dem Volk keine Schocktherapien und keine ungeregelte Privatisierung zu. Die Frauen dankten es ihm mit Loyalität: Wenn Elternzeit und Sozialleistungen entfallen, wenn Kindergärten und Wohnraum unbezahlbar werden, wenn der Staat keine Sicherheit mehr gewährleisten kann, dann leiden darunter ganz besonders Mütter.

Die Aktivistin Olga Karatsch meint, dass es eine regelrechte Aufteilung zwischen den Geschlechtern gegeben habe: Männer hätten traditionell eher die Oppositionskandidaten unterstützt, Frauen hingegen auf Alexander Lukaschenko gesetzt. Sicher, Wahlen werden gefälscht, aber der Soziologe Oleg Manajew ermittelte, dass bei den Wahlen 2010 fast zwei Drittel der Frauen für Lukaschenko abgestimmt hatten. Für sie spielten Sicherheit und staatliche Fürsorge offenbar eine besonders große Rolle. Umfragen zeigen, dass die Mehrheit der Belarussinnen, ob für oder gegen Lukaschenko, eine Planwirtschaft befürwortete – bei den Männern sind es deutlich weniger, nämlich nur 40 Prozent.

Als Lukaschenko bei den ersten und einzigen demokratischen Wahlen 1994 nach der Macht griff, pries er sich als »Verteidiger des Volkes« an, der mit der Korruption der alten Nomenklatura aufräumen und die Elite nicht wieder an die Futtertröge lassen würde. »Mein Credo – Ehrlichkeit!«, lautete sein Slogan. Er versprach den Menschen, die damals im Durchschnitt 20 Dollar im Monat verdienten, unter der Wirtschaftskrise und einer galoppierenden Inflation litten, für sie zu sorgen. Vor allem die Frauen glaubten es ihm gern. Und der Diktator wusste, was er ihnen zu verdanken hat: »Wenn es die Frauen nicht gäbe, wäre ich nicht Präsident.«

Doch dann kam 2020. Wie immer ließ es sich Lukaschenko nicht nehmen, seine Sprüche auf Kosten der Frauen zu reißen. »Bei uns ist die Verfassung nicht für Frauen gemacht. Die Gesellschaft ist noch nicht reif, für eine Frau zu stimmen«, sagte er. »Ich bin absolut überzeugt, dass ein Muschyk, ein echter Kerl, Präsident wird.« Er nannte Frauen »Prostituierte«, »Säue« und »arme Schäfchen«. In einem Gespräch mit dem ukrainischen Star-Interviewer Dmitrij Gordon kurz vor der Wahl verlachte er das Frauen-Trio Swetlana Tichanowskaja, Maria Kolesnikowa und Veronika Zepkalo. »Diese Mädchen« würden nicht verstehen, was um sie herum passiere. Sie seien leicht zu benutzen. Mit Tichanowskaja reden? »Sie hat gerade erst Frikadellen gemacht, womöglich die Kinder gefüttert, es riecht vielleicht noch angenehm nach den gebratenen Frikadellen, und da soll man nun über politische Fragen debattieren. Ich kenne nicht nur Swetas Fähigkeiten, sondern die des gesamten Trios. Worüber könnte ich schon mit ihnen reden?«

Doch dieses Mal ging Alexander Lukaschenko zu weit.

Dabei hatte er selbst sich gar nicht verändert. Es waren die Menschen, die anders geworden waren, und zwar stärker, als Politologen und Politologinnen es in all den Jahren geahnt hatten. Zu diesen Veränderungen gehörte auch, dass sie sich anscheinend vorstellen konnten, für eine Frau im höchsten Amt zu stimmen, wenn das den Wandel bringen würde. »Die Gesellschaft und Lukaschenko leben heute in unterschiedlichen Epochen«, sagt der

Lukaschenko-Biograf Valerij Karbalewitsch. Lukaschenko, eigentlich bekannt für seinen herausragenden politischen Instinkt, hatte nicht bemerkt, wie sehr ihm die Gesellschaft mit den Jahren entglitten war – wie auch? Unabhängige soziologische Umfragen gibt es so gut wie nicht mehr, bei offiziellen Auftritten trifft Lukaschenko nur noch auf Bewunderer und Ja-Sager. Kritische Berater wurden mit den Jahren durch willfährige Einflüsterer ersetzt, und die hatten es offenbar vorgezogen, ihm nichts von den Veränderungen zu erzählen, die sich in der Gesellschaft ankündigten. Einem Autokraten überbringt man keine schlechten Nachrichten. Bis der Untergang vor der Tür steht.

Gut zwei Monate nachdem Lukaschenko erklärt hatte, dass der nächste Präsident natürlich ein echter Kerl sein werde, wurde er bei der Wahl von Swetlana Tichanowskaja besiegt. Vermutlich, womöglich, wahrscheinlich, ganz sicher – genau weiß sie es selbst nicht. Gewiss ist nur, dass Alexander Lukaschenko die Wahl in ungeheuerlich dreister Art fälschen ließ und sich mit über 80 Prozent wie gewohnt zum Sieger erklärte. Unabhängige Beobachter wurden in den Wahllokalen nicht zugelassen, also harrten sie draußen aus und zählten, wie viele Menschen tatsächlich das Wahllokal betraten und wie viele offiziell angeblich da waren – die Zahlen stimmten so gut wie nie überein, vermutlich wurden Stimmzettel hinzugegeben.

Ein Mitglied der staatlichen Wahlkommission berichtete mir unter Tränen, wie sie am Ende des Wahltags die Stimmzettel ausgezählt hatten und in ihrem Wahllokal so gut wie niemand für Alexander Lukaschenko gestimmt hatte: Der Haufen mit den Stimmzetteln für Lukaschenko war dürftig, der für Tichanowskaja hingegen riesig. Also griff sich die Chefin einen ganzen Stapel Stimmzettel von Tichanowskajas Haufen und legte ihn auf Lukaschenkos. »Ich schätze, dass 90 Prozent der Zettel eigentlich

Stimmen für Swetlana Tichanowskaja waren.« Als das Wahllokal, wie gesetzlich vorgeschrieben, seine Wahlergebnisse verkündete, hatte sich draußen vor der Tür schon eine Menschentraube versammelt und beschimpfte die Mitglieder der Kommission als »Schande«. »Wir haben das Wahllokal dann durch den Hinterausgang verlassen. Es tut mir alles so leid. Ich schäme mich für das alles. Aber ich habe so schreckliche Angst«, sagte das Mitglied. Es dürfte Hunderte solcher Geschichten in ganz Belarus gegeben haben.

Wie die Wahl wirklich ausgegangen ist – das ist nicht bekannt. Eine Neuauszählung ließ Lukaschenko nicht zu. So wie er über die Frauen denkt, so hält er es auch mit dem Land. Er sieht sich als Patriarchen und Belarus als sein Eigentum, über das er verfügen kann, wie es ihm gefällt. »Die Geliebte gebe ich nicht her«, drohte Lukaschenko, als sich die Proteste hinsichtlich des Wahlbetrugs entfalteten. »Ihr müsst mich schon töten, damit es Neuwahlen gibt.« Ob er in Wirklichkeit fünf Prozent der Stimmen bekommen hat oder fünfzig, ob es nun zwanzig Prozent waren oder vierzig – das bleibt ein Geheimnis, das niemals gelüftet werden wird. Die Abstimmungsprotokolle sind wohl vernichtet worden.

Wer weiß, vielleicht hat Swetlana Tichanowskaja ja tatsächlich nicht gewonnen – ganz sicher aber hat Alexander Lukaschenko seine wichtigsten Unterstützer verloren: Die Frauen von Belarus hatten genug von ihm.

4.

»ES WAR EINE REVOLUTION IN MIR« – SWETLANA TICHANOWSKAJA

Ein politisches Aschenputtelmärchen

Wenn Swetlana Tichanowskaja mit dem litauischen, polnischen oder rumänischen Außenminister spricht, pandemiebedingt online, dann hält sie manchmal die Kopie eines Bildes in die Kamera. Es zeigt eine junge Frau mit verschränkten Armen, Öl auf Leinwand. Schwarzes Haar, schwarzes Kleid und schwarze Augen, die den Betrachter eindringlich anschauen. »Eva« hat der Künstler Chaim Soutine das Gemälde genannt. Soutine, ein nach Frankreich emigrierter Belarusse, hat das Kunstwerk 1928 gemalt. 85 Jahre später ersteigerte es Viktor Babariko in New York, als er noch Vorstandsvorsitzender der Belgazprombank war, einer Tochter des russischen Konzerns Gazprom. Babariko sammelt seit Jahren die Arbeiten belarussischer Künstler im Ausland, um sie in Belarus auszustellen. Für die Eva bezahlte er 1,8 Millionen Dollar. Nie zuvor wurde in Belarus mehr Geld für ein Gemälde bezahlt. Eva wurde zum nationalen Erbe des Landes, das Kunstwerk darf nicht weiterverkauft werden.

Doch dann erklärte Babariko, bei der Wahl gegen Alexander Lukaschenko antreten zu wollen. Die Sicherheitskräfte beschlagnahmten seine Ausstellung, darunter auch das Bild der Eva. Sie wurde zum Symbol des belarussischen Protests: *Eva-luzija*, »Eva-lution«, nannten die Frauen nun den Aufstand gegen Alexander Lukaschenko, denn kurz nach der Konfiszierung wurde Viktor Babariko verhaftet. Der Maler Soutine hatte viele Frauen porträtiert, aber kein Gemälde hat eine solche Wirkung wie *Eva*. Sie lässt sich nicht einfach nur betrachten – Eva erwidert den Blick. Vielleicht inspiriert das Kunstwerk deshalb so viele Frauen, weil es sie an sie selbst erinnert: Zugedacht wird ihnen eine Rolle als Objekt. Sie aber werden zu Subjekten. »Die Frauen hatten eine innere Stärke, die sie bis dahin in Belarus nicht zeigen mussten. Und auf einmal zeigten sie diese Kraft und wunderten sich. Ich auch! Ich erlebe das an meinem eigenen Beispiel«, sagt Swetlana Tichanowskaja. »Ich musste nie Stärke zeigen. Jetzt spüre ich, wie ich mich verändere.«

Diese Sätze fallen während unseres ersten Gesprächs Mitte Januar 2021. Sie klingen noch fremd, wie ein neuer Sound. Es ist noch nicht lange her, da sagte Swetlana Tichanowskaja zu Journalisten: »Ich möchte wieder Ehefrau und Mama sein, und ich hoffe, ich werde keine verantwortungsvollen Entscheidungen treffen müssen.« Und: »Macht ist eine Last, das wünsche ich niemandem. Für manche bedeutet Macht vielleicht Freiheit. Für mich nicht. Ich will bei meinem Mann und meinen Kindern sein.«

Nun trifft sie den Premierminister von Schweden und den Präsidenten von Finnland. Sie konferiert mit dem ukrainischen Präsidenten, unterhält sich mit Angela Merkel über die Besonderheiten der belarussischen Sprache, redet vor Abgeordneten des Europäischen Parlaments über die Revolution in ihrem Land, erhält von Emmanuel Macron die Zusage, auf Wladimir Putin einzuwirken. Sie sagt als Zeugin vor dem US-Kongress über die Gewalt des Lukaschenko-Regimes aus und erläutert die Rolle der Frauen in dem Aufstand. Sie wird vom litauischen Präsidenten für den Friedensnobelpreis vorgeschlagen und trägt vor dem Sicherheitsrat der Vereinten Nationen vor, wie Journalistinnen und Journalisten in Belarus drangsaliert werden.

Früher blieb Swetlana Tichanowskaja mit den Kindern daheim und wartete, dass ihr Mann am Wochenende heimkam. Selten kam sie raus aus Belarus, vielleicht mal im Urlaub mit der Familie ans Meer nach Ägypten. Heute hat ihr Arbeitstag zwölf, vierzehn Stunden. Trotz der Pandemie ist sie unterwegs in Stockholm, Berlin, Rom, Helsinki, Riga, Brüssel, Wien, Tallinn, Lissabon, Bern. Alexander Lukaschenko war so gut wie nie auf Staatsbesuchen in westlichen Ländern, er beherrscht auch keine Fremdsprachen – Swetlana Tichanowskaja hat allein in den ersten paar Monaten ihres Exils 15 Länder besucht. Übersetzer braucht sie so gut wie nie: Sie spricht sehr gut Englisch. Die Hausfrau Swetlana Tichanowskaja ist jetzt eine weltberühmte Politikerin, die andere weltberühmte Politiker trifft. Manchmal scheint sie noch immer überrascht darüber zu sein, was das für Menschen sind, die ihr da begegnen.

Als sie noch in Belarus lebte, erzählt Tichanowskaja, habe sie den Eindruck gehabt, dass man sich nicht einfach an einen Politiker wenden dürfe. Denn der könnte sich belästigt fühlen und wütend werden – und dann gnade dir Gott. »Aber wenn du mit Macron sprichst oder mit Angela, dann mag es zwar so sein, dass sie Politiker sind. Doch als Menschen sind sie offen und zugewandt. Du spürst keine Angst vor ihnen, wie du sie vor Politikern in Belarus spürst. In Belarus hast du den Eindruck« – sie stockt, sucht nach Worten. »Ich mag das Wort nicht benutzen, aber ... du fühlst dich wie ein Diener, der zu seinem Herrn hochschaut. Und hier hast du plötzlich ein ganz anderes Gefühl. Bis eben war ich die Hausfrau, aber die Politiker nehmen dich nicht als jemanden wahr, der Frikadellen brät. Sie hören dir zu. Niemand beleidigt dich, wenn mal ein Wort auf Englisch nicht richtig sitzt. Dieses Leben in der Demokratie, dass du dich einfach frei fühlen kannst, dass du keine Angst haben musst, dass Menschen die gleichen Rechte haben, das ist alles neu für mich.«

Noch im vergangenen Jahr hat sich Tichanowskaja vor solchen Treffen gefürchtet. Sie hatte Angst, dass sie die richtigen Worte nicht findet oder ihr ein falscher Ausdruck rausrutscht, obwohl ihr Englisch sehr gut ist. Ab ihrem zwölften Lebensjahr war sie wieder und wieder in den Sommerferien in Irland bei einer Gastfamilie. Sie wuchs im Süden von Belarus auf, der wegen der nuklearen Katastrophe von Tschernobyl stark von der Strahlung belastet war. Belarussische Kinder wurden damals im Rahmen von Hilfsprogrammen immer wieder ins Ausland geschickt, damit sie sich gesundheitlich erholten.

Das Leben der Swetlana Tichanowskaja klingt wie ein politisches Aschenputtelmärchen. Es erzählt die nahezu unwirkliche Geschichte eines einmaligen Aufstiegs. Begreift man die Geschichte jedoch als eine der weiblichen Überwindung, dann könnte sie sich so ähnlich auf der ganzen Welt abspielen: in Deutschland, in Polen, in Kolumbien, in Russland oder in Italien. Ganz sicher könnte nicht jede Frau einen Autokraten herausfordern, viele Frauen müssten es auch gar nicht, weil sie in demokratischen Ländern leben. Aber dass eine Frau plötzlich aus der Rolle heraustreten muss, die ihr zugefallen ist, das klingt dann doch nach einer Erfahrung, die Millionen Frauen auf der ganzen Welt bekannt sein dürfte.

Swetlana Tichanowskaja verkörpert eigentlich eine zutiefst feministische Geschichte. Und wie so oft beginnt sie nicht mit einer Frau, sondern mit einem Mann.

Bisschen breitbeinig, bisschen kerlig

Sergej Tichanowskij lernt Swetlana in seinem Nachtklub 5Klub in Mosyr im Südosten von Belarus kennen, unweit des verstrahlten Gebietes zu Tschernobyl. Sie studiert Englisch auf Lehramt, ist eine eifrige Studentin und geht selten aus. Doch an diesem Montagabend schleppen ihre Freundinnen sie mit, denn montags haben Studentinnen kostenlos Eintritt in den Klub. Die jungen Frauen sitzen zusammen, trinken und plaudern, als ein paar junge Männer sie ansprechen. Warum sie denn kämen, wenn nichts los sei? Einer dieser Männer ist Sergej Tichanowskij, vier Jahre älter als Swetlana. Er leitet den Klub, gibt den Studentinnen Freikarten für den Samstag und verabschiedet sich. Schon am nächsten Tag findet er heraus, wer diese Swetlana ist, ruft sie an und bittet sie, mit ihm auszugehen. Ihr imponiert seine Entschiedenheit und seine zupackende Art. Er sei selbstbewusst gewesen und irgendwie dreist. Er gefällt ihr auf Anhieb, erinnert sie sich. Sein Charme, sein männliches Aussehen. Ein *krasawtschyk*, ein schöner Mann, findet sie. Schnell werden die beiden ein Paar.

Er: ein Machertyp, bisschen breitbeinig, bisschen kerlig, sehr geradeheraus. Manche würden sagen: plump und polarisierend. »Manchmal zeigt sich bei ihm ein ziemlich schwieriger Charakter«, sagt Tichanowskaja über ihren Mann. Er könne seine Unzufriedenheit ziemlich unverblümt zeigen. Vor allem Menschen, die ihm nahestünden, falte er auch schon mal zusammen. Bisweilen sei er ungehalten und aufbrausend. Aber eben auch einer, der eine gesellige Seele habe, gern Witze reiße, Menschen zum Lachen bringe. »Alle wollten mit ihm befreundet sein, weil er so ein Lustiger ist. Mit ihm ist es nie langweilig«, sagt sie. Er könne überraschen, plötzlich eine Urlaubsreise für alle buchen, weil ihm der Sinn danach stünde. Oft sei er unbelehrbar gewesen. »Wenn er denkt, dass er im Recht ist, dann lässt er sich durch nichts davon abbringen.«

Sergej Tichanowskij gilt als ambitioniert, als geschäftstüchtig und aufgeschlossen. Er gründet eine Produktionsfirma, die Werbeclips dreht, zunächst in Gomel im Südosten von Belarus, dann in Minsk und schließlich in der russischen Hauptstadt Moskau. Er liebt seine Kinder, kümmert sich, wenn er denn da ist – aber meist ist er nicht da. Beruflich reist er viel und ist so gut wie immer nur an den Wochenenden bei der Familie.

Sie: Englischlehrerin aus einer behüteten, bescheidenen Familie. Der Vater Fernfahrer, die Mutter Köchin. Sie wächst mit ihrer Schwester in der Kleinstadt Mikaschewitschy in einfachen Verhältnissen auf. Es mangelt an nichts, aber es ist auch nichts im Überfluss vorhanden. »Reich ist nicht der, der viel hat, sondern der genug hat«, pflegt die Mutter zu sagen. Swetlana Tichanowskaja wird zu Bescheidenheit, Empathie, Strebsamkeit und Aufrichtigkeit erzogen. Sie ist eine hervorragende Schülerin, die für ihre Leistungen mit einer goldenen Medaille ausgezeichnet wird. Intelligent, schüchtern, zurückhaltend, fürsorglich. Als sie den Sommer in Irland verbringt, ergreift sie das Wort für die anderen, denn ihr Englisch ist das beste von allen, erzählt ihr damaliger Gastbruder – obwohl es ihr schon damals schwerfällt, vor vielen Menschen zu sprechen. Sie sei keine Anführerin gewesen, meint der Gastbruder, hätte aber ganz natürliche Führungsfähigkeiten gezeigt; die jüngeren Kinder hätten intuitiv ihre Nähe gesucht.

»Wir pflegten diese Philosophie in der Familie: Tue alles für andere, sogar wenn es zu deinem Schaden ist. Erst sind die anderen dran, dann du«, erinnert sich Tichanowskaja. Daheim in Mikaschewitschy ist der Vater das klassische Familienoberhaupt, um das sich alles dreht. So wird es sich später in Swetlana Tichanowskajas eigener Familie fortsetzen: Sergej Tichanowskij ist der Ernährer, der Kopf der Familie. Entscheidungen, auch weitreichende, trifft er allein. Manchmal streiten sie. Dann brüllt er schon mal los, wird verletzend. »Wie verletzend?«, fragt sie einmal der ukrainischer TV-Journalist Dmitrij Gordon. »Nichts, was nicht hätte vergeben werden können«, antwortet ihm Swetlana Tichanowskaja.

Als ihr Sohn Kornej etwa zwei Jahre alt ist, bemerken sie, dass mit ihm etwas nicht stimmt. Er ist taub, berichten Bekannte. Tichanowskaja spricht nicht über diese Zeit oder darüber, was mit ihrem älteren Kind los ist. Der Junge wird spät behandelt, braucht Operationen. Swetlana Tichanowskaja investiert viel Zeit, Mühe und Liebe, damit er die Entwicklungsverzögerungen wieder aufholt. »Vorübergehende Schwierigkeiten«, mit denen man schließlich zurechtgekommen sei, beschreibt sie das Leben mit der Krankheit des Sohnes. Damals verkaufen sie Sergej Tichanowskijs Wohnung in dessen Heimatstadt Gomel und ziehen 2013 in die Hauptstadt, weil es dort die nötigen medizinischen Behandlungen für Kornej gibt. Sie kaufen sich eine Wohnung in Minsk: drei Zimmer, eine winzige Küche, kleines Bad. Zusammengenommen vielleicht 50 Quadratmeter: »Wir lebten wie ganz gewöhnliche Belarussen«, sagt sie. Immerhin, die Familie kann in den Urlaub fahren und sich leisten, dass Tichanowskaja mit den Kindern zu Hause bleibt.

Noch hat Sergej Tichanowskij mit Politik genauso wenig zu tun wie seine Frau. Politik ist nicht seine Welt. Ihre erst recht nicht.

Einmal in ihrem Leben kam sie für einen Augenblick mit dieser anderen Welt in Berührung. Als Tichanowskaja volljährig wird, geht sie wählen. Aber für sie ist das kein Ausdruck einer politischen Überzeugung, sondern eher ein Ritual auf dem Weg zum Erwachsenwerden. Es wird das einzige Mal in ihrem Leben bleiben, dass sie wählen geht, bevor sie selbst zur Politikerin wird. Ihre Stimme gibt sie damals Alexander Lukaschenko. Dem Mann, den sie gut 20 Jahre später herausfordern wird.

Lukaschenkos größter Fehler

Doch zunächst ist es ihr Mann, der sich in die Politik verirrt. Schuld daran ist ein Haus. Als Sergej Tichanowskij 2017 auf dem Heimweg von einer seiner Geschäftsreisen ist, kommt er an einem aussterbenden Dorf vorbei. Dort steht ein Bauernhaus zur Versteigerung: herrschaftlich, gebaut um 1900, zwei Stockwerke, Dachgeschoss, renovierungsbedürftig. Tichanowskij kauft es für 2200 Dollar. Er erlaubt sich zu träumen; will aus dem Haus ein Hostel machen, ein Café eröffnen, das Dorf wiederbeleben – die russische Grenze ist nah, bestimmt würden viele Touristen kommen! Später dann wäre das ein schöner Alterswohnsitz für ihn und seine Swetlana.

Tichanowskij deckt das Dach neu, fängt mit den Umbauten an, repariert den Kamin, verlegt Leitungen – und schlägt ziemlich hart in der belarussischen Realität auf: Es gibt Streit mit der örtlichen Verwaltung. Plötzlich werden Vorschriften zitiert, die jahrelang niemanden interessiert hatten. Der Denkmalschutz wird angeführt. Er erhält keine Erlaubnis für den Anschluss an die Stromversorgung. Jeder Schritt verlangt Anträge, und die kosten Geld, kosten Zeit. Die Hürden werden immer zahlreicher und immer höher. Tichanowskij wird immer ungeduldiger und immer frustrierter.

Im März 2019 beginnt er bei Youtube mit seinem Video-Blog »Ein lebenswertes Land«. Er reist kreuz und quer durch Belarus und hört ganz gewöhnlichen Menschen zu. In Orscha im Nordosten lässt er Bauern erzählen, wie sie eine verfallene Lagerhalle erst hergerichtet, dann gemietet haben – und schließlich wegen der Willkür der Behörden verlieren. Er interviewt Selbstständige, die von den alltäglichen Schikanen durch Beamte erzählen. In der Kleinstadt Glubokoje im Norden des Landes hält er einer Frau das Mikrofon hin, die unaufhörlich schimpft, der Staat habe ihr alles geraubt. Er lässt lokale Blogger von den staatlichen Gängeleien in ihren Städten erzählen.

Mit jeder Reise durch sein Land, mit jedem Gespräch mit ganz gewöhnlichen Menschen wird Sergej Tichanowskij immer politischer, wütender und derber. Er ist anders als die beiden Männer, die damals im Frühjahr 2020 als vielversprechende Kandidaten für die Präsidentschaftswahl galten, Veronika Zepkalos Ehemann Valerij und Maria Kolesnikowas Freund Viktor Babariko. Die hatten innerhalb des Machtsystems von Alexander Lukaschenko bemerkenswert steile Karrieren zurückgelegt, sie beherrschen den Habitus der Elite. Sie reisten viel, sprachen mehrere Sprachen, hantierten mit sehr viel Geld, waren im ganzen Land bekannt – Zepkalo als Gründer des belarussischen Silicon Valley, Babariko als Kunstliebhaber und Vorstandsvorsitzender von Belgazprombank. Sie drücken sich gewählt aus, sprechen vor allem die gebildete, urbane Mittelschicht an und haben Wahlprogramme anzubieten, aus denen jahrelange Vorbereitungen sprechen.

Sergej Tichanowskij hat nichts davon. Kein Programm, keine Ressourcen, auch kein Gespür für politische Feinheiten. Aber er verfügt über einen entschiedenen Willen, Authentizität und die Überzeugung, dass er Politiker werden kann. Da er sich als einer aus dem Volk gibt, spricht er andere Wählerinnen und Wähler an als Viktor Babariko oder Valerij Zepkalo. Er kündigt an, Staatsbedienstete und Abgeordnete zur Rede zu stellen – und hält grunzenden Hausschweinen ein Mikrofon vor den Rüssel. Wenn er die Staatsbediensteten meint, spricht er von »Dieben« und von »Missgeburten«. Er vergleicht Alexander Lukaschenko mit Ungeziefer und fordert dessen Absetzung unter dem Slogan »Stoppt die Kakerlake!« Er hört sich die Nöte der Ungehörten an.

Die sind dankbar, dass da einer ist, der sie endlich ernst nimmt. Während Tichanowskij durch Belarus reist, schaut sich seine Frau Swetlana daheim seine Sendungen an und sieht, wie betrogen sich viele Menschen fühlen – aber auch, wie sie ihre Angst überwinden und offen über ihre Wut und ihren Frust sprechen, nicht nur daheim hinter verschlossener Tür. Und sie spürt, wie sich ihr Ehemann mit der Zeit verändert. Er bekommt immer mehr Zulauf, auf Youtube schauen Zigtausende seine Videos an. Manchmal bittet sie ihn, weniger direkt und grob zu reden, das gebe doch nur Ärger. »Aber stimmt das denn nicht?«, fragt er sie dann. »Sind es keine Diebe?«

Seit 1999 gibt es einen Vertrag über einen gemeinsamen Unionsstaat zwischen Russland und Belarus, und seither wird darum gerungen, wie tief die Integration zwischen den Ländern reichen darf, ohne zu einer russischen Fremdherrschaft zu kippen. Die wäre für die Mehrheit der Belarussen und Belarussinnen inakzeptabel.

Im Dezember 2019 gibt es mehrere Demonstrationen gegen eine stärkere Integration mit Russland. An einer nimmt Tichanowskij teil und berichtet auf seinem Blog darüber. Er wird zu den üblichen 15 Tagen Haft verurteilt, muss sie aber nicht absitzen. Das kommt erst später, als Tichanowskij für den 9. Mai 2020, den Gedenktag an den Sieg der Sowjetunion über die deutschen Nazis 1945, eine »Anti-Parade« in Bobruisk plant, der Heimatstadt von Ljudmila, die zur etwa gleichen Zeit ehrenamtlich Ärzten und Krankenhäusern im Kampf gegen die Corona-Pandemie hilft. Die Parade ist als Protestaktion gegen Lukaschenkos offizielles Militärfest mitten in der Pandemie gedacht. Doch drei Tage vorher wird Tichanowskij aufgegriffen, nun muss er seine 15 Tage absitzen. »Wir hätten von der Parade überhaupt nichts mitbekommen, wenn die Polizei nicht wahllos Passanten festgenommen und die Straßen nicht gesperrt hätte«, sagt Ljudmila. Es ist auch die Angst des Regimes vor dem Neuen, die Sergej Tichanowskij hilft, groß zu werden und immer mehr Anhänger zu finden.

Swetlana Tichanowskaja hat Angst – er nicht. Seine Aktivitäten laufen zwangsläufig auf eine Entscheidung hinaus, aber er erzählt ihr nichts davon. Er fragt seine Frau nicht, was sie davon hielte, wenn ihr Leben von heute auf morgen ein anderes werden würde. Selbst wenn sie davon erfahren hätte: »Nie wäre ich auf die Idee gekommen, ihm das auszureden. Denn tief im Inneren wusste ich, dass er das Richtige tut.« Sie sei stolz auf seine Furchtlosigkeit, sagt sie.

Am 7. Mai 2020, als er schon einen Tag im Gefängnis sitzt, erscheint auf Youtube sein Video, automatisch hochgeladen: »Ich, Sergej Tichanowskij, belarussischer Unternehmer und Blogger, verkünde hiermit meine Absicht, als Kandidat an der Präsidentschaftswahl teilzunehmen.« Er will Alexander Lukaschenko herausfordern, will seine Dokumente einreichen, damit er für die Wahl am 9. August 2020 zugelassen wird. Seine Frau erfährt von den Plänen ihres Mannes aus dem Netz. Sie hat geahnt, dass so etwas kommen würde. Sie sammelt alle Dokumente für seine Registrierung, bittet Sergejs Anwalt, ihn im Gefängnis alles Notwendige unterschreiben zu lassen. Aber man lässt Tichanowskij nicht. Und wo keine Unterschrift, da keine Zulassung.

So beschließt sie, das Werk ihres Mannes fortzuführen und selbst zu kandidieren. Fragt ihn nicht nach seiner Meinung, wie auch, er sitzt in Haft. Sie macht es einfach, damit seine ganzen Mühen nicht vergeblich waren. »Es gab da keinen Plan«, sagt Swetlana Tichanowskaja. Nur eine Idee und den Wunsch, ihm ihre Liebe und ihren Respekt zu zeigen. Vielleicht ist es das erste Mal in ihrer Beziehung, dass sie eine weitreichende Entscheidung ganz allein trifft – aber damals kommt ihr die Entscheidung überhaupt nicht weitreichend vor. Sie ist sich sicher, dass die Behörden sie niemals als Kandidatin zulassen werden. Mitte Mai, kurz bevor die offizielle Frist für die Registrierung abläuft, reicht sie ihre Dokumente in der Wahlbehörde ein. Als Sergej Tichanowskij fast zeitgleich und doch zu spät freikommt, ist er erstaunt – und macht sofort ihre Sache zu seiner.

»Bis zum 29. Mai habe ich an nichts teilgenommen«, sagt Swetlana Tichanowskaja. »Er fuhr allein durch die Städte, sammelte Unterschriften. Mich betraf das alles nicht.« Wo ihr Mann auftritt, stellt er eine lebensgroße Pappfigur von seiner Frau auf, was ihr den Spitznamen »Pappkandidatin« einbringt. Manchmal verfolgt sie seine Aktionen im Internet, wenn sie live übertragen werden, sieht die kilometerlangen Schlangen. Stundenlang stehen Menschen an, um ihre Unterschrift für sie abzugeben. »Da müssen Lukaschenko und seine Leute verstanden haben, dass sie einen Fehler gemacht haben«, sagt Tichanowskaja.

Doch der 29. Mai 2020 wird zum Schicksalsdatum. In Grodno wird Sergej Tichanowskij unter fadenscheinigen Vorwänden festgenommen, als er wieder mal Unterschriften für seine Swetlana sammelt. Sie sitzt daheim am Computer und wird Zeugin, wie er abgeführt wird. Seither hat sie ihren Mann nicht wiedergesehen.

Plötzlich Kandidatin

Damals glaubt sie, dass nun alles einschlafen werde. Die formalen Hürden für die Registrierung sind schikanös. Die Kandidatin muss eine Initiativgruppe aus Helferinnen und Helfern registrieren. Die Gruppe hat dann knapp einen Monat Zeit, um 100 000 Unterschriften zu sammeln. Diese müssen binnen einer Woche in 147 von 153 Wahlbezirken des Landes eingereicht werden – dann erst gibt es überhaupt eine Chance auf Zulassung durch die zentrale Wahlkommission. Allein und ohne einen Riesenapparat 100 000 Unterschriften zu sammeln scheint schier unmöglich. Aber Swetlana Tichanowskaja ist nicht allein. Ihr Mann hatte viele Menschen angezogen, die an ihn glaubten und ihn ehrenamtlich unterstützten. »Wie durch ein Wunder organisierten sich die Ehrenamtlichen und machten ihre Arbeit einfach weiter.

Manche haben dafür ihre Jobs aufgegeben«, sagt Tichanowskaja. Sie sammeln Unterschriften, Tichanowskaja hält sich noch immer zurück. Und dann hat sie tatsächlich die nötige Zahl zusammen. Jetzt könnte sie Kandidatin werden.

Sie lernt Maria Moros kennen, eine Geschäftsfrau in ihrem Alter, die wie sie seit Jahren Hausfrau ist, ihren Sohn groß-zieht und nicht weiß, wie weiter. Eigentlich wollten sie und ihr Mann das Land verlassen, weil sie in Belarus keine Zukunft für sich sehen. Da hört Moros von Sergej Tichanowskijs Ambitio-nen, Lukaschenko herauszufordern. Sie entscheidet, zu bleiben, schließt sich seiner Initiativgruppe an – und sammelt letztlich Unterschriften nicht für ihn, sondern für seine Frau Swetlana. Moros mag Tichanowskaja, Tichanowskaja spürt Moros gegen-über von Beginn an großes Vertrauen. Bald schon bindet der Wahlkampf die Frauen aneinander.

Einer von Tichanowskajas wichtigsten Beratern, Alexander Dobrowolskij, war damals bei der Oppositionspartei »Vereinte Bürgerpartei«, als Tichanowskaja sich an ihn wendet und fragt, ob sie Teile des Wahlprogramms übernehmen dürfe. Die Par-tei erlaubt es ihr – der eigene Kandidat ist ohnehin aussichtslos. Dobrowolskij hat selbst zweieinhalb Stunden angestanden, um Tichanowskaja seine Unterschrift zu geben. Nun, bei ihrem ers-ten Treffen, spürt er ihre Ernsthaftigkeit. Klug sei sie gewesen, von einem beeindruckenden Verantwortungsgefühl geleitet, aber eben auch ahnungslos. »Sie hat Fragen gestellt, die zeigten, dass sie wenig weiß, aber sehr in die Tiefe geht.«

Mit einem Wahlprogramm ist ihr jedoch nicht geholfen – sie überlegen sich eine Strategie. Sie soll sich als Übergangspräsiden-tin vorstellen, um echte Wahlen zu ermöglichen. Dafür benö-tigt sie eine professionelle Kampagne und ein Team, sie muss auf Interviews vorbereitet werden. »Ich habe ihr gesagt: Jemand, dem Sie absolut vertrauen, muss die Wahlkampagne leiten«, erinnert sich Dobrowolskij. »Ich vertraue nur Maria«, erwiderte Tichanowskaja. So wird Maria Moros zu ihrer Wahlkampfchefin. Dobrowolskij schließt sich gemeinsam mit Anna Krasulina Tichanowskajas Team an. Krasulina, die seit fast zwei Jahrzehnten in der Oppositionspolitik mitmischt, wird zu Tichanowskajas Pressesprecherin. Später, nach Lukaschenkos Wahlbetrug, werden Krasulina und Dobrowolskij gemeinsam mit Swetlana Tichanowskaja nach Vilnius emigrieren.

Tichanowskaja richtet einen Wahlkampfstab ein: in einem kleinen Raum ohne Internet, in dem sie manchmal mit 30 Leuten sitzen. Doch bald schon scheint alles vorbei: Sie berichtet, dass sie am Telefon Drohungen erhalten habe, dass ihren Kindern etwas zustoßen werde, sollte sie nicht aufgeben. Sie nimmt ein emotionales Video auf, erzählt von den Einschüchterungsversuchen, weint – und bekommt im ganzen Land viel Zuspruch. Menschen rufen sie an, reden auf sie ein, weiterzumachen. Und so erinnert sich Swetlana Tichanowskaja daran, was ihr die Eltern beigebracht haben. Sie reißt sich zusammen, überwindet sich; schickt die Kinder mit der Oma nach Litauen, macht weiter. Doch das Ende dieses Einzelkampfs wäre bald besiegelt gewesen – wären da nicht Veronika Zepkalo und Maria Kolesnikowa. Eigentlich müssten die drei Frauen politische Konkurrentinnen sein: Immerhin hatte auch Zepkalos Ehemann kandidieren wollen und ebenso Kolesnikowas Freund Viktor Babariko. Aber nun springen die Frauen Swetlana Tichanowskaja bei, damit sie weitermacht.

Sergej Tichanowskij war der Meinung, die Wahl müsste boykottiert werden, sollte er verhaftet werden. Und nun schickt sich seine Ehefrau an, die Anweisung ihres Mannes zu missachten. Swetlana Tichanowskaja sagt: »Ich hatte Angst.« Sie fährt zum Stab von Viktor Babariko, den Maria Kolesnikowa leitet. Sie wartet dort bereits auf Tichanowskaja. Veronika Zepkalo ist auch schon da.

Binnen 15 Minuten werden sich die drei Frauen einig über ihre wichtigsten Ziele: freie und faire Neuwahlen mit allen alternativen Kandidaten und eine Rückkehr zur alten Verfassung von 1994, bevor sie von Alexander Lukaschenko verstümmelt wurde. Sie schaffen, was Oppositionspolitiker vor ihnen in Belarus nie geschafft haben: Sie vereinen ihre Kräfte. Hätte das auch Männern gelingen können? »Die Männer sind zu ehrgeizig«, sagt Tichanowskaja. Sie hingegen will die Macht nicht. Sie will eine Figur des Übergangs sein, bis freie und faire Wahlen möglich sind. Damit schafft sie die entscheidende Voraussetzung, um alle Rivalitäten, konkurrierenden Ambitionen und unterschiedlichen Pläne beiseitezulegen. Sie teilt ihrem Sergej über den Anwalt mit, sie habe sich entschieden, weiterzumachen. Als er ihr schließlich seine Unterstützung ausspricht, erzählt sie, fällt ihr eine ungeheure Last vom Herzen.

Am 14. Juli, nach einem beschwerlichen und bürokratischen Zulassungsweg, wird Swetlana Tichanowskaja tatsächlich als Präsidentschaftskandidatin zugelassen. Sie ist nicht die Einzige, die gegen Lukaschenko antreten darf – aber die Einzige, die nicht als »Spoiler« gilt, als eine Marionettenkandidatin, von Lukaschenko ins Rennen geschickt, um den Schein von Alternativen und Wettbewerb zu wahren.

Alexander Lukaschenko ist sich sicher, dass diese Hausfrau krachend scheitern wird. Auch Sergej Tichanowskij geht davon aus, dass sich die Pläne seiner Frau bald zerschlagen werden. Swetlana Tichanowskaja ist von ihrer Kandidatur ja selbst nicht überzeugt. Sie hatte nie geplant, die Stelle ihres Mannes tatsächlich einzunehmen. »Ich war eine Lachnummer für die Machthaber«, sagt Swetlana Tichanowskaja. Deshalb hätte man sie überhaupt zugelassen. »Sie wollten sich ihren Spaß erlauben.« Aber dann wurde sie zum Albtraum für Alexander Lukaschenko.

»Für meine und eure Kinder. Für uns alle!«

Wenn man Swetlana Tichanowskaja danach fragt, wie sie auf sich nehmen konnte, was ihr noch kurz zuvor unvorstellbar erschien, dann sagt sie, dass sie es ohne Maria Kolesnikowa und Veronika Zepkalo nicht geschafft hätte. Maria, die sie stets Mascha nennt, habe ihr Stärke und Furchtlosigkeit gegeben, erzählt sie. Als sie von Stadt zu Stadt fuhren, alle in einem Auto, hätten sie überlegt, ob es nicht klug wäre, Bodyguards um sich zu haben. »Aber Mascha hatte vor nichts Angst. ›Ich brauche keine Bodyguards‹, sagte sie.« Veronika wiederum gab ihr die freundschaftliche Wärme und Bodenständigkeit. Sie habe befürchtet, Zepkalo sei abgehoben, die Frau eines hohen Beamten eben. Aber sie habe sich geirrt, sagt Tichanowskaja. »Mascha war eher streng und sehr stark. Sie gab mir Kraft. Veronika gab mir den freundschaftlichen Rückhalt.«

Bei ihrer ersten gemeinsamen Pressekonferenz im Juli 2020 sitzt Swetlana Tichanowskaja in der Mitte, zu ihrer linken Seite Maria Kolesnikowa, zu ihrer rechten Veronika Zepkalo. Obwohl Tichanowskaja diejenige ist, um die es geht, ergreift sie das Wort nur zaghaft. Maria Kolesnikowa erklärt das Operative und die nächsten Schritte. Veronika Zepkalo erinnert an die neue Frauensolidarität, die das Land erfasst habe. Swetlana Tichanowskaja liegt das Reden nicht. Meist antwortet sie kurz, als würden lange Antworten viele Fallstricke bedeuten. Manchmal vergisst sie Wichtiges. Dann flüstert ihr Veronika Zepkalo von rechts zu: Willst du nicht noch dieses und jenes erwähnen?

So wird es oft bei Interviews sein: Maria und Veronika springen ein, wenn Swetlana die Worte ausgehen. Sie stützen Tichanowskaja mit ihrer Kraft und ihren Fähigkeiten. Am Ende zeigen sie ihre Symbolzeichen: Swetlana Tichanowskaja ballt die Faust. Maria Kolesnikowa formt mit beiden Händen das Herz. Veronika

Zepkalo reckt die Finger zum Victory-Zeichen. Die drei Zeichen werden fortan überall ohne jegliche Erklärung verstanden. Wessen Idee die Symbole waren? Tichanowskaja lacht. »Zufall war das!« Das Herz habe Kolesnikowa schon in Babarikos Stab verwendet, Valerij Zepkalo hat irgendwann mal das V-Zeichen gezeigt, das seine Frau Veronika dann ebenfalls benutzt habe – und die geballte Faust habe sie von ihrem Mann Sergej, der während der Pandemie die Menschen so gegrüßt hatte, statt ihnen die Hand zu geben. Bis sich der Gruß verselbstständigte und die Leute die Faust von ihm übernahmen. »Wir standen da, jede zeigte ihr Zeichen, niemand hatte darüber auch nur eine Sekunde nachgedacht! Und plötzlich sahen wir: Tolle Idee! Und sofort gab es Sticker.«

Zusammen ziehen sie los. Reisen durch Dscherschynsk, Minsk, Grodno und Gomel. Sprechen vor Zigtausenden Menschen, immer zu dritt auf der Bühne, immer Arm in Arm. Nie sind sie allein. Sie steigen zusammen in denselben Wagen ein, steigen zusammen aus. An manchen Tagen haben sie so viele Auftritte, dass keine Zeit bleibt, auch nur einen Schluck Tee zu trinken.

Weltweit scheint die Stunde der Außenseiter zu schlagen, wenn auch auf unterschiedliche Weise. In Italien gründet ein Komiker eine populistische Bewegung, die zur Regierungspartei wird. In den USA hatte es ein skrupelloser Geschäftsmann zum Präsidenten gebracht. In der Ukraine wählt das Volk einen Comedian zum Staatsoberhaupt, der stolz darauf ist, nie zuvor etwas mit Politik zu tun gehabt zu haben. Diese Politiker verbindet eines: Sie sind politische Außenseiter. Wer nach Erfahrung riecht, wer der politischen Elite zugeordnet wird, ruft Misstrauen hervor – besonders in Ländern, die jahrzehntelang unter einer sozialistischen Diktatur zu leiden hatten.

Auch Swetlana Tichanowskaja ist eine von außerhalb. In ihren Reden betont sie den Gegensatz: »Wir, das Volk – sie, die Machthaber«. Aber Tichanowskaja ist keine Anti-Politikerin. Sie ist eine

Wider-Willen-Politikerin. In Gomel, der Heimatstadt ihres Mannes, ruft sie den Massen zu: »Ich bin kein Politiker. Ich will meine Familie zurück und wieder meine Frikadellen braten.« In Minsk sagt sie: »Ich bin Swetlana Tichanowskaja, ich kandidiere für das Präsidentenamt von Belarus. Ich kandidiere nicht für mich, sondern für meinen Ehemann. Für meine und eure Kinder. Für uns alle!« Dann erzählt sie, wie ihre Liebesgeschichte begann. Die Menschen jubeln ihr zu. Sie singen Lieder, die davon handeln, wie Mauern zerbersten und der Wandel, der in den Adern der Menschen pulsiert, endlich beginnt. Tichanowskaja sagt: »Ich bin es müde, zu ertragen. Ich bin es müde, zu schweigen. Ich bin es müde, Angst zu haben. Seid ihr es müde, zu ertragen? Seid ihr es müde, zu schweigen? Seid ihr es müde, Angst zu haben?« Tausende rufen »Sweta, Sweta, Sweta!«. Und hoffen. Auf etwas, das anders ist als ihr bisheriges Leben.

Swetlana Tichanowskaja ist ihr Symbol der Überwindung geworden. Sie klingt unsicher, aber aufrichtig und auf eine merkwürdige Weise bestimmt. Sie redet vor allem über ihren Mann. Sie nimmt sich Raum, aber als »die Frau von ...«. Mit der Rolle der sich selbst aufopfernden Frau gewinnt sie an Überzeugungskraft und paradoxerweise auch an Eigenständigkeit. »An seiner Stelle bin nun ich, Swetlana Tichanowskaja, seine Ehefrau.« Applaus. »Ihr alle wisst, dass ich kein Politiker bin und keine Macht brauche. Aber mein Mann sitzt hinter Gittern. Ich musste meine Kinder um ihrer Sicherheit willen verstecken. Ich habe mein ruhiges Leben geopfert für uns alle.«

Es ist, als hätte sie die magischen Worte gefunden, um apathische Individuen aufzuwecken und zusammenzuführen. Tichanowskaja wird zum unerwarteten Vorbild für Hunderttausende Belarussinnen und Belarussen. Die wagen nun ebenfalls, sich zu überwinden. Eine wie Swetlana Tichanowskaja hat es schließlich auch geschafft.

Momente voller Verzweiflung

Sie lebt im Exil in Litauen, aber ihr Mann sitzt in Belarus in Einzelhaft, darf niemanden sehen. Sein einziger Kontakt zur Außenwelt: der Anwalt, der ihn zweimal die Woche besucht. Tichanowskaja weiß nicht, ob ihr Mann gefoltert oder geschlagen wird. Wenn es so wäre, würde er es ihr vermutlich nicht sagen. Nur selten kann sie mit ihm sprechen. Darf er sie anrufen, dann verrät seine Stimme, dass er nicht allein ist und nicht ungestört sprechen kann. Es sei schwer, sagt sie, im Exil zu sein. »Wie oft hatte ich diese Momente voller Verzweiflung, wo ich dachte: Es reicht. Ich fahre zurück nach Belarus, sollen sie mich doch festnehmen. Dort werde ich ein Opfer von vielen sein. Sollen die Leute selbst weitermachen. Ich kann nicht mehr. Aber dann machst du doch weiter.« Wegen der Kinder? »Um die Kinder geht es nicht. Nüchtern betrachtet verstehe ich, dass mein Opfer nichts ändern würde.«

Die Umstände ihrer Ausreise aus Belarus sind bis heute unerklärt. Am Tag nach der Wahl, dem 10. August 2020, sitzt ihr Mann noch im Minsker Wolodarka-Gefängnis ein, berüchtigt für die Vollstreckung der Todesstrafe. Tichanowskaja will ihm ein Versorgungspaket bringen. Auf dem Rückweg hält sie bei der zentralen Wahlbehörde, um Beschwerde einzulegen gegen das Wahlergebnis. Sie betritt das Gebäude gemeinsam mit ihrem Anwalt und einer Mitstreiterin, dann ist sie stundenlang nicht erreichbar. Später wird bekannt, dass sie im Büro der Wahlkommissionschefin ein Video aufnehmen muss, in dem sie die Menschen dazu auffordert, nicht auf die Straßen zu gehen. Sie liest ihre Botschaft von einem Zettel ab, ihre Stimme klingt monoton. Es sind ganz offenkundig nicht die Worte eines Menschen, der eine Wahl hat. Danach verlässt sie durch den Hinterausgang die Behörde, so wird es ihr Anwalt erzählen, der auf sie wartet, so wird es ihre Pressesprecherin bestätigen.

Es ist schon Nacht, als sie nach Hause fährt und ihre Koffer packt. Kopflos wirft sie irgendwelche Kleidung zusammen, reist augenblicklich aus. Als sie am frühen Morgen des 11. August in Vilnius ankommt, nimmt sie erschöpft und unter Tränen noch ein Video auf: Sie sei eben doch nur eine schwache Frau, die sich für ihre Kinder entschieden habe und niemandem wünsche, jemals im Leben vor einer solchen Wahl zu stehen. Die ersten zwei Wochen im neuen Land erlebt sie im Ausnahmezustand – sie isst kaum, weint viel. Interviews werden für sie geplant und Konferenzen vereinbart. Aber wenn sie morgens erwacht, ist sie unfähig, etwas zu sagen. Ihre Sprache ist weg, berichtet eine Mitstreiterin. Swetlana Tichanowskaja kann nicht mehr.

Wieder überwindet sie sich, ringt die Angst nieder. Beansprucht schließlich die Rolle als Anführerin eines demokratischen Belarus aus dem Ausland für sich. Auch deshalb, sagt sie, weil ihre allergrößte Sorge unberechtigt war: dass die Menschen in Belarus sie dafür verurteilen würden, sich in Sicherheit gebracht zu haben. Dabei sei sie nicht freiwillig gegangen, sondern außer Landes gezwungen worden.

Irgendwann will sie die ganze Geschichte offenbaren; will dann etwas zu den Gerüchten sagen, dass Lukaschenko ihr angeblich 15 000 Dollar für die Ausreise bezahlt habe; will erzählen, wer sie zu der Video-Aufnahme in der Wahlkommission gezwungen habe. Aber nicht, solange das Regime ihren Mann als Geisel hält. Solange er nicht frei ist, ist auch sie nicht frei. Und eigentlich findet sie die Umstände gar nicht so wichtig, weil am Ende dieses schmerzlichen Prozesses eine Entscheidung stand: Sie macht weiter. »Reicht es denn nicht, sich entschieden zu haben?«, fragt sie.

Ein Anruf im Herbst 2020, bei dem Tichanowskaja gefilmt und das Video später veröffentlicht wird. Nach 134 Tagen darf der Häftling Sergej Tichanowskij zum ersten Mal seine Frau anrufen.

Sie sprechen zwölf Minuten lang – Alexander Lukaschenko persönlich hat es erlaubt. Sie demonstriert gerade mit Frauen in Vilnius gegen sein Regime, als sie der Anruf erreicht.

»Hast du mich erkannt? Ich bin's, dein Mann.«

»Hallo, Liebster!«

»Wie geht's dir?«

»Gut. Und dir?«

»Nicht so gut. Wie geht's den Kindern? Was habt ihr ihnen erzählt?«

»Dass der Papa auf Dienstreise ist. (...) Momentan füttern wir sie noch mit Märchen, wo du bist und was mit dir ist. Wir tun alles Mögliche, damit ihr alle bald rauskommt. Ich weiß nicht, wie lange sich das noch ziehen wird. Aber wir hoffen, dass es schon sehr bald so weit ist. Wir tun alles Notwendige, um die Situation in Belarus zu verändern. Ich kann mich überhaupt nur dank der Belarussen halten. Ich weiß, dass wir nicht zurückweichen dürfen, und wir werden das niemals tun, solange ihr alle nicht frei seid.«

»Und wie läuft's?«

»Ich hab Macron gesehen und Merkel.«

»Das sind gute Leute. Sie erkennen die Legitimität dieses einen Menschen nicht an. Sie glauben an unseren Sieg, denn unser Anliegen ist richtig. (...) Ich glaube, alles wird in Ordnung kommen.«

»Ich glaube das auch. Vielleicht soll ich dich irgendwo abholen?«

»Nein. Aber ihr müsst härter sein.«

»Härter? Ich mache mir einfach große Sorgen um alle, die im Gefängnis sind – damit ihr das nicht zu spüren bekommt. Aber wenn wir härter sein sollen, dann werden wir härter vorgehen.« (...)

»Dass du unterwegs bist und Leute triffst, das ist gut. Ich sehe dich im Fernsehen. Sie zeigen dich jeden Tag. Gestern haben sie gesagt, dass du 15 000 Dollar bekommen hast.«

»Plus die 900 000 Dollar, die sie hinterm Sofa gefunden haben.«

Lachen.

»Machst du Sport im Gefängnis?«

»Nein.«

»Hast du jetzt schon mehr Bücher gelesen als je in deinem ganzen Leben?«

»Nun ja. Gut, das war's. Ich umarme und küsse dich.«

»Wir lieben dich, Serjoscha. Halte durch. Bald ist das alles vorbei.«

Sergej Tichanowskij drohen bis zu 15 Jahre Haft. Swetlana Tichanowskaja wird in den Monaten nach der Wahl im Sommer 2020 in Russland und Belarus mit Haftbefehl gesucht, der belarussische Staat fordert ihre Auslieferung, ermittelt gegen sie wegen Vorbereitung terroristischer Anschläge. Ob sie jemals wieder zurück kann nach Belarus und wann, ist ungewiss. Ihre Eltern sind in der Heimat geblieben. Der geliebten Schwester, die in Brest im Südwesten von Belarus lebt, bläut sie ein, sich aus den Protesten herauszuhalten – *ein* aus den Fugen geratenes Leben pro Familie reiche. Manchmal kommt die Mutter für einige Wochen nach Litauen, um die Kinder zu hüten. Jedes Mal werde sie an der Grenze festgehalten und schikaniert, erzählt Tichanowskaja. Aber noch hätten die belarussischen Grenzschützer die Mutter jedes Mal ein- und ausreisen lassen.

Im März 2021 steht für Tichanowskaja die erste lange Reise an. Zehn Tage wird sie unterwegs sein, zum ersten Mal ohne die Kinder. Die gehen in Litauen in die Schule und in den Kindergarten. Ihr zehnjähriger Sohn Kornej sei überrascht, dass eine Schule freundlicher und weniger autoritär sein kann, als er es kennt. Er weiß mittlerweile, warum er nun mit der Mutter in Vilnius lebt und was mit dem Vater geschehen ist. Aber die fünfjährige Agnia ahnt nicht, dass er in Belarus im Gefängnis sitzt. Manchmal packt Tichanowskaja Geschenke und Pakete für die Kleine und erzählt, der Vater habe sie von unterwegs geschickt. Wenn die Tochter den Vater sehr vermisst und weint, dann tröstet der ältere Bruder seine kleine Schwester. Bald schon, beruhigt er sie dann, kommt der Papa, ganz bestimmt! Nur noch ein bisschen warten!

»Sei eine Dampflok!«

Als Swetlana Tichanowskaja plötzlich zu einer Berühmtheit wider Willen wird, tut sie, was Frauen oft tun, wenn sie sich überfordert fühlen: Sie macht sich klein. Trifft sie auf Politikerinnen und Politiker, dann fühlt sie sich fehl am Platz und legt die Rolle der »Frau von …« nicht ab, obwohl sie mittlerweile viel berühmter ist als ihr Mann. »Jeder sah mir an, dass ich unsicher war, was ich sagen sollte.« Tichanowskaja spricht in dieser ersten Zeit oft davon, »nur eine schwache Frau« zu sein. Es wirkt wie eine Schutzformel, um sich selbst vor Erwartungen und andere vor Enttäuschungen zu schützen. Sie macht sich Sorgen, den Anforderungen nicht zu genügen. Die anderen Politiker und Politikerinnen bemühen sich, sie zu beruhigen. »Sie sahen mir nach, dass ich wenig Erfahrungen habe. Sie hörten zu, und sie waren beeindruckt von uns Belarussen und unserem Vorgehen. Also hatten sie Nachsehen in ihrem Urteil über mich.«

Eine Politikerin aber will nichts von Schwäche hören. Vielleicht weil sie selbst nicht Präsidentin geworden wäre, wenn sie immerzu von ihrer Unerfahrenheit und Unsicherheit gesprochen hätte: Dalia Grybauskaitė, litauisches Staatsoberhaupt von 2009 bis 2019.

»Das Leben und Dalia haben mich einiges gelehrt!«, ruft

Swetlana Tichanowskaja und lacht. »Dalia hat mich mit ihrer weiblichen politischen Stärke inspiriert.« Tichanowskaja hat Grybauskaitė bei einem Abendessen kennengelernt. Sie erinnert sich, wie diese ihr riet: Sprich nicht darüber, dass du dich schwach fühlst. Mach dich nicht klein, wenn du für das Anliegen deiner Leute einstehst. »Dalia ist ziemlich hart. Sie sagte zu mir: ›Nur Mut! Rede Klartext! Tritt mit Härte auf! Du bist nicht schlechter als sie alle zusammen. Ja, du hast weniger Erfahrungen als sie, aber zeig das nicht. Sei eine Dampflok!‹ Das gab mir Selbstvertrauen.«

Frauen mögen in der Sowjetunion an der Front gekämpft und Computer programmiert haben – der Zugang zur Macht blieb ihnen so gut wie immer verwehrt. In ihren 69 Jahren erlebte die Sowjetunion mehr Schaltjahre als Frauen an Schaltstellen der Macht: Vier Ministerinnen gab es, ins Politbüro hatten es immerhin zwei Frauen geschafft – von insgesamt 124 Mitgliedern. Eine allerdings nur für ein Jahr, dann implodierte das Imperium. Als 1991 die baltischen Staaten nach fast fünfzig Jahren Annexion endlich frei waren und Belarussen und Ukrainer sich auf die Suche machten nach ihrer nationalen Identität, blieben die Frauen weiterhin außerhalb der Machtzirkel.

Dalia Grybauskaitė glaubt, dass die Stunde von Frauen meist in Krisenzeiten schlägt. Die Ukrainerin Julia Tymoschenko, berühmt für ihren geflochtenen Haarkranz und undurchsichtige Geschäftsinteressen, wurde das erste Mal nach der Orangen Revolution 2004 Premierministerin. In Lettland herrschte Wirtschaftskrise, als die damals 61-jährige Vaira Vike-Freiberga, eine Außenseiterin aus dem Exil, zur Präsidentin wurde. In Litauen wurde Dalia Grybauskaitė ebenfalls während des ökonomischen Niedergangs Präsidentin. Einfältige Journalisten verpassten ihr den Spitznamen »Stählerne Magnolia« oder, frei nach Thatcher, »Eiserne Lady«, weil sie Strenge ausstrahlt und einen schwarzen Gürtel in Karate hat. Erst kürzlich verglich ein Journalist Grybauskaitė mit dem jetzigen Präsidenten Litauens und schrieb sinngemäß: Damals war eine Frau mit Eiern Präsident, heute ist es ein Mann ohne Eier.

Es war, als müsste Grybauskaitė entschiedener, professioneller, härter ihre Macht absichern, um nicht als schwach und angreifbar zu gelten. Eine litauische Politikerin sagte damals über den Wahlsieg von Grybauskaitė, und das meinte sie anerkennend: Sie habe deshalb gewonnen, weil sie »nicht wirklich eine Frau« sei, sondern die Eigenschaften eines Mannes habe.

Erst die jüngere Generation von Frauen, die jetzt auf die politische Bühne drängt, kann offenbar nach der Macht greifen, ohne übertrieben Härte demonstrieren zu müssen. In Moldawien ist Maia Sandu, Jahrgang 1972, Staatsoberhaupt. In Estland sind erstmals zwei Frauen zeitgleich Präsidentin und Premierministerin. Letztere, Kaja Kallas, ist Jahrgang 1977. In Lettland wurde Ingrida Šimonytė Premierministerin, geboren 1974. Im Kosovo hat die Wahl der 38-jährigen Juristin Vjosa Osmani zur Präsidentin eine Verfassungskrise gelöst. Frauen, glaubt Grybauskaitė, gingen eher aus Verantwortungsgefühl in die Politik, Männer hingegen für den Ruhm. Tatsächlich scheinen fast alle diese Frauen sich eher als Expertinnen denn als Politikerinnen zu begreifen. Sie bringen aber sehr viel politische Erfahrung mit.

Swetlana Tichanowskaja hat keine politische Erfahrung. Als wir das erste Mal im Januar 2021 sprechen, geht ihr nicht über die Lippen, dass sie eine Politikerin ist. Als wäre die Bezeichnung zu groß oder zu grausam oder beides. »Tief in mir drin steckt noch immer die irreführende Vorstellung, dass Politik so eine Sache ist, die man lange lernen muss; für die man eine bestimmte Bildung benötigt, in der man geübt sein muss. Dann wirst du Politiker. Ich habe noch nicht viele Erfahrungen sammeln können, mein Erfahrungsschatz reicht dafür nicht aus«, sagt Swetlana Tichanowskaja. »Politik ist wie ein Spiel!«, ruft sie. Ein Spiel, bei dem man verhandele und bluffe. »Und ich? Ich bin unverstellt! Ich bin so vertrauensselig! Was man mir auch erzählt, ich werde glauben, dass wir alle den Sieg wollen, dass jeder Mensch das gleiche Ziel hat wie ich. Ich kann mir einfach nicht vorstellen, dass irgendwer mich reinlegen will.«

Sie geht davon aus, vielleicht fürchtet sie es auch, dass die Politik ihr die Menschlichkeit abschleift. »Wenn sie die Menschen in Gefängnisse werfen, dann geht mir das sehr ans Herz«, sagt Tichanowskaja. »Ein Politiker wird sich nicht um jeden Menschen Sorgen machen, glaube ich. Und ich mache mir noch immer um jeden Einzelnen Sorgen. Vielleicht stehe ich gerade am Übergang vom Menschen zum Politiker.« Ihr Berater Alexander Dobrowolskij sagt: »Die Hälfte der Zeit macht sie sich Sorgen. Sie nimmt sich alles zu Herzen. Das unterscheidet sie von anderen, erfahrenen Politikern. Die Leute sehen, dass sie ein aufrichtiger Mensch ist.«

Die Geburt der Politikerin

Wie geht das eigentlich, Politikerin zu werden? Was braucht es, um sich selbst als eine zu sehen? Sich offiziell so bezeichnen zu dürfen? Verlangt es eine Wahl? Die gab es. Ein Amt? Oder ein Wahlprogramm? Braucht es gewisse Fähigkeiten, oder reichen Überzeugungen? Muss man Anhänger hinter sich wissen oder gar eine ganze Bewegung? Muss man Härte ausstrahlen? Macht haben? Wie demonstriert man sie? Was definiert Macht überhaupt? Ist Macht, frei nach Max Weber, die Möglichkeit, anderen den eigenen Willen aufzuzwingen? Dann wäre Alexander Lukaschenko sehr mächtig und Swetlana Tichanowskaja sehr schwach. Oder kommt Hannah Arendts Verständnis von Macht der Wirklichkeit nicht näher, die Macht als einvernehmliches Handeln begreift? Dann wäre Lukaschenkos Macht wesentlich geringer, Tichanowskajas dafür aber deutlich größer. Gibt es universelle Vorstellungen von dem, was einen Menschen zu einem Politiker oder einer Politikerin macht? Und wenn ja – sind Angela Merkel und Alexander Lukaschenko dann beide Politiker? Könnte etwas absurder klingen?

Damals, im August 2020, macht sich der CDU-Generalsekretär Paul Ziemiak auf den Weg ins litauische Vilnius, um Swetlana Tichanowskaja persönlich kennenzulernen, sich selbst ein Bild von der Frau zu machen, die im Ausland als Gesicht einer landesweiten Protestbewegung gilt, aber seit Kurzem im Exil lebt. Er hatte schon viel von Tichanowskaja und ihrer Bescheidenheit gehört. Doch er hielt das für eine reine Kommunikationsstrategie. »Aber als ich hingefahren bin, habe ich festgestellt: Sie ist wirklich so!«, sagt Ziemiak. Sie erzählte vor allem von ihren Kindern, um deren Sicherheit sie fürchte, und dass sie Angst habe um ihren Mann Sergej.

Gute zwei Monate später wird Paul Ziemak Swetlana Tichanowskaja in Berlin empfangen. Sie war offiziell zu einem Treffen mit der Bundeskanzlerin eingeladen worden. »Frau Tichanowskaja war verändert, professioneller«, erinnert sich Ziemiak. »Sie kam mit einer Agenda an und war sehr fokussiert.« Über ihr Privatleben, ihre Kinder und ihren Mann sprachen sie erst am Ende. Ihr ging es nun um Sanktionen gegen belarussische Staatsunternehmen und Lukaschenkos Freunde. Ziemiak hat dann ihre Vorschläge aufgenommen, als er im Bundestag eine Rede hielt und zur Solidarität mit Belarus aufrief.

Reichen zwei Monate, um aus einer Frau ohne politische Erfahrung eine Politikerin zu machen? »Was mit Swetlana seit dem Sommer 2020 passiert ist, ist fantastisch! Sie ist so erfahren geworden und hat so viel gelernt! Und wenn sie etwas nicht weiß, dann weiß sie immerhin, wen sie fragen soll«, sagt ihr Berater Alexander

Dobrowolskij, der von der ersten Minute an bei der Metamorphose von Swetlana Tichanowskaja zur Politikerin dabei war.

Tichanowskaja weiß, dass sie die Zeit gegen sich hat. Sie muss sich beeilen und das kleine Fenster nutzen, das ihr bleibt. Denn auch wenn Lukaschenkos totalitäre Politik mitten in Europa empört und schockiert – irgendwann brauchen sich Emotionen und Aufmerksamkeit auf. Dann wird Belarus für die meisten europäischen Regierungen zur außenpolitischen Nebensache, ein weiteres Problemland unter vielen. Noch hofieren die europäischen Regierungschefs Tichanowskaja, schmücken sich mit Treffen und Gesprächen, sagen finanzielle Hilfen und moralische Unterstützung zu. Aber sie spürt, dass das nicht reicht. »Wir sind sehr enttäuscht«, sagt sie über die EU. Deshalb reist sie durch Europa, nach Finnland, Österreich und Portugal, und versucht, darauf einzuwirken, dass die Europäische Union Überweisungen an das Lukaschenko-Regime stoppt und den Handel mit belarussischen Staatsbetrieben einstellt – nicht für immer, nur für den Augenblick, damit der Druck auf den Diktator größer wird.

Ein Blick in ihren digitalen Kalender zeigt eine typische Woche: Gespräche mit der Organisation für Sicherheit und Zusammenarbeit in Europa, der OSZE, die vermitteln will. Videoschalten mit den Nachbarschaftsinitiativen in Belarus. Gespräche mit Ärzten und früheren Sicherheitskräften, die Lukaschenko ihre Loyalität versagen. Unzählige Interviews mit der internationalen Presse. Coachings. Fotoshootings, Briefings. Sie ackere wie ein Pferd, sagen ihre Wegbegleiter. Früher hat sie sich nicht dafür interessiert, warum 2008 der georgisch-russische Krieg begann. Heute muss sie die Folgen der militärischen Auseinandersetzung im Detail kennen, bevor sie einen georgischen Parlamentarier trifft. Der Ukraine-Krieg? War mal ganz weit weg, hatte nichts mit ihr zu tun. Heute ist er ganz nah, wenn sie den ukrainischen Präsidenten trifft oder vor dem Parlament in der Ukraine spricht.

Einmal, erinnert sich ihre Pressesprecherin, wurde Tichanowskaja von Journalisten gefragt, was sie darüber denke, dass europäische Länder belarussische Staatsanleihen kauften. Muss sie eine Meinung dazu haben? Und wenn sie um die Hintergründe nicht weiß, darf sie das zugeben? Oder muss sie mit einer unverfänglichen Floskel antworten, wenn sie eine Politikerin sein will? Ein russischer Reporter einer staatsnahen Zeitung schrieb nach einem Interview mit Swetlana Tichanowskaja, sie sei im Gespräch offen und ehrlich gewesen – und er habe sich gefühlt, als hätte er ein Kind verprügelt. Aber darf politische Kommunikation nicht aus den gängigen Vorstellungen ausbrechen und eben ganz anders funktionieren?

Manchmal ist das Offene, Vertrauensselige noch da, wenn sie spricht. Aber es ist selten geworden. Sie rede jetzt nicht einfach drauflos, sagt Tichanowskaja, denke zweimal darüber nach, wie sie einen Gedanken formuliere. »Jedes Wort muss ich abwägen. Wenn du drauflosredest, dann vergisst du, dass alles, was du sagst, zur Schlagzeile werden könnte«, sagt sie. Es ist Ende Februar 2021, als wir im siebten Stock des gläsernen Bürokomplexes in Vilnius sitzen und uns zum dritten Mal sprechen. Kurz zuvor war in der Schweizer französischsprachigen Zeitung *Le Temps* ein Artikel erschienen mit der Überschrift: »Swetlana Tichanowskaja: Wir haben die Straße verloren«. Der Artikel handelte von der Situation der Belarussen und der Frage, wie die Welt ihnen helfen könne. Aber hängen blieb die Überschrift, die nahelegte, dass die Proteste in Belarus vorerst am Ende seien.

»Das war ein schmerzhafter Schlag«, sagt Swetlana Tichanowskaja. Denn eigentlich war es in dem Gespräch mit der Journalistin um etwas ganz anderes gegangen. Der zitierte Satz war nur ein Halbsatz, den sie sofort in einen größeren Kontext gestellt und relativiert habe. Doch kaum war Tichanowskajas Halbsatz zur Schlagzeile aufgestiegen, griffen ihn deutsche, russische und englische Medien auf. Nach und nach wurde der Kontext immer kleiner, bis er ganz verschwunden war. Tichanowskaja war fassungslos und enttäuscht. »Für mich fühlte sich das hinterhältig an«, sagt sie. »Später hat man mir erklärt, dass Medien eben so funktionieren.«

Jetzt ist sie vorsichtiger. Abwägender. Bevor sie in Fernseh-Interviews eine Frage beantwortet, schweigt sie manchmal lange – und plötzlich stellt man bei sich selbst fest, dass man Zögern und sichtbare Nachdenklichkeit bei Politikergesprächen nicht mehr gewohnt ist. Ein Coach berät Tichanowskaja nun online. Er soll sie für öffentliche Reden und Auftritte schulen. Vor Interviews übt sie, wie sie mit schwierigen oder unverschämten Fragen umgeht. Sie lernt dazu, täglich. Es ist ein langer Weg. Und eine Gratwanderung: Was bleibt von der Persönlichkeit, wenn ein Mensch derart durchprofessionalisiert wird?

Als alles begann, brachte sie das Wort »Diktator« oder »Usurpator« nicht über die Lippen. Sie hatte das Gefühl, solche Worte seien einem Stalin oder einem Hitler vorbehalten. Direkt nach der Wahl im August richtete sie ihr Anliegen, die Gewalt zu beenden und die Wahl fair auszuzählen, an »Herrn Lukaschenko« und bat »Herrn Putin« um Hilfe, alles ganz höflich. »Ich hatte noch immer diese Weichheit in mir, diesen Respekt vor allen Menschen«, sagt Swetlana Tichanowskaja. »Ich war zutiefst davon überzeugt, dass Lukaschenko sehen wird, dass seine Zeit abgelaufen ist. Dass er begreift, dass die Menschen ihn nicht mehr wollen, und dass er deshalb mit Anstand abtreten wird.« Aber Lukaschenko ging nicht. Er beschloss, mit roher Gewalt an der Macht zu bleiben.

Nach und nach hat sie gelernt, ihn einen Diktator zu nennen. Sie hat es trainiert wie einen Muskel im Fitnessstudio: »Erst übte ich im kleinen Freundeskreis, dann in der Öffentlichkeit.« Heute fordert sie den Westen auf, entschiedener zu handeln, verlangt nach Sanktionen gegen den Machtzirkel des Diktators und fordert mit wohldosierter Ungeduld, doch endlich mehr zu tun. Den Namen Lukaschenko meidet sie. Meist spricht sie von »ihm« oder dem »illegitimen Präsidenten«.

»Ich behaupte mich«

Sie habe eine offene Seele und liebe die Menschen, sagt Swetlana Tichanowskaja. In diesem Geist hätten ihre Eltern sie erzogen. Aber ihr nahezu kindliches Vertrauen sei abgeschliffen worden. Tauche bei ihr im Stab in Vilnius ein neues Gesicht auf, spiele sie durch, was derjenige wohl von ihr wollen könne und welche Motive ihn antreiben. Auf Reisen trinkt sie kein offenes Wasser, nur welches aus verschlossenen Flaschen, die sie selbst bestellt hat. Sie hat jetzt einen Wagen mit Fahrer in Vilnius, den ihr der litauische Staat stellt.

Swetlana Tichanowskaja könne nicht allein auf die Straße gehen – sofort, sagt ihre Pressesprecherin, würden die Leute sie erkennen und sich eine Menschentraube um sie herum bilden. Rund um die Uhr wird sie überwacht, der Personenschutz lebt in ihrem Haus. Er legt auch fest, an welchen Orten sie Interviews führen darf und an welchen nicht – das sind keine Empfehlungen, sondern Vorgaben. Sie ist nun offizieller Gast der litauischen Regierung. Sollte ihr etwas widerfahren, wäre das eine Katastrophe für den Gastgeber.

Swetlana Tichanowskaja lernt, dass auch sie verhängnisvolle Fehler machen könnte, und versucht sie zu vermeiden. Sie muss ihre Integrität schützen wie eine Marke. Fast immer können Finanzen zur Stolperfalle für Politikerinnen und Politiker werden. Also hat sie die Stiftung, die nach dem Video-Blog »Ein lebenswertes Land« ihres Mannes benannt ist, bei sich im siebten Stock untergebracht – aber nicht sie leitet die Stiftung, sondern Vertraute. Tichanowskaja selbst versucht sich von allem fernzuhalten, was mit Geld zu tun hat. Das Letzte, was sie gebrauchen könnte, wären Gerüchte wegen Korruption oder Mauscheleien. »Manchmal hat sie den falschen Leuten zugehört«, sagt der Berater Dobrowolskij. »Aber Schlüsselfehler hat sie aus meiner Sicht nicht gemacht.«

Ein paar Fehler gab es dann doch. Keine kleinen wie während des Wahlkampfs, als sie Städte verwechselte, in Lida ankam, der wartenden Menschenmasse aber zur Begrüßung zurief: »Hallo, Sluzk!« Ihre Fehler sind jetzt zwangsläufig größer, weil auch sie als politische Figur größer geworden ist. Und vielleicht sind sie auch unvermeidbar.

Am Anfang hat sie Lukaschenkos Gehilfen aus dem Sicherheitsapparat keine Angebote gemacht. Sie hat nicht um sie geworben, hat nicht gelockt. Stattdessen verlangte sie, dass die gefürchtete Sondermiliz Omon von der EU als »terroristische Organisation« sanktioniert werde – obwohl sie wissen musste, dass dieser Vorschlag keine Chance haben würde. Mit ihren kämpferischen Worten half sie, Lukaschenkos Reihen zu schließen. Der Sicherheitsapparat, verunsichert von den Veränderungen im Land, hat sich im Großen und Ganzen entschieden, dem Diktator die Treue zu halten.

Aber hätte Tichanowskaja nach Tagen der polizeilichen Gewaltexzesse, als die Sicherheitskräfte im August prügelten, folterten, festnahmen und gar töteten, milde und einladend sein können? Wie hätte das auf all jene gewirkt, die Opfer wurden? Jetzt jedenfalls sucht sie nach feinen Rissen im Apparat, versucht in das Mauerwerk einzudringen, sodass Lukaschenkos Fundament brüchig wird. Sie bietet Amnestien an. Über die Organisation Bypol sucht sie Kontakt zu verunsicherten Beamten, die Lukaschenko dienen. Bypol ist ein Zusammenschluss von Sicherheitskräften, die sich gegen Alexander Lukaschenko gewandt haben.

Oder die ewigen Beratungen darüber, wer Swetlana Tichanowskaja nun eigentlich ist. Ist sie die legitime Präsidentin, die frühere Kandidatin, die Vertreterin der Opposition? Ihr Team rät ihr schließlich zu: »Anführerin eines freien demokratischen Belarus«. Einige aus ihrem Umfeld meinen, es sei ein Fehler gewesen, dass sie sich nicht gleich nach der Wahl zur Präsidentin hat ausrufen lassen; womöglich hätte sie sich sogar in einer abtrünnig gewordenen belarussischen Botschaft im Ausland inaugurieren lassen können. Sie hadert, ob die Entscheidung wirklich falsch war. »Was nützt schon eine Bezeichnung, wenn du nicht über einen Apparat verfügst?«

Vielleicht hätte sie dann vermeiden können, was sich nun abzuzeichnen beginnt: die drohende Fragmentierung der Opposition. Es gibt die unterschiedlichsten Oppositionszentren: den Stab von Tichanowskaja, den von Viktor Babariko und dem Ehepaar Zepkalo. Hinzu kommt der Koordinationsrat, ein gesellschaftlicher Querschnitt aus Lukaschenko-Gegnern, der nach der Wahl den Dialog zwischen Machthabern und Volk ermöglichen sollte. Und dann ist da noch der frühere Diplomat und Kulturminister Pawel Latuschko, der sich nun als Oppositionsführer ins Gespräch bringt. Sie alle leben in Riga, Vilnius oder Warschau. Und je länger der politische Schwebezustand andauert, desto stärker bereitet sich jeder für eine neue Zeit vor. Noch arbeiten sie zusammen. Doch manche haben sich einen Ehrgeiz zugelegt und ein unverhohlenes Machtstreben. Noch eint sie alle die eine Aufgabe: Alexander Lukaschenko loszuwerden. Aber je mehr Zeit vergeht, desto schwieriger wird es, die unterschiedlichen Kräfte zusammenzuhalten.

Würde das breite Bündnis zerbrechen, es wäre ein verheerendes Signal an die Belarussen, vor allem aber an Alexander Lukaschenko: Dann hat er sie besiegt. Ihr wichtigstes Ziel sei, Einheit zu schaffen und diese nach außen zu demonstrieren, sagt Swetlana Tichanowskaja. »Manchmal fühle ich mich wie eine Henne, die alle unter ihre Fittiche nehmen muss.« Auf keinen Fall dürfe sie zulassen, dass die Opposition auseinanderfällt, bevor Lukaschenko weg ist.

Wenn die Männer ausfallen, springen die Frauen ein, so läuft das meist in der Geschichte. Im Ersten Weltkrieg, als die Männer an der Front waren, übernahmen die zurückgelassenen Frauen deren Arbeiten. Das Nachkriegsdeutschland wurde von Frauen aufgebaut, weil die Männer gefallen, versehrt oder in Kriegsgefangenschaft waren. Als die Männer der polnischen Gewerkschaft Solidarność verhaftet wurden, übernahmen Frauen die Schlüsselaufgaben. Und als nach dem Zusammenbruch der Sowjetunion unzählige Männer an der neuen harten Welt scheiterten, hielten die Frauen die Familien zusammen, verdienten das Geld und erzogen die Kinder. Nun, da die drei Männer ausgeschaltet worden sind, sind eben die belarussischen Frauen für sie eingesprungen. Irgendwann wird Sergej Tichanowskij, werden die anderen Männer freikommen und Politik machen können. Dann wird alles zur alten Ordnung zurückkehren, so läuft es doch fast immer, oder? Aber so einfach ist es nicht.

»Das Leben hat mich in die schwächere Position gebracht. Ich war von meinem Mann abhängig. Er war der Versorger. Aber jetzt sitzt Sergej im Gefängnis und ist stolz auf mich. Er glaubt an mich und setzt seine Hoffnungen in mich. Auch ich kann viel aushalten. Vermutlich sogar mehr als Sergej. Wenn er aus dem Gefängnis rauskommt, dann bestimmt nicht mit dem Eindruck, dass ich Mutter bin und Ehefrau wie all die Jahre zuvor. Ich bin mehr als das«, sagt sie über sich selbst. »Ich behaupte mich.«

Nein, die nächste Präsidentin ihres Landes wolle sie immer noch nicht werden. Sie hat den Belarussinnen und Belarussen versichert, ein Mensch des Übergangs zu sein, bis es freie und faire Neuwahlen gibt. Bei denen sollen auch jene antreten können, die derzeit im Gefängnis ausharren. Aber sie selbst? »Es ist ein Dilemma. Ich will niemanden betrügen. Aber ich sage nicht, dass ich an einem künftigen Leben in Belarus nicht beteiligt sein werde. Mir liegen die Menschenrechte sehr am Herzen. Mal schauen.«

Man hört dieser außergewöhnlichen Frau zu, die auf fast rührende Art mit ihrer Aufrichtigkeit ringt und mit jeder Antwort vermittelt, welche Last auf ihren Schultern liegt; die sich selten erlaubt, bei öffentlichen Auftritten oder Interviews befreit loszulachen, weil ein Lachen in solchen Zeiten fast unanständig erscheint – und man kann sie sich schwerlich als eine Frau vorstellen, die an ihren alten, für sie vorgesehenen Platz zurückkehrt, sobald ihr Mann freikommt.

»Es war wie eine Revolution in mir«, sagt Swetlana Tichanowskaja über ihre eigene Entwicklung. Kann eine Revolution einfach rückabgewickelt werden, als wäre nie etwas gewesen?

5.

DIE MACHT DER FRAUEN

Proteste planen wie eine PR-Kampagne

Gelegentlich höre ich, dass das weibliche Gesicht der Proteste in Belarus von Medien konstruiert worden sei. Journalisten liebten eben Heldengeschichten. Mit einem Gesicht, einem schönen dazu, ließen sich selbst komplexe politische Geschehnisse für ein Massenpublikum vereinfachen. Und so hätten die Medien die Frauen von Belarus für ihre Sache benutzt und etwas geschaffen, was es gar nicht gebe.

Doch wenn ich Mascha zuhöre, verhält es sich genau umgekehrt: Nicht die Medien haben die belarussischen Frauen benutzt, sondern die belarussischen Frauen die Medien. So sind sie sichtbar geworden, haben sich die Proteste angeeignet. Mascha muss es wissen: Mit ihr und ihrer Freundin Katja fing es an. Natürlich lösten die beiden Frauen den Protest nicht aus. Aber sie prägten seine Bildsprache. »Hätten wir uns das alles nicht ausgedacht, dann hätte es eben jemand anders an unserer Stelle getan«, sagt Mascha. »Die Zeit dafür war reif. Wir waren einfach die Ersten.«

Mascha und Katja heißen in Wirklichkeit anders. Am Anfang der Proteste standen sie mit ihrem Gesicht und vollem Namen für ihre Ansichten ein. Sie gaben Interviews, erzählten Journalisten von ihren Motiven, erklärten, wie sie Alexander Lukaschenko mithilfe der Frauen zum Rücktritt bringen wollten. Heute könnten sie für das, was sie im August 2020 getan haben, als Strippenzieherinnen eines Umsturzversuches zu mehrjähriger Lagerhaft verurteilt werden. Deshalb also: Mascha und Katja. Ohne Details, woher die beiden stammen, wie sie leben und was sie jetzt machen.

Nachdem Alexander Lukaschenko die Wahl gefälscht hat und Swetlana Tichanowskaja und Veronika Zepkalo bereits das Land verlassen haben, sitzt Mascha mit ihrem Baby daheim und kann nicht fassen, was geschieht. Sie will nach Minsk, sofort; spricht mit ihrem Ehemann über den Plan. Der lädt erst mal einen Freund zu sich ein, der sich mit Geheimdiensten auskennt. Er malt Mascha aus, was mit ihr in Minsk geschehen könnte, sollte sie Pech haben. Sie könnte im Gefängnis landen, könnte psychisch eingeschüchtert, geschlagen, im schlimmsten Fall sogar getötet werden.

Mascha wurde geboren, als es die Sowjetunion schon nicht mehr gab. Sie wuchs in einer gewöhnlichen Familie in einer großen belarussischen Stadt auf. Die Werte, die ihr die Mutter mitgegeben hat, seien typisch für »eine patriarchale Gesellschaft wie die belarussische«, sagt Mascha: Heirate einen Mann und kriege Kinder. Dann hast du es geschafft.

Als Mascha sich entscheidet, Teil der Protestbewegung zu werden, verstehen die Verwandten sie nicht. Ein Teil von ihnen hält sie für eine vom Westen bezahlte Agentin, ein anderer Teil für gehirngewaschen. Und alle zusammen beschimpfen sie sie als »Rabenmutter«. »Meine Mutter sagte: Denk an dein Kind und nicht an das Land! Kinder sind das Wichtigste!«, erinnert sich Mascha. »Mir fiel es schwer, ihr zu erklären, dass es manchmal Wichtigeres gibt im Leben als Kind und Ehemann. Manchmal geht es darum, wer du bist. Was dich ausmacht. Darum, dass du morgens in den Spiegel schauen kannst.« Mascha lässt das Baby bei ihrem Mann und fährt los.

Sie schreibt ihre Bekannten in Minsk an, damit sie sich organisieren, irgendetwas gemeinsam tun. Doch die meisten reagieren nicht mal. Wenn doch, dann kommen Absagen: Tut mir leid, aber ich habe Angst. Oder: 'tschuldigung, aber das ist alles so weit weg von mir! Wieder andere schreiben: Sorry, aber mit Politik will ich nichts zu tun haben. Mascha begreift es nicht. »Politik ist überall. Wenn du schweigst, dann hilfst du diesem Regime.«

Am Ende bleibt unter all ihren Kontakten genau eine übrig: Katja. Ausgerechnet. Katja ist die letzte Person, die Mascha anrufen will. Die beiden mögen sich nicht besonders. Vor Jahren haben sie sich zerstritten, worüber, das will Mascha nicht erzählen. Seither haben sie einander gemieden. Aber Mascha hat kaum eine andere Wahl. Alle anderen haben abgesagt, und Katja kennt sich gut mit Marketing und Kommunikation aus. Mascha ist Event-Managerin. Katja PR-Expertin. Sie ist eher die Kreative, Mascha die Macherin. Also ruft sie Katja an. Die ist schon dabei, in Minsk etwas auf die Beine zu stellen. Sie legen ihren alten Streit bei. Diese kleine Aussöhnung wird Mascha viel bedeuten. Sie erlebt sie geradezu als symbolisch, weil sie das Klischee von Frauen als missgünstigen Konkurrentinnen zerbröseln lässt. Sie machen sich an die Arbeit.

Kann man einen Aufstand wie eine Werbekampagne planen? Mit Slogans? Mit passendem Dresscode und Soundtrack?

Man muss!, findet Mascha. Es ist der 12. August, ein Mittwoch. Drei Tage sind seit der gefälschten Wahl vergangen. Polizisten der Sondereinheiten, vor allem von der berüchtigten Omon, machen Jagd auf Demonstranten, knüppeln sie nieder, zerren reglose Körper über die geteerten Straßen, werfen bewusstlose Menschen in vergitterte Polizeibusse, die *awtosak* genannt werden. Menschen, die spazieren gehen, werden ohne Vorwarnung von maskierten Männern überwältigt, in einen Minibus gesteckt und mitgenommen. Bald schon quellen die Haftanstalten über: Frauen, Männer, Junge, Ältere, die allesamt von ihren Angehörigen gesucht werden. Der erste Mensch stirbt: Alexander Taraikowskij wird aus nächster Nähe erschossen, als er, nur mit T-Shirt und Shorts bekleidet, mit erhobenen Händen auf die Polizisten der Sondereinheit zugeht.

»Es gab so viel grausamen Content«, sagt Mascha, und man zuckt unweigerlich zusammen, wenn sie dieses Marketing-Wort benutzt, um zu beschreiben, was nach der gefälschten Wahl passierte. Als führten die Worte zwei Welten zusammen, die nicht zusammengehören. »Es war fast unmöglich, sich diese Bilder anzuschauen. Man will sich abwenden. Wir haben begriffen, dass wir eine andere Botschaft brauchen. Angst hätte die Leute nicht auf die Straße getrieben. Wir mussten den Menschen etwas bieten, das ihnen die Angst nimmt, ihnen Licht, Hoffnung, eine Botschaft geben. Irgendetwas, das eint.«

In einem unserer Gespräche erzählte Swetlana Tichanowskaja die Geschichte von den weißen Armbändern. Rund um die Wahl sollten alle Anhänger weiße Armbänder tragen, um angesichts der staatlichen Schikanen füreinander sichtbar zu sein, auch im Alltag. »Mir kam das so kindisch vor!«, rief Tichanowskaja und lachte. »Wie so ein Spielzeug!« Als könnte ein Stück Gummi irgendetwas ändern. Aber brav trug sie fortan gleich mehrere weiße Armbänder bei jeder Veranstaltung und jedem Treffen. Alle konnten sie sehen, wenn Tichanowskaja den Arm hob und die Hand zur Faust ballte. Die Menge machte es ihr nach. Auf einmal begriff Tichanowskaja: Dieses Stück weißes Plastik hat eine ungeheure Kraft. Sie blickte von der Bühne in Tausende Gesichter mit leuchtenden Augen, sah die in die Höhe erhobenen Arme und begriff, dass die Bänder für die Menschen zu einem Symbol geworden waren. Es einte sie. Jetzt erst sahen sie in ihrem zermürbenden Alltag, wenn sie in der Metro zur Arbeit fuhren oder einkaufen gingen, wie viele sie doch waren.

Ikonische Bilder

Mascha startet eine geschlossene Gruppe beim Messengerdienst Telegram, die sie »Die Frauen von Belarus« nennt. Nur Bekannte und Freundinnen sind eingeladen. Sie sind nicht mehr als ein Dutzend, aber bald schon wird die Gruppe wachsen. Mascha will ausschließlich Frauen ansprechen – immerhin waren sie es, denen Alexander Lukaschenkos Missachtung galt. »Als ich gesehen habe, wie die Männer, die an der Macht kleben, Frauen überhaupt nicht wahrnehmen, habe ich verstanden, dass wir das ausnutzen können.«

Die Omon-Polizisten tragen Schwarz – also verabreden die Frauen, weiße Kleider zu tragen. Es ist ein nahezu biblisches Bild: dort die Dunkelheit, hier das Licht. Dort das Verbrechen, hier die Unschuld. Die Polizisten halten Knüppel in den Händen – die Frauen Blumen. Mascha überlegt mit Katja, welche Symbole zu einen vermögen. Ihnen fällt die weiß-rot-weiße Flagge ein, das Staatssymbol der alten Republik, die schon am Wahltag und den ersten beiden Protesttagen viel auf den Straßen zu sehen war. Auch das Pahonja-Wappen, bis 1995 ebenfalls Staatssymbol, kommt ihnen in den Sinn: Es zeigt auf rotem Hintergrund einen weißen kämpferischen Ritter mit Schwert auf einem sich aufbäumenden Schimmel. Es sind politische Symbole der alten Opposition. Gewiss befremden sie einige, stoßen womöglich ab – aber die beiden Frauen scheren sich nicht darum, woher die Symbole stammen und wer sie benutzt hat. Sie nutzen sie für ihre Zwecke. Marketing halt.

Sie basteln Plakate mit knappen, eingängigen Losungen. Musik. Sie überlegen, welche Lieder alle, wirklich alle kennen. Ihnen fällt die »Kalychanka« ein, ein volkstümliches Wiegenlied, mit dem seit Jahrzehnten Abend für Abend das belarussische Sandmännchen endet. Jeder kennt es, Großeltern wie Kinder. Nur eine Zeile wandeln sie in dem Lied ab. Statt des belarussischen *watschanjaty sakrywaj*: »Schließe deine Äuglein«, heißt es nun: »Öffne deine Augen.«

Am Vormittag des 12. August treffen sich die Frauen zum ersten Mal. Sie stehen in weißen Kleidern auf dem Komarowskij-Markt im Zentrum von Minsk, haben Blumen dabei und vereinzelt Plakate, halten sich an den Händen. Mascha hat die Medien vorab informiert, vor allem für die ist diese Aktion gedacht: inszenieren, Bilder erzeugen, auseinandergehen. Sie sind nicht viele Frauen, vielleicht etwas mehr als 150, schätzt Mascha. Abends geht Mascha, begleitet von etwa 50 Frauen, zum Ewigen Feuer am Siegesplatz. Sie reihen sich barfuß auf und singen die Kalychanka mit dem veränderten Vers.

Die Sichtbarkeit verschaffen sich die Frauen im entscheidenden Moment. Denn zu diesem Zeitpunkt droht der Aufstand in Minsk einen Verlauf zu nehmen, der recht typisch ist für Protestbewegungen, die mit Staatsgewalt konfrontiert werden: Die Moderaten ziehen sich zurück, die Radikalen übernehmen. Aus friedlichen Bewegungen werden wütende: So war es in der Ukraine auf dem Maidan im Winter 2014, so war es in Hongkong 2019, als sich junge Demonstranten gegen den Zugriff des übermächtigen Chinas wehrten – was wiederum als Vorwand diente für noch mehr staatliche Gewalt und Repressionen.

Zwei Tage nach der gefälschten Wahl, in der Nacht zum 12. August, scheint es, als könnten die ersten Barrikaden auf den Straßen von Minsk errichtet werden. Ein Auto rast durch eine Polizeiblockade, Sicherheitskräfte werden verletzt. In diesem schicksalhaften Augenblick tauchen die Frauen auf wie eine Dea ex Machina, wie eine beschwichtigende Kraft. Die Radikalisierung des Protests bleibt tatsächlich aus. Er wird, und das macht ihn so einzigartig, trotz der staatlichen Gewalt, trotz der Verfolgungen und der Repressionen bemerkenswert friedlich bleiben. Die Frauen, mit denen ich spreche, sind davon überzeugt, dass sie die sich zuspitzende Lage besänftigt haben.

Immer sonntags strömen fortan Hunderttausende Menschen auf die Straßen, in Minsk, in Gomel, in Brest. Die belarussischen Proteste, wird gescherzt, gehörten zu den saubersten der Welt. Stellen sich Menschen auf eine Bank, um besser zu sehen oder gesehen zu werden, dann ziehen sie sich vorher die Schuhe aus. Nach den Demonstrationen bieten sich die Teilnehmenden gegenseitig Mitfahrgelegenheiten nach Hause an. Keine Scheibe geht zu Bruch, kein Auto wird abgefackelt, kein Geschäft geplündert. Als jemand Mülltonnen auf die Straße wirft, um Barrikaden zu errichten, stellen andere die Tonnen brav wieder zurück und sammeln den Müll ein. Ehrenamtliche Helferinnen und Helfer begleiten die Proteste, leisten Erste Hilfe und verteilen Wasser. Selbst sie können nicht fassen, wie einzigartig die Stimmung ist, die sich in diesen magischen Sommerwochen über allem erhebt.

In dem Moment, in dem sich Mascha und Katja ihre Ideen überlegen, entgleiten sie ihnen auch schon. »Wir begriffen gar nicht, was los ist«, sagt Mascha. Im Gruppenchat melden sich mehr und mehr Mitglieder an. Am Anfang überprüft sie noch jedes neue Mitglied persönlich. Aber es sind zu viele. Irgendwann macht sie die Gruppe öffentlich, jede und jeder kann ihr nun folgen. Tausende schließen sich an. Andere Frauengruppen wie »Girlpower Belarus« entstehen. Sie rufen ebenfalls zu Aktionen auf. Was mit den zwei ehemals zerstrittenen Freundinnen begann, verselbstständigt sich. Die Symbole und Bilder, die Mascha und Katja mit erschaffen haben, werden weitergetragen und weitergesponnen. Neue entstehen.

Bald schon singen die Frauen auf den Straßen nicht nur das Wiegenlied Kalychanka, sondern auch das traurige Volkslied Kupalinka, das jeder Mensch in Belarus seit Kindheitstagen kennt und das von dem Dichter Michas Tscharot gemeinsam mit dem Komponisten Wladimir Terawskij erschaffen wurde. Besungen wird eine Tochter, die zum Sommerfest im Garten mit ihren zarten weißen Händen Unkraut zwischen Rosen jätet und weint. Manchmal versammeln sich die Frauen und tanzen. Oder sie kommen in traditionellen weißen Stickkleidern zum Unabhängigkeitsplatz, wo die Regierung ihren Sitz hat und der nun abgesperrt ist. Sie rollen Kürbisse vor die Absperrung – eine Reminiszenz an den alten Brauch, einem werbenden Mann einen Kürbis zu übergeben als Ausdruck der Zurückweisung. Sie tragen Plakate auf Belarussisch, darauf die Antwort auf Lukaschenkos berühmten Satz, dass er die Geliebte Belarus nicht hergeben werde: »Die Geliebte will dich nicht.«

Viele weltbewegende Ereignisse haben eine Ikone, manchmal gar ein Gesicht, das überall wiedererkannt wird. Man sieht sie und weiß augenblicklich Bescheid. Vielleicht kennt man nicht die Details des Ereignisses, vielleicht gerät man mit den Jahreszahlen durcheinander. Aber intuitiv ist klar, worum es geht, wofür das ikonografische Bild steht.

Für viele dürfte der Rotarmist auf dem zerschossenen Reichstagsgebäude, der am 2. Mai 1945 die Fahne der Sowjets hisst, ein solches Bild sein. Es symbolisiert den Sieg über die deutschen Nazis und wurde zur Ikone, obwohl der Fotograf das Motiv inszenierte. Das vietnamesische Mädchen, das 1972 mit aufgerissenem Mund und von Napalm verbrannt nackt vor einem Angriff der südvietnamesischen Luftwaffe davonläuft, kennt wohl jeder. Oder das Foto des Chinesen, der sich im Juni 1989 allein den rollenden Panzern auf einer Zufahrt zum Tiananmen-Platz in Peking entgegenstellt –

noch so eine weltweite Ikone; der Mann wurde vom *Time*-Magazin zu den 100 einflussreichsten Personen des 20. Jahrhunderts gezählt. Für mich gehört die Aufnahme des gefolterten Irakers dazu, dem US-Soldaten im Gefängnis von Abu Ghraib eine Kapuze über den Kopf gezogen haben. Unvergesslich die junge Türkin, die sich bei den Istanbuler Gezi-Protesten 2016 in einem leuchtend roten Kleid den martialisch ausgerüsteten Polizisten entgegenstellt und Pfefferspray direkt ins Gesicht gesprüht bekommt.

Ikonische Bilder wie diese bewirken, dass sich eine Art visuelles Perpetuum mobile in Gang setzt: Die Wirklichkeit schafft Bilder, aber die Bilder schaffen ihrerseits eine neue Wirklichkeit. Manchmal wird das Ikonische so verdichtet, schreibt der Essayist Georg Seeßlen, dass Wirklichkeit und Bild kaum noch zu unterscheiden sind. Manche Fotos entfalten die Kraft, politische Prozesse zu beeinflussen. Andere dienen vorzüglich der Propaganda. Und wieder andere schaffen es, das Wahrhaftige einzufangen und es mit einer Wucht in die Welt zu tragen, die Worte nicht zu erzeugen vermögen. Alexander Lukaschenko weiß das. Deshalb überzieht er bald schon vor allem Journalistinnen, aber auch Fotografen und Fotografinnen mit Repressionen, lässt unzählige festnehmen, entzieht belarussischen und internationalen Medienvertretern Akkreditierungen. Wo keine Bilder, da keine Aufmerksamkeit.

Von den protestierenden Frauen in Belarus gibt es Tausende Fotos. Ob eines die Kraft hat, zur Ikone zu werden, lässt sich wohl erst mit einigem Abstand beantworten. In der litauischen Hauptstadt Vilnius werden im Februar 2021 abends auf die Außenwand des Museums für Moderne Kunst die Bilder von fünf belarussischen Fotografinnen projiziert. Sie alle zeigen protestierende Frauen. Manche dieser Bilder gingen um die Welt – auch ich kannte sie. Aber ich wusste nicht, dass Fotografinnen aus Belarus sie aufgenommen hatten. Sie heißen Violetta Sawchyts, Daria Burakina, Irina Arachowskaja, Olga Schukaila und Nadia Buschan.

Die junge Inna Sajzowa posiert in ihrem Hochzeitskleid auf der Straße, weiße Korsage mit bodenlangem, ausladendem Tüllrock, über den ihr Mann einen fetten roten Streifen gesprüht hat: Weil man Protestierenden die weiß-rot-weißen Fahnen wegnahm, hat sie eben beschlossen, selbst eine zu werden. *Klick.* Andere Frauen machen es Inna Sajzowa nach. Bald schon sind auf den Straßen von Belarus Bräute unterwegs, die nicht heiraten wollen. *Klick.* Eine Frau kniet auf der Straße vor gepanzerten Wagen der Sondereinheiten. *Klick.* Eine junge Frau im Kleid, feinem Kopftuch und mit Rose in der Hand wird von Sondereinheiten abgeführt und lächelt in die Kamera. *Klick.* Frauen mit roten und weißen Kleidern rufen den Omon-Milizen zu: »Wir werden nicht mit euch schlafen!« *Klick.* Eine junge Frau, die für Swetlana Tichanowskaja und Maria Kolesnikowa schwärmt, hält die Losung hoch: »Sweta ist meine Präsidentin, Mascha ist meine Königin.« *Klick.* Und: »Die belarussische Revolution – *made by women.*« *Klick.* Eine junge Frau umarmt einen maskierten Mann der Sondereinheiten und weint. *Klick.* Eine andere verbindet sich vor den Omon-Milizen mit einem roten Tuch den Mund. *Klick.* Junge Frauen tragen ein Banner: »Patriarchat, fick dich«. *Klick.* Maria Kolesnikowa, die sich als Einzige des Trios entschieden hatte, in Belarus zu bleiben, und damals noch in Freiheit ist, trägt ein weißes Top und formt vor der Blockade der schwarz maskierten Milizen ein Herz mit ihren Händen. *Klick.* Die hagere kleine Frau namens Nina Baginskaja, damals 73 Jahre alt, rangelt mit maskierten Milizen, die sie abführen wollen. *Klick.* Nina Baginskaja, eine konservative Oppositionelle seit den Achtzigerjahren, wird später von der *Vogue* in Italien wie eine Fashion-Ikone für ein Fotoshooting inszeniert und von jungen Frauen gefeiert.

Frauen sind ja bekanntlich hysterisch: Also kreischen und schreien sie, wenn mal wieder jemand festgenommen wird. Einige Polizisten lassen oft irritiert von ihren Opfern ab. »Ich glaube, die

Sicherheitskräfte haben mich noch nicht festgenommen, weil sie nicht wissen, wie sie mich mit diesem ausladenden Kleid mitnehmen sollen«, sagte die Braut Inna Sajzowa damals. Omon-Polizisten fotografieren sie, manche werfen ihr Komplimente zu. Frauen irritieren. »Die Polizisten saßen in ihren Bussen und beobachteten uns. Sie rührten uns nicht an. Sie hatten keine Ahnung, wie sie mit uns umgehen sollen«, erinnert sich Mascha.

Bald werden die Frauen zu einer Art Feuerwehr, die herbeieilt, wenn es brennt. Als streikende Arbeiter bedrängt werden, eilen die Frauen herbei. Als Studenten festgenommen werden, stellen sich Frauen als menschliche Kette schützend vor sie. Oder sie zerren an Männern, die von Omon-Polizisten abgeführt werden, und gewinnen manches Mal den Kampf. Wird Jagd auf Männer gemacht, umkreisen sie diese, damit sie nicht festgenommen werden. Statt auch noch die Frauen festzunehmen, lassen die Sicherheitskräfte oft von den Männern ab. Die Männer würden sich hinter den Frauen verstecken, lamentiert Alexander Lukaschenko: »Wie damals die Faschisten.«

Männer verfügen, Frauen führen aus

Das Patriarchat scheint mit den eigenen Waffen lahmgelegt. Selbst konservative Publizisten, die sich sonst über Aktivistinnen und ihre Anliegen lustig machen, sind plötzlich besoffen von der Rolle der Frauen. Der belarussische Ökonom Sergej Tschalyj, der zuvor bei jedem sich bietenden Anlass über Gender-Gaga und Gleichberechtigungsschwachsinn hergezogen hat, sieht plötzlich die erste feministische Revolution in der Geschichte am Werk, weil Frauen für ihre Männer einstünden wie einst im Krieg. Selbstverständlich lässt es sich ein Sergej Tschalyj nicht nehmen, hinzuzufügen: »Feminismus im guten Sinne des Wortes!« Natürlich.

Für die belarussische Aktivistin Irina Solomatina ist das alles eine trügerische Illusion. Als wir Ende August 2020 das erste Mal sprechen, ist bei Solomatina ein gewisser Frust spürbar. Sie ist müde von den Anfragen der Medien. Davon, dass Frauen als treibende Kraft auf den Straßen überhöht werden. Oder dass es nun heißt, die Proteste hätten ein weibliches Gesicht. Davon, dass sie Journalistinnen und Journalisten ständig erklären muss, dass weder die Proteste noch das Frauen-Trio, das Alexander Lukaschenko herausgefordert hat, feministisch seien. Irina Solomatina sieht das weibliche Gesicht des Protests in erster Linie als einen medialen Effekt. Das Titelbild dieses Buches, das zuerst in der Wochenbeilage des *Guardian* erschien – für Irina Solomatina ist es ein weiterer Beleg für die Heroisierung belarussischer Frauen, die sie ablehnt. Dass die protestierenden Frauen eine Zeit lang die Schlagzeilen und Titelblätter großer Medien dominierten, dass Belarus in den Fokus internationaler Aufmerksamkeit rückte, das ist für sie kein politischer Sieg – sondern eher ein Hype.

Irina Solomatina ist eine ungeduldige Frau. Sie hat die Plattform »Gender Route« gegründet und leitet die NGO »Arbeitende Frauen«. Sie kämpft seit vielen Jahren für die Gleichberechtigung von Frauen in ihrem Land. Sie hat unendlich viele fürchterliche Geschichten gehört von Ehemännern, die schlagen, und von Arbeitgebern, die belästigen. Und sie kennt die Diskussionen über Gleichberechtigung auswendig, die Statistiken zur weiblichen Teilhabe und zur häuslichen Gewalt in Belarus. Aber in Lukaschenkos misogynem System kommt Solomatina mit ihren Anliegen nur langsam voran. Dieses straft Frauen in zweifacher Hinsicht – als Autokratie, die den Menschen ihre ganz gewöhnlichen Grundrechte nimmt. Und als Patriarchat, das den Frauen zusätzliches Leid beschert und sie kleinhält, eben weil sie Frauen sind.

Maria Kolesnikowa, Swetlana Tichanowskaja und Veronika Zepkalo, so sieht es Solomatina, nahmen Rollen ein, die Männer für sie vorgesehen hatten. Damit, findet Solomatina, hätten die drei Frauen eine nie endende Rollenverteilung fortgesetzt: Die Männer verfügen, die Frauen nehmen brav an. Dass das weibliche Trio für einen Augenblick ganz oben gestanden habe, das sei für sie kein Ausdruck von Feminismus, meint Solomatina. Nie hätten die drei die Rechte der Belarussinnen thematisiert, nie bei den Kundgebungen auch nur ein Wort darüber verloren, was es bedeutet, eine Frau zu sein in diesem Land. So machten sie sich indirekt zu Komplizinnen des Patriarchats – wie die Frauen in Weiß, die patriarchale Stereotype von dem schönen, zerbrechlichen Geschlecht verstärkten.

Am meisten scheint Irina Solomatina aufzubringen, dass die Frauen in Weiß die Sicherheitskräfte umarmten. Sehr viele teilen die Kritik an der Idee, die in Maschas Gruppe eigentlich verworfen worden war. »Tagsüber lassen sich die Omon-Polizisten fürs Foto umarmen, aber nachts Gewalt anzuwenden ist legitim?«, fragt Solomatina.

Der Erfolg eines jeden Aufstands hängt jedoch davon ab, ob Soldaten und Polizisten bereit sind, die Seite zu wechseln. In Belarus wird Sicherheitskräften eingetrichtert, dass Protestierende ihre Feinde sind, westliche Agenten. Können solche Umarmungen nicht helfen, dieses Bild zu widerlegen? Was für ein Weg wäre sonst geblieben?

In den darauffolgenden Monaten werden Irina Solomatina und ich uns gelegentlich schreiben. »Womöglich kann auch eine solche Taktik, die weibliche Sanftheit auszuspielen, das Frauenbild beeinflussen?«, frage ich. »Doch zu was für einem Preis?«, antwortet mir Solomatina. »Ist die Tatsache, dass bei den Protesten mittlerweile auch feministische Losungen zu sehen sind, nicht ein kleiner Fortschritt?«, hake ich nach. »Nein«, antwortet Irina Solomatina. »Denn Frauen spiegeln auf den Protesten wider, was die Männer sich wünschen – fragile Wesen in Weiß und mit Blumen, ein Symbol der Schönheit.« Jedes meiner Argumente wird Irina Solomatina sehr kundig mit drei Gegenargumenten sezieren. Jedes Mal denke ich: Sie hat ja so recht. Und dann folgt innerlich bei mir dennoch das große Aber.

Ja, Swetlana Tichanowskaja hat emanzipierte Frauen vor den Kopf gestoßen, als sie auf der Bühne stand und sagte, sie wolle so schnell wie möglich wieder zurück an den Herd, das politische Programm hätten schließlich die Männer.

Ja, die Doppelbelastung von Frauen löst sich nicht plötzlich auf. Eine kleine Online-Umfrage unter rund 900 in der Bewegung gegen Lukaschenko aktiven Frauen hat gezeigt, dass sie täglich bis zu vier Stunden mit der Protestarbeit zu tun haben, am Wochenende sogar bis zu acht Stunden. Sie gehen raus, geben Informationen weiter, unterstützen Angehörige, spenden Geld – die überragende Mehrheit gibt an, tiefen Stress und Erschöpfung zu spüren. Viele haben wegen ihrer politischen Ansichten ihre Arbeit verloren und brauchen dringend Geld. Andere fühlen sich überlastet und schuldig zugleich – dass sie nicht aktiv genug sind, dass sie zu wenig Zeit für ihre Kinder haben, dass zu Hause vieles liegen bleibt. Denn rund die Hälfte der befragten Frauen muss sich weiterhin gewohnt allein um den Haushalt kümmern.

Ja, die Gewalt verschwindet nicht. Bald schon legt sich die Verwirrung der Sicherheitskräfte, wie mit diesen Frauen in Weiß umzugehen ist. Anfang September werden auch sie massenhaft festgenommen. Bald schon ziehen die Frauen in Weiß auch schwarze Kleider an, lassen die Blumen weg. In der von Mascha gegründeten Gruppe »Frauen von Belarus« werden nun neue Tipps gepostet. Den Frauen wird nahegelegt, extra Unterwäsche einzupacken und für den Fall der Festnahme Telefonnummern von Menschenrechtsorganisationen aufzuschreiben wie *Jejoprawa*, was übersetzt »ihre Rechte« heißt.

Der Zauber jener Sommertage verflüchtigt sich, im Herbst

legt sich über alles rohe Gewalt. Die Braut Inna Sajzowa muss Ende des Jahres in die Ukraine fliehen. Eine 18-Jährige, die auf den Schild eines Omon-Polizisten ein Schimpfwort schrieb, wird zu zweijähriger Haft verurteilt. Bis März 2021 werden gegen 141 Frauen Strafverfahren eingeleitet, 38 von ihnen gelten als politische Gefangene, die jüngste ist 18 Jahre alt. Tausende werden vorübergehend festgenommen, geschlagen und in den Gefängnissen misshandelt und erniedrigt.

Doch müssen Frauen überhaupt ein patriarchales System gleich ganz aus den Angeln heben, um es zu verändern? Können nicht auch konservative Gesellschaften Wandel herbeisehnen und zugleich den totalen Bruch mit den althergebrachten Werten scheuen?

Die ukrainische Soziologin Olga Onuch hat in einer groß angelegten Online-Erhebung untersucht, welche Einstellungen und Werte die Belarussen und Belarussinnen teilten, die im Sommer 2020 auf die Straßen gegangen sind. Von den 60 Fragen haben etwa 12 000 Menschen alle beantwortet – anonym und online. Da sich aber nicht überprüfen lässt, wer alles mitmacht, sind die Ergebnisse zwangsläufig nicht repräsentativ. Sie werfen allenfalls ein kleines Schlaglicht auf die Motive und Haltungen der Protestierenden. Und doch haben sie Onuch überrascht.

Was sie herausfand: Aussagen wie »Dank der Massenbeteiligung der Frauen sind die Proteste friedlich geblieben« stimmten unter den Protestierenden nur 38 Prozent zu – bei jenen, die nichts mit den Protesten zu tun hatten und sich an der Umfrage beteiligt haben, waren es 74 Prozent. Als die Befragten sagen sollten, ob die Ehe nur zwischen Mann und Frau gelten dürfe, stimmten 83 Prozent zu – bei jenen hingegen, die nicht am Protest mitwirkten, teilten nur 56 Prozent diese Meinung. Wenn es um Familienangelegenheiten ging, waren 22 Prozent jener, die sich zur Protestbewegung zählten, der Meinung, dass in einer Familie stets der Ehemann die wichtigen Entscheidungen treffen sollte – bei den Unbeteiligten stimmten nur 13 Prozent zu.

Irina Solomatinas Zweifel, dass die Protestbewegung etwas Grundsätzliches am Verhältnis zwischen Männern und Frauen verändern könnte, sind also alles andere als aus der Luft gegriffen. Die Gleichung, die Sichtbarkeit der Frauen könnte das Land feministischer machen, wird womöglich nicht aufgehen.

Doch bleibt Frauen in starren, konservativen Diktaturen überhaupt eine andere Wahl, als die ihnen zugedachten Rollen als Mütter und Ehefrauen, als liebende und fürsorgliche Wesen anzunehmen und die Grenzen auszudehnen? In Südafrika schlossen sich in den Fünfzigerjahren weiße Frauen zur »schwarzen Schärpe« zusammen, um friedlich gegen die Apartheid zu kämpfen. In der DDR zogen »Frauen für den Frieden« schwarze Kleider an und gingen untergehakt zur Post, um ihre Wehrdienstverweigerungen einzuwerfen, denn ab 1982 konnten auch Frauen eingezogen werden – der Geheimdienst wagte zunächst nicht, die Frauen mit Gewalt zu trennen. In Russland nutzten während des ersten Tschetschenienkriegs in den Neunzigerjahren Mütter ihre besondere Rolle, um für ihre rekrutierten Söhne zu kämpfen und die wichtigste Säule des Machtsystems zu verändern: die Armee. In Kuba gründeten sich 2003 die »Damen in Weiß«, die sich erfolgreich für die Freilassung politischer Gefangener einsetzten. Während der Militärdiktatur in Argentinien in den Siebziger- und Achtzigerjahren legten die Mütter des Platzes der Mairevolution weiße Kopftücher an und suchten nach ihren verschwundenen Kindern, den *desaparecidos*, die von der Junta verschleppt worden waren. Keine dieser Frauengruppen zog aus mit dem Ziel, das System zu stürzen. Aber am Ende trugen sie ihren Anteil dazu bei, wenn eines dieser Systeme zerbrach oder zumindest Risse bekam.

Ich verstehe Solomatinas Misstrauen und Skepsis. Anliegen von

Frauen für die Vermarktung politischer Pläne oder unternehmerischer Werbekampagnen zu missbrauchen ist ja keine unbekannte Strategie. Der Bekleidungskonzern H&M verkauft für 9,99 Euro T-Shirts mit der Aufschrift »Feminism«, lässt seine Ware aber von Frauen in armen Ländern nähen. Anfang des Jahres erklärte H&M, beim Stellenabbau in Deutschland vor allem junge Mütter zu entlassen, da diese nicht so flexibel bei den Arbeitszeiten seien. Die Sorge der Partei AfD um die deutsche Frau erwacht gern dann, wenn es gegen Flüchtlinge geht. Und wie lässt es sich sonst erklären, dass die polnische Regierung einerseits am internationalen Frauentag für Solidarität mit den belarussischen Frauen wirbt und andererseits gerade erst in Polen das Recht auf Abtreibung so gut wie abgeschafft wurde und die Staatsgewalt gegen Polinnen, die dagegen protestieren, massiv vorgeht?

Dennoch setzen sich bei mir am Ende die *Aber* gegen Solomatinas Argumente durch: *Aber* nie zuvor traten in Belarus Frauen wie selbstverständlich als politische Akteurinnen auf. *Aber* nie zuvor waren Frauen überhaupt nur eine denkbare Alternative. *Aber* nie zuvor kämpften Frauen so sichtbar in der Öffentlichkeit für die Demokratie. *Aber* nie zuvor haben Frauen eine solche Solidarität untereinander empfunden. *Aber* nie zuvor haben Frauen so überwältigend ihre eigene Ermächtigung gespürt, ihre Verantwortung als politisches Subjekt und ihre Macht als weibliches Kollektiv begriffen – ist das nicht zwangsläufig der Ausgangspunkt einer jeden feministischen Bewegung?

Laut offiziellen Daten des Regimes waren in Minsk und in der Minsker Oblast im August 2020 knapp sechs Prozent der Festgenommenen weiblich. Im September und Oktober waren es schon 27 Prozent. Im darauffolgenden Januar und Februar sind 37 Prozent der Festgenommenen Frauen. Das Regime behandelt sie fortan wie Männer – mit der gleichen Brutalität, den gleichen Erniedrigungen und der gleichen Willkür. Das ist die bittere Seite der weiblichen Selbstermächtigung: Die Frauen werden als Gegnerinnen des Regimes akzeptiert und nun genauso skrupellos behandelt wie Männer.

Die neue Sichtbarkeit der Frauen

Über Monate hinweg spreche ich mit Frauen aus unterschiedlichen Städten in Belarus über ihre Erfahrungen bei den Protesten. Kristina, die Ärztin, und Ljudmila, die ehrenamtliche Helferin aus Bobruisk, sind dabei. Außerdem Maria, 33, eine Ingenieurin. Anna, 38, die seit Herbst 2020 im Exil lebt. Swetlana, 60, Lehrerin in Gomel. Alexandra, 27, PR-Managerin aus Minsk. Sie kennen sich nicht, aber sie haben vieles gemein: Sie hielten sich aus der Politik heraus, bis der Sommer kam.

Maria: Am Abend des 9. August rief ich meine Mutter an und sagte: Mama, ich glaube, der Krieg hat begonnen. Wir überlegten, was wir tun könnten. Ich schloss mich den Frauen an. Die Männer waren draußen auf der Straße, wir Frauen haben in einer Wohnung alles online verfolgt und sie per SMS durch die Straßen navigiert, das Internet war ja abgeschaltet. Jedes Mal, wenn wir die Männer verabschiedet haben, haben wir sie fest umarmt, als würden sie in den Krieg ziehen.

Kristina: Die Omon-Polizisten haben auf alles eingeschlagen, was sich bewegt hat. Ich lief am Rande der Straße, um zu helfen und Verwundete zu versorgen; erklärte einem Polizisten, dass ich Ärztin sei. Er sagte, ich solle abhauen.

Anna: Einige meiner Freunde gingen 2010 und 2015 protestieren. Aber ich nicht. Das ist unser gesellschaftliches Elend: Wir verstehen nicht, dass wir die Politik sind, dass uns das alle etwas angeht. Wir haben keine politische Bildung, aber unsere Kinder werden sie dank uns hoffentlich haben.

Ljudmila: Es war schrecklich, als wir erfuhren, was die Polizei mit den Männern machte. Ich war wütend. Ich empfand Hilflosigkeit. Dann gingen die Frauen raus, und ich habe geweint. Als ich sah, dass die Polizei uns Frauen nicht festnimmt, war ich so dankbar. Wenn wir Frauen am 12. August nicht rausgegangen wären, wäre am 13. August alles vorbei gewesen.

Maria: Die Männer hätten nie zugelassen, dass ihre Frauen protestieren gehen. Das ist das, was uns vertraut ist: Ich bin der Mann, ich ziehe in den Krieg. Du bist die Frau, du bleibst beim Kind und informierst. So war die Aufteilung bei vielen, die sich in den ersten Tagen nach der Wahlfälschung organisiert haben. Ganz instinktiv.

Anna: Ich ging protestieren, wenn mein Mann auf Arbeit war. Wir hatten beide große Angst, was passieren würde, wenn ich festgenommen würde. Würden sie unseren Sohn ins Heim stecken?

Swetlana: Eigentlich ist mein Kandidat Viktor Babariko. Aber ich habe für Tichanowskaja gestimmt. Mir ist wichtig, dass jetzt eine Frau Präsidentin wird. Die Zeit der Frauen ist angebrochen.

Alexandra: Als ich auf dem Komarowskij-Markt stand, barfuß und im weißen Kleid, habe ich mich verletzlich gefühlt wie nie zuvor. Aber ich fühlte mich auch mutig wie nie zuvor.

Swetlana: Die Tür wurde aufgestoßen, wir sind rausgegangen und haben gesehen, wie viele wir sind und wie viele gut ausgebildete junge Menschen unter uns sind. Wir haben uns vereint. Ihr seid unglaublich, sagt Maria Kolesnikowa immer. Sie hat so recht.

Anna: Wir haben gezeigt, wie absurd das Vorgehen des Staates ist, indem wir friedlich geblieben sind. Ich möchte diese Revolution nicht aufteilen in weiblich und männlich. Es ist eine gemeinsame Revolution. Aber sie hat doch ein weibliches Gesicht.

Maria: Ich sehne mich nach diesen Frauenmärschen. Sie haben mich inspiriert. Du kannst dort du selbst sein.

Kristina: Ich habe auf den Frauenmärschen Maria Kolesnikowa gesehen. Sie ist das Gegenteil einer Egoistin. Sie hätte gehen können, aber sie blieb im Land. Sie ist für mich eine Heldin. Ich will, dass meine Kinder in einem besseren Land groß werden. Wir haben eine so großartige junge Generation. Macht Platz für sie, statt Sowjetunion zu spielen.

Anna: Ich hatte immer Angst auf den Protesten. Aber wenn du da stehst, dann spürst du diese Solidarität. Dieses Gefühl überwältigt dich. Einmal kam ein alter Mann auf mich zu. Er fing an zu weinen und hat sich bei mir entschuldigt: Seine Generation habe uns diesen Mist eingebrockt.

Swetlana: Meine Tochter ist Psychologin. Sie kann Fürchterliches berichten von der Gewalt, die Menschen nach Festnahmen erfahren haben. Viele von uns erleben nun, wie es in den Gefängnissen aussieht. Wir essen den Fraß, erleben die Schikanen, hören die verrohte Sprache, spüren die Erniedrigungen und die Enge – und das, bevor das Verfahren gegen dich überhaupt begonnen hat.

Kristina: Ich weiß, dass es in den Gefängnissen Vergewaltigungen gegeben hat. Das ist kaum bekannt. Manche Frauen haben Wochen geweint, manche haben über Wochen geschwiegen.

Swetlana: Ich wurde dreimal festgenommen, musste Geldstrafen zahlen und ein paar Tage einsitzen. Ich nehme seither Antidepressiva. Jedes Mal, wenn ich einen dieser Polizeibusse sehe, bekomme ich Panikattacken. Ein Polizeiwagen löst jetzt also bei einer 60-jährigen Lehrerin Panik aus! Wenn das Lukaschenko-Regime weg ist, werden wir noch vieles erfahren, was uns jetzt unvorstellbar erscheint.

Maria: Ich will keine extreme Feministin sein. Ich mag das Patriarchat, wenn es gesund ist. Er trägt die Pakete, nimmt mir Schweres ab – aber er respektiert mich für meine Wahl, ganz gleich, ob ich einen Kran führe oder daheimbleibe. Frauen haben oft so aggressive Argumente. Aber es geht doch um Respekt! Ich würde deshalb sagen: Ich bin teils feministisch.

Alexandra: Ich sehe mich nicht als Feministin. Ich sehe mich als eine starke Frau. Natürlich gehe ich weiter protestieren!

Maria: Für die Sicherheitskräfte sind wir jetzt Feinde. Viele lassen sich nicht von den Zielen der Protestierenden überzeugen. Sie fragen immerzu: Warum habt ihr früher geschwiegen? So war es doch immer! Das ist schwer zu beantworten. Die Leute sind halt reifer geworden.

Swetlana: Früher habe ich als Lehrerin Jugendgruppen betreut, zum Beispiel die Pioniere und Komsomolzen. Beide Organisationen verlangen, dass man sich dem Staat treu ergeben muss. Ich habe den Kindern immer zu erklären versucht, dass die Liebe zur Heimat eine andere ist als die Liebe zum Staat.

Anna: Ich wurde gewarnt, dass man mich festnehmen will. Ich packte meinen Sohn und zwei Koffer. Ich hatte keinen Pass, doch ich konnte aus humanitären Gründen nach Litauen ausreisen. Am Anfang habe ich in Vilnius nur geheult. Ich fühle mich noch immer so schuldig. Als hätte ich alles verraten. Mein Mann, der in Minsk geblieben ist, sagt: Du bist herzkrank. Du hättest es im Gefängnis nicht ausgehalten. Und wenn doch? Wenn ich gar nicht wirklich in Gefahr war? Wenn ich geblieben wäre? Einmal hat jemand bei Facebook geschrieben: Wenn ihr alle das Land verlasst, wer wird dann noch protestieren?

Swetlana: Kürzlich wurde meine Wohnung durchsucht. Sie nahmen alles mit, meine Bankkarten, meinen Rechner, mein Tablet, das Telefon konnte ich verstecken. Meine Kinder wollen mir Geld für einen neuen Laptop geben. Aber erst mal warten wir ab, ob ich ins Gefängnis muss. Wäre sonst schade um das Geld.

Maria: Ich kann nicht sagen, dass sich in der Gesellschaft die Haltung zu uns Frauen verändert hat. Aber meine Haltung zu mir als Frau hat sich verändert.

Vielleicht herrscht ja zwischen dem, was sich auf den Straßen belarussischer Städte abgespielt hat, und dem, was Irina Solomatina sich vorstellt, ein großes Missverständnis. Wie bei einem Paar, bei dem der eine eigentlich ganz glücklich ist und der andere unzufrieden, weil die Erwartungen, was eigentlich eine gute Beziehung ausmacht, komplett gegenläufig sind. Vielleicht liegt dieses Missverständnis darin, dass Irina Solomatina den Anteil der Frauen an diesem Aufstand aus einer feministischen Perspektive bewertet: ob er der Gleichberechtigung und dem Kampf gegen Diskriminierung nützt oder nicht. Doch dieser Aufstand war nie eine reine Frauensache, es gab auch keine feministische Agenda. Die Frauen waren dieses Mal nur sehr viel sichtbarer als sonst.

Aktive Frauen gab es schon immer in Belarus, es gibt sehr viele Aktivistinnen und ehrenamtliche Helferinnen, sogar unabhängige Politikerinnen – aber sie wurden nicht besonders wahrgenommen. Nun sind die protestierenden Frauen, um es in den Worten der PR-Managerin Mascha zu sagen, zu einer unverwechselbaren, international bekannten Marke geworden. Und sie werden zum Teil der belarussischen Kultur. Es gibt Filme über sie, Gedichte, Bilder, Websites und Popsongs. Die Eva des Malers Chaim Soutine ist zum Meme geworden: Eva hinter Gittern. Eva, die den Mittelfinger zeigt. Eva, die von Omon-Polizisten abgeführt wird. Die in Belarus berühmte Band Trubetskoy hat das Lied »Wolja« veröffentlicht. »Wolja« ist ein Frauenname, bedeutet aber auch »Freiheit« und »Wille« auf Belarussisch. Es ist den Frauen von Belarus gewidmet, vor allem der früheren Miss Belarus Olga Chischinkowa. Sie saß 42 Tage im Gefängnis. Vielleicht verkörpert Chischinkowa wie kaum eine andere den Widerspruch, der keiner ist: Einerseits ist sie Schönheitskönigin und ein berühmtes Modell für Strumpfhosen, andererseits wird sie als Ikone des Protestes gefeiert und spricht über ihre Erfahrungen im Gefängnis.

Die Frauen in Weiß haben nicht um Frauenrechte gekämpft,

merkt die Soziologin und Genderforscherin Elena Gapova an. Sie standen für Bürgerrechte ein: dafür, dass ihre abgegebenen Stimmen gezählt und ihre Kandidaten freikommen würden; dass niemand geschlagen wird von Sicherheitskräften – und wenn doch, dass es dafür Konsequenzen gibt. Vielleicht entwickelt sich irgendwann das eine aus dem anderen. Auf den samstäglichen Frauenmärschen jedenfalls marschieren bald schon Feministinnen mit, wehen Regenbogenflaggen, halten junge Frauen Plakate hoch, die das Patriarchat zum Teufel wünschen. Vereinzelt sind sogar Männer mit feministischen Losungen zu sehen. Ganz sicher hat sich in jenen Sommertagen 2020 nicht gleich die strahlende Zukunft des Landes offenbart, aber es zeigten sich die ersten Veränderungen. Auch in Deutschland war die beginnende Demokratisierung zunächst entkoppelt von der Gleichberechtigung der Frauen. Die wurde erst später nachgeholt, und zwar sehr zögerlich. Was sich in Belarus im Sommer 2020 vollzogen hat – könnte das nicht ein Anfang sein?

Als ich Mascha auf die häufig geäußerten Vorwürfe anspreche, dass die Frauen sich zu Komplizinnen des brutalen Patriarchats machten, weil sie die Sicherheitskräfte umarmten, antwortet sie: »Wieder fallen wir über die Frauen her, was sie falsch gemacht haben. Ist das nicht ein ziemlich patriarchales Vorgehen?«

6.

»WENN NICHT WIR FRAUEN, WER DANN?« – VERONIKA ZEPKALO

Die Geschichte einer Wandlung

Von den drei Frauen, die Alexander Lukaschenko herausgefordert haben, hat Veronika Zepkalo wohl am meisten Glück gehabt. Ihre Mistreiterin Swetlana Tichanowskaja lebt im Exil ohne ihren Mann – den hält das Lukaschenko-Regime als Geisel in einem belarussischen Gefängnis. Maria Kolesnikowa sitzt in Haft und wartet im Frühjahr 2021 auf ihren Prozess. Veronika Zepkalo musste zwar ihre Heimat verlassen. Aber ihr Mann Valerij und ihre achtjährigen Zwillingssöhne Pjotr und Andrej sind bei ihr, und das ist keine Selbstverständlichkeit für eine belarussische Familie im Jahr 2021, die sich mit dem Regime angelegt hat.

Das Leben von Veronika Zepkalo erzählt davon, wie eine junge Frau vor gut einem Vierteljahrhundert für Alexander Lukaschenko schwärmte und schließlich zu seiner Gegnerin wurde. 1994, als Lukaschenko für das Präsidentenamt kandidierte, stimmte Zepkalo sogar für ihn. Ihr sagte zu, dass er keinen Wert auf die Stärkung des Belarussischen legte, das nach dem Zusammenbruch der Sowjetunion erwachte, und Russisch zur Amtssprache erheben wollte. Sie versprach sich von diesem jungen Politiker Aufbruch. »Wenn Alexander Lukaschenko zu den Menschen sprach, dann glühte er vor Leidenschaft«, erinnert sich Zepkalo. »Er war wie einer von uns, so nahe am Volk. Er kannte die Menschen und ihre Probleme!«

Heute verachtet sie ihn. Er habe jeglichen Kontakt zur Gesellschaft verloren. Skrupellos sei er, Blut klebe an seinen Händen. Weder vor Kindern noch vor Frauen mache er Halt. »Der Alexander Lukaschenko von 1994 und der von 2021, das sind zwei komplett unterschiedliche Menschen.« Nur drei Prozent der Wählerinnen und Wähler, glaubt sie, stünden nach dem Wahlbetrug und der enthemmten Staatsgewalt noch hinter Lukaschenko. Seit dem Sommer 2020 verfolgt Veronika Zepkalo ein Ziel: »Wir müssen das Land gemeinsam von Lukaschenkos Regime befreien.«

Diese Geschichte von Veronika Zepkalos Wandlung ist erstaunlich, aber nicht frei von Widersprüchen. Sie wirft Fragen auf, und nicht auf jede hat Zepkalo eine Antwort.

Sie lebt bereits in Riga, als wir im Januar 2021 sprechen, und sie klingt noch immer wie eine Politikerin. Doch sie sieht sich nicht als eine. »Ich bin einfach eine nicht gleichgültige Bürgerin dieses Landes«, sagt sie über sich. In der Familie sei ihr Ehemann der Politiker. Valerij Zepkalo hat seine Karriere in den Neunzigerjahren als Diplomat begonnen, war stellvertretender Außenminister, Botschafter, Regierungsberater. Er spricht fließend Finnisch und Englisch. Mit den Jahren hat er immer größere politische Ambitionen entwickelt. Er arbeitete an einem Wahlprogramm, das vor allem auf wirtschaftliche Reformen drängt: Er will die Dörfer wiederbeleben und jedem Belarussen ein Stück Land schenken, ein Heer aus Eigentümern schaffen.

Als Valerij Zepkalo im Frühjahr 2020 erklärte, Präsident werden zu wollen, und mit seiner Tour durch die belarussischen Städte begann, um die notwendigen Unterschriften für seine Zulassung als Kandidat zu sammeln, begleitete ihn seine Frau Veronika. Sie nahm sich einen Monat Urlaub – die Kinder blieben bei der Oma. Sie war bei seiner ersten Pressekonferenz dabei. Sie aktivierte ihre Konten bei Facebook und Instagram und postete Bilder vom gemeinsamen Familienglück. Sie willigte ein, das gemeinsame Haus zu verkaufen, das sie erst wenige Jahre zuvor gebaut hatten – alles, um seine Wahlkampagne zu finanzieren. Sie übernahm die Leitung seines Stabes.

Doch Valerij Zepkalo hatte die vorgeschriebenen Unterschriften zwar gesammelt, wurde jedoch nicht zugelassen als Kandidat. Also sprang Veronika für ihn ein. Wie Swetlana Tichanowskaja und Maria Kolesnikowa wurde sie eher unerwartet zu einer politischen Figur. »Wir Frauen hatten keine andere Wahl«, sagt sie. »Wenn nicht wir, wer dann?«

Wenn jemand das emanzipatorisch-traditionelle Frauenbild aus der Sowjetzeit in die Gegenwart transportiert hat, dann Veronika Zepkalo. Ihre Rollenaufteilung daheim sei »klassisch«, sagte sie einmal: Ihr Mann treffe alle großen Entscheidungen, sie sei für die »weiblichen« Aufgaben zuständig. Doch zugleich arbeitet sie als IT-Managerin bei Microsoft. Auch wenn der Mann das unbestrittene Familienoberhaupt ist – es würde ihr nicht einfallen, ihre Arbeit aufzugeben. Man müsse der Gesellschaft zeigen, findet sie, dass Frauen erfolgreich Karriere machen und sich zugleich der Familie widmen können.

Hatte Swetlana Tichanowskaja von den politischen Plänen ihres Mannes aus dem Netz erfahren, war Veronika Zepkalo von Beginn an eingebunden. Als ihr Mann seine Dokumente für die Registrierung als Kandidat abschickte, haben die Zepkalos gemeinsam die Sendetaste gedrückt, erinnert sie sich. Nichts deutete daraufhin, dass sie einmal die politische Karriere ihres Mannes überholen und mehr sein könnte als die treue Unterstützerin an seiner Seite.

»Lukaschenko hat diese Situation selbst geschaffen«, sagt

Veronika Zepkalo. Als Swetlana Tichanowskajas Ehemann Sergej festgenommen und Viktor Babariko verhaftet wurde, wollte ihr Mann politisch nicht weitermachen. »Valerij hätte es unmoralisch gefunden, seine Kampagne fortzusetzen, solange seine Konkurrenten im Gefängnis sitzen. Er rief Swetlana und Maria an und schlug ihnen vor, unsere Kräfte in diesem Kampf zu vereinen. Wir haben entschieden, dass fortan ich weitermache. Eine Frauenkoalition schien uns stärker zu sein, immerhin fand Lukaschenko, dass Frauen in die Küche gehörten.«

Sie übernahm. Als auch ihrem Mann ein vorgeschobenes Strafverfahren drohte und sich Beamte an der Schule nach dem Wohl ihrer Kinder erkundigt haben sollen, entschieden die Zepkalos, dass Valerij mit den Söhnen das Land verlassen würde. Er ging nach Moskau – Veronika Zepkalo blieb bis zur Wahl in Minsk. Dann, am 9. August 2020, reiste sie zu ihrer Familie und gab ihre Stimme in der russischen Hauptstadt ab. Einmal noch kehrte sie für einen Tag nach Minsk zurück. Das Internet war abgeschaltet, die Telefonleitungen überlastet. Sie erreichte niemanden und fuhr wieder nach Moskau. Dort fühlte sie sich nicht sicher und reiste mit der Familie in die Ukraine aus, dann nach Polen. Schließlich strandeten die Zepkalos in Lettland.

Hier geht die Geschichte von Veronika Zepkalo nicht weiter, zumindest vorerst. Angefangen hatte sie vor mehr als einem Vierteljahrhundert, als sie ihre Mutter Jewgenija in Haft besuchte. So jedenfalls erzählte es Veronika Zepkalo auf einer Minsker Bühne im Juli 2020, so würde sie es fortan oft wiederholen.

»Meine Mutter war die Beste. Sie war mir eine enge Freundin, Vertraute und ein Vorbild. Sie kommt aus einer Arbeiterfamilie und hat sich hochgearbeitet«, sagt Veronika Zepkalo. Die Mutter arbeitete erst in der örtlichen Fabrik von Mogiljew, der mit knapp 380 000 Einwohnern drittgrößten Stadt von Belarus im Osten des Landes. Dann machte sie Karriere in der Stadtverwaltung, wurde stellvertretende Leiterin für Wirtschaftsfragen im Stadt-rat. Der damalige Bürgermeister, der als demokratischer Refor-mer galt, hatte sie geholt. Hier lernte sie Alexander Lukaschenko kennen, der erst Abgeordneter war und dann im Verwaltungsrat eines landwirtschaftlichen Betriebes saß. Schon damals soll Luka-schenko ein äußerst misstrauischer Mensch gewesen sein, der nichts vergaß und rachsüchtig war.

Schließlich wurde Zepkalos Mutter Direktorin einer Regional-bank, an der auch Lukaschenkos Betrieb beteiligt war – bis sie 1997 verhaftet wurde. Ihr wurde zunächst Amtsmissbrauch und Betrug vorgeworfen, dann plötzlich wurde gegen sie ermittelt wegen Mordes an einem Lokalpolitiker. Damals wurde die gesamte ört-liche Wirtschaftselite verdächtigt. Alexander Lukaschenko war da schon Präsident. Er sah die Tat als »eine Herausforderung« an und setzte zehn Tage an, um die Täter zu fassen. Kurz bevor die Frist ablief, wurde Zepkalos Mutter verhaftet, da war sie schon schwer krank. Lukaschenko wachte persönlich über den Fall, die Ermitt-lungsakten wurden geheim gehalten.

»Die Vorwürfe waren fabriziert!«, behauptet Veronika Zepkalo. Es ist eine undurchsichtige Geschichte, für die es wenig Belege gibt. 23 Jahre später jedenfalls gilt der Mord an dem Lokalpoliti-ker noch immer nicht als aufgeklärt. Das Online-Medium *Radio Svaboda* hat Angehörige des Opfers interviewt. Die äußern sich sehr zurückhaltend, vermuten aber, dass erst dann vieles ans Licht kommt, wenn Alexander Lukaschenko irgendwann nicht mehr im Amt ist.

Zepkalos Mutter litt an Krebs im vierten Stadium. »Meine Schwes-ter und ich bettelten jeden Tag darum, unsere Mutter sehen zu können«, erinnert sich Veronika Zepkalo. »Als sie uns endlich zu ihr ließen, starb ein Teil meiner Seele.« Bis heute, sagt Zepkalo, lasse sie nicht los, was sie damals gesehen habe.

Die Mutter war aus dem Untersuchungsgefängnis in ein Krankenhaus verlegt worden. Gerade hatte sie wieder eine Chemotherapie erhalten, als die Tochter zu ihr durfte. Veronika Zepkalo sah die Mutter auf dem nackten Boden neben dem Bett kauern. »Ihr Arm, mit dem sie an die Heizung gekettet war, war wund von der Chemo, mir schien, als würde gleich der Knochen zum Vorschein kommen. Sie muss fürchterliche Schmerzen gelitten haben. Ich war schockiert. ›Warum darf sie nicht aufs Bett? Warum muss sie auf dem Boden kauern?‹«, fragte sie die Ärzte und die Wächterinnen, die Mutter und Tochter im Krankenzimmer bewachten. »Aber niemand reagierte. Meine Mutter war eben eine Gefangene.«

Wenn Veronika Zepkalo sich an diese Momente erinnert, dann wird sie fast 25 Jahre später noch immer von den Gefühlen überwältigt. Zepkalo sitzt in ihrem Haus in Riga, in das sie gerade erst gezogen sind, ich in Berlin. Nur anderthalb Flugstunden trennen uns, aber Reisen sind noch immer schwer möglich. Denn Lettland befindet sich im Januar 2020, als wir erstmals sprechen, wegen der Pandemie im nationalen Notstand. Bleibt also Skype.

Veronika Zepkalo ist eine Frau, die rasend schnell denkt und spricht. Doch plötzlich stockt sie, hält sich die Hand vors Gesicht, ringt mit den Tränen und verliert die Beherrschung. »Niemals werde ich diese Bilder vergessen, nie!«, ruft sie. All die Jahre hat sie nicht über diese Geschichte gesprochen. Erst als der Wahlkampf gegen Alexander Lukaschenko im Sommer 2020 begann, erzählte sie vom Schicksal ihrer Mutter. Es wirkt wie ein später Nachweis dessen, dass sie das Regime insgeheim schon lange gehasst hat.

Warum spricht sie jetzt erst darüber? Und warum ist sie nicht schon in den Neunzigerjahren zur erbitterten Gegnerin Lukaschenkos geworden? Warum hat sie sich erst ein Vierteljahrhundert später abgewendet?

»Ich dachte, meine Mutter wäre ein Einzelfall. Ich dachte, dass vielleicht irgendetwas vorgefallen ist, dass es Gründe für das alles geben muss«, sagt Veronika Zepkalo. »Aber eigentlich habe ich das Wesen des Systems da schon verstanden und seine Verachtung für die Menschen.«

Doch der berufliche Weg der Zepkalos deutet nicht darauf hin, dass das Ehepaar das Regime schon damals durchschaut hat. Und wenn, dann hat es das gut zu verbergen gewusst.

Ein Mann des Systems

Veronika Zepkalos Mann Valerij war früher selbst ein Mann des Systems. 1991 war er Diplomat an der sowjetischen Botschaft in Helsinki. Nach dem Zusammenbruch der Sowjetunion setzte er seine Karriere im belarussischen Außenministerium fort. Als Alexander Lukaschenko beschloss, 1994 für die Präsidentschaftswahl zu kandidieren, machte Valerij Zepkalo bei dessen Wahlkampagne mit. Damals gab es einen kleinen Kreis von aufstrebenden Reformern um Lukaschenko, die große Hoffnungen in diesen jungen, ehrgeizigen Politiker setzten. Zepkalo war einer der Jüngsten von ihnen. Er fädelte für den noch recht unbekannten Lukaschenko einen Besuch in der russischen Staatsduma ein, begleitet von der Berichterstattung belarussischer und russischer Medien. Das brachte Lukaschenko daheim viel Beachtung und Respekt ein.

Zum Dank wurde Valerij Zepkalo nach der Wahl zum stellvertretenden Außenminister ernannt, mit nicht einmal 30 Jahren. Dort, im Außenministerium, lernte er Veronika kennen, die gerade ein Praktikum absolvierte. Schließlich wurde Zepkalo Diplomat in den USA. Als eine seiner Reisen ihn und seine Frau ins Silicon Valley führte, stellte er überrascht fest, dass da lauter Belarussen für internationale Firmen arbeiteten. Und er dachte sich: Wenn seine Landsleute in die USA zogen, um dort zu arbeiten, warum nicht einfach ein Silicon Valley daheim in Belarus erschaffen?

Nach seiner Rückkehr aus den USA wurde Valerij Zepkalo Lukaschenkos Berater für wissenschaftliche und technologische Entwicklungen. Seine Frau Veronika begleitete ihn bei jedem seiner beruflichen Schritte. Sie sei davon überzeugt, dass ihr Mann immer der Gesellschaft und nicht dem Regime gedient habe, sagt Veronika Zepkalo. Doch in Belarus könne man nur dann Großes für das Land tun, wenn man Teil des Systems sei.

Ab 2005 baute Valerij Zepkalo tatsächlich eine Art Silicon Valley in Belarus auf. Der Staat ließ ihn machen. Zepkalo und seine Kompagnons zogen das wohl prestigeträchtigste Projekt in der Geschichte des unabhängigen Belarus auf: den Hightechpark in Minsk. 2006 wurde Zepkalo Leiter des Parks. Bis zu Beginn der Proteste 2020 waren dort fast 800 Unternehmen registriert, arbeiteten mehr als 100 000 IT-Fachleute vor Ort. Doch 2017 entließ Alexander Lukaschenko Valerij Zepkalo. In einer normalen Arbeitsbeziehung würde man wohl sagen: Man hatte Meinungsverschiedenheiten. Aber es war keine normale Arbeitsbeziehung, und Valerij Zepkalo traf die Entscheidung überraschend.

Anderthalb Jahre lang zog sich der bekannteste IT-Experte in Belarus daraufhin komplett aus der Öffentlichkeit zurück. Er gründete eine Firma und beriet die Mächtigen in Aserbaidschan, Usbekistan und Saudi-Arabien in IT-Fragen. Dann erst meldete er sich wieder mit Kritik zu Wort. Schon damals musste er den Plan gefasst haben, Alexander Lukaschenko bei der nächsten Wahl herauszufordern – der größte anzunehmende Tabubruch für jemanden aus dem System: Was sich der Oppositionelle erlauben darf, wird einem Menschen aus dem System als Verrat ausgelegt und doppelt bestraft.

Es ist schwer zu sagen, ob die Kehrtwende, die Valerij Zepkalo schließlich 2020 in aller Öffentlichkeit sichtbar machte, der persönlichen Enttäuschung und Wut über seine Kündigung geschuldet war oder ob ihn aufrichtige Überzeugungen antrieben, die einfach nur spät gereift sind. Denn auch Viktor Babariko hatte sich in dem Lukaschenko-System eingerichtet und sich erst 2020 öffentlich in die Politik vorgewagt. Veronika Zepkalo jedenfalls legte von den drei Frauen den weitesten Weg zurück: von der Ehefrau an der Seite eines Regime-Politikers zu einer erbitterten Gegnerin von Alexander Lukaschenko.

Wie schwebende Wesen aus einem Bild von Chagall

Es ist ein Februartag 2021, als Veronika Zepkalo über eine Videoschalte Swetlana Tichanowskaja anruft. Zepkalo hat eine Stiftung gegründet, die »Belarus Women's Foundation«. Sie hilft weiblichen Opfern staatlicher Repressionen und Gewalt. Zepkalo will, dass die Erfahrungen und Erlebnisse der Belarussinnen sichtbar und weltweit gehört werden. An diesem Tag will sie mit Swetlana Tichanowskaja über ihre Erfahrungen im Sommer 2020 reden.

Es ist eine bemerkenswerte virtuelle Begegnung. In Riga die ungestüme Zepkalo, die mit nichts geizt: nicht mit Gefühlen, nicht mit Komplimenten für das Aussehen ihrer Freundin, nicht mit den guten Erinnerungen an eine Zeit, die von Angst geprägt war. Und in Vilnius die ruhige Swetlana Tichanowskaja, im Hintergrund eine Flagge mit der Pahonia, dem früheren Staatswappen von Belarus. Tichanowskaja wirkt kontrolliert. Im Sommer 2020 war es Veronika Zepkalo, die Swetlana Tichanowskaja umarmte, als müsste sie ihre unerfahrene Freundin stützen, damit sie unter der Last der Verantwortung nicht zusammenbricht. Auf der Bühne stand Zepkalo immerzu fest eingehakt rechts von ihr, Maria Kolesnikowa links. Wenn Tichanowskaja etwas vergessen hatte, flüsterte Veronika Zepkalo es ihr zu. Sie herzte und umarmte und verteilte großzügig ihre Wärme.

Stets waren die drei Frauen unterwegs in einem Mini-Bus. Sie zogen sich im Wagen um, schminkten sich, übten ihre Reden ein. »Wir waren wie drei Schwestern«, erinnert sich Zepkalo. »Waren wir unterwegs, schliefen wir in einem Zimmer. Für mich sind wir zu einer Familie geworden.« Swetlana Tichanowskaja hatte nie zuvor vor großen Menschenmengen gesprochen. »Sweta hatte mit nichts Erfahrung«, erinnert sich Zepkalo. »Nicht, wie man auftritt, nicht, wie man redet. Wir haben sie immer in unserer Mitte gehalten und gesagt: ›Sweta, wir sind da. Du bist nicht allein. Wir sind bei dir.‹ Wir hatten die Erfahrungen. Aber wir gaben ihr keine Ratschläge, weil die Menschen damals Fehler verziehen haben. Nur einmal haben wir gesagt: ›Sweta, entspann dich! Nicht zittern!‹« Jetzt ist es Veronika Zepkalo, die Swetlana Tichanowskaja nach Ratschlägen fragt und mit Fragen löchert.

»Sag mir bitte, Sweta, woran hast du besonders schöne Erinnerungen, wenn du an den Sommer 2020 denkst?«, fragt Zepkalo in die Kamera und lächelt. Tichanowskaja kommt in den Sinn, wie viel Angst sie damals hatte. Mitstreiter und -streiterinnen aus den Wahlkampfstäben wurden festgenommen, immerzu war ihnen jemand auf den Fersen. In einer Stadt standen Scharfschützen auf dem Dach, als die Frauen auf der Bühne waren. Sie wussten nicht, was tun, denn alles schien vorstellbar. Die drei Frauen winkten den Scharfschützen dann zu.

»Jetzt kommt uns das alles wie ein großes Abenteuer vor, als ob wir vor nichts Angst haben mussten«, sagt Tichanowskaja. Aber die Furcht sei allgegenwärtig gewesen. Dann überlegt sie und lacht kurz auf. »Die Treffen mit den Menschen waren so warmherzig. Ich habe nicht erwartet, dass so viele kommen, um uns zu unterstützen. Plötzlich verstehst du, dass die Menschen sich verändern, und du veränderst dich gemeinsam mit ihnen.« Sie schiebt nach: »Und natürlich war es schön, dass wir drei uns kennengelernt haben.«

Das Gespräch wirkt wie aus einer anderen Zeit. Als würden zwei erwachsene Frauen, die sich seit Kindheitstagen kennen, ihre Freundschaft beschwören: Weißt du noch, damals? Sie versuchen die besondere Zeit herüberzuretten in ihr jetziges Leben. »Weißt du noch, unser erster Auftritt, Sweta? Sag, welche Stadt es war! Weißt du noch, dieses Gefühl, als du zum ersten Mal auf der Bühne gestanden hast? Weißt du noch, Sweta, als so viele kamen, dass die Leute gar nicht wussten, wo sie stehen sollen? Weißt du noch, unsere Tradition, Sweta: Jedes Mal, wenn wir aus dem Bus stiegen, hielten wir uns an den Händen, umarmten uns, unterstützten einander? Das war so großartig, mir hat es Selbstbewusstsein gegeben, dass du und Mascha bei mir wart. Weißt du noch, wie die Leute uns geholfen, uns unterstützt haben? Wenn wir mal gestammelt haben, haben sie gesagt: Los, Mädchen! Alles gut!« Sie lacht. »Sweta, bitte erzähl, was wir damals unterwegs gegessen haben, denn mir glaubt das immer kein Mensch!« Und Tichanowskaja erzählt. Wie sie an Tankstellen hielten, sich Hotdogs und Chips kauften und dann weiterfuhren, auf die Rückbank des Minibusses gequetscht. Zepkalo fragt und fragt. Irgendwann ergibt sich Swetlana Tichanowskaja dieser überbordenden Energie und löst sich ein wenig.

Es hilft, dem Schwärmen der Veronika Zepkalo zuzuhören, um zu verstehen, warum dieser Sommer 2020 für so viele Belarussen und Belarussinnen voller Schmerz war, aber auch magisch und befreiend; warum er Hunderttausende Menschen mit Euphorie erfüllte und zum lebensverändernden Ereignis werden konnte, aber zugleich manche die Gesundheit und gar das Leben kostete. Und wie er, da Lukaschenkos Sicherheitsapparat jeglichen Widerspruch zu vernichten suchte und sich die Aussichten auf eine andere, bessere Zukunft in Belarus alsbald verdüsterten, zum tröstenden, kraftspendenden Referenzpunkt wurde. Denn in diesem Sommer überlappten sich die Emotionen der vielen mit denen der drei Frauen. Das Trio wirkte wie ein Katalysator, den eine Gesellschaft manchmal braucht, um trotz der Angst für Erwartungen und Überzeugungen einzustehen. In jenem Sommer sind die Belarussinnen und Belarussen wie die Wesen aus einem Bild des Malers Marc Chagall geworden, die ihrer altbekannten Welt entfliegen und frei über allem schweben.

»Wir glauben, wir können, wir werden siegen!«

Als Swetlana Tichanowskaja, Maria Kolesnikowa und Veronika Zepkalo am 19. Juli 2020, drei Wochen vor der Wahl, das allererste Mal gemeinsam in der Stadt Derschynsk bei Minsk auf einer kleinen Bühne zwischen Hochhäusern auftraten, standen vor ihnen ein paar Hundert Menschen. Als sie am selben Tag abends in einem Park am Rande der Hauptstadt sprachen, warteten schon Zigtausende auf sie. So sollte es die darauffolgenden Wochen bleiben: Wo auch immer sie auftauchten, jubelten ihnen Tausende Menschen zu. Die Kundgebungen erinnerten an Rockkonzerte. Gelöste Stimmung und singende Menschen, die ihre Handys in die Luft hielten. Sie holten alte Protestlieder aus Polen und der Sowjetunion hervor und sangen von den Mauern, die endlich bersten würden, und von der Veränderung, nach der die Herzen verlangten.

Auf ihrem Handy hat Veronika Zepkalo die Bilder aus dieser Zeit gespeichert, die ihr Fotografen, Mitarbeiterinnen und Unterstützerinnen geschickt haben. Die drei Frauen mit Sonnenbrillen, sich im Arm haltend, jede ihr Symbol zeigend: Veronika das Siegeszeichen, Swetlana die Faust, Maria das Herz. Das nächste:

drei kleine Mädchen bei einer Kundgebung, die genau die gleichen Symbole mit ihren Händen formen. Drittes Foto: eine Menschenmasse, in der große gemalte Porträts der drei Frauen in die Luft gehalten werden. Dann eines, wie die drei sich an den Händen halten und die Arme in die Luft reißen. Nächstes Bild: Lauter jubelnde Frauen. Eine vom Leben gezeichnete Frau, die gelöst wirkt. Neben ihr hält ein junges Mädchen ein Plakat hoch mit der Losung des Trios: »Wir glauben, wir können, wir werden siegen!« Der Slogan, den sich die drei Frauen zu eigen gemacht haben, ist nicht neu. Jahre zuvor tauchte er schon bei unterschiedlichen Protesten auf. Aber nun, im Sommer 2020, erfasste er eine ganze Gesellschaft. Auf einem Foto ist eine dicht gedrängte Menschenmenge zu sehen. In der ersten Reihe sitzt ein Mann auf seinem Rollator, daneben stehen Frauen jeden Alters, auch eine Greisin hat sich hingehockt.

Veronika Zepkalo erinnert sich gern an diese Zeit, die sie schlussendlich in eine Sackgasse im lettischen Exil geführt hat. An dieses allumspannende Gefühl der Euphorie, das über allem lag. Einmal, erinnert sie sich, habe sie zu Maria Kolesnikowa gesagt: »Mascha, du weißt, wie das enden wird?«

Wenn in dem Frauentrio Swetlana Tichanowskaja die Hausfrau verkörpert und Maria Kolesnikowa die Feministin, dann stellt Veronika Zepkalo die Synthese dieser beiden Frauen dar. Im Wahlkampf sprach sie jene Menschen an, die Swetlana Tichanowskaja als zu traditionell empfanden und Maria Kolesnikowa als zu emanzipiert. Jede der drei Frauen zog ihre eigene Anhängerschaft an. »Wir waren Freundinnen, Mitstreiterinnen«, sagt Veronika Zepkalo. »Es gab keine Konkurrenz zwischen uns.« Nie zuvor hat es ein solches Bündnis in Belarus gegeben.

Swetlana Tichanowskaja fällt durch ihre Warmherzigkeit und ihre Gutmütigkeit auf, Maria Kolesnikowa zeichnet sich durch ihre Führungsstärke aus. »Mascha kann sehr gut organisieren. Sie ist so stark«, sagt Zepkalo über Kolesnikowa. »Sie kann unglaublich motivieren, sie gibt Kraft. Mascha war immer so: Los, los, los! Nach vorn, nach vorn, nach vorn! Los, Mädels, wir gehen jetzt essen. Mädels, wir ruhen uns jetzt aus!« Manchmal haben sie auch diskutiert. Wenn Veronika Zepkalo mal wieder gesagt hat, dass die Stärke der Frau in ihrer Schwäche liege, hat ihr Kolesnikowa widersprochen. Die konnte mit der Vorstellung von verhuschter weiblicher Stärke nicht viel anfangen.

Als Swetlana Tichanowskaja und Veronika Zepkalo schon längst das Land verlassen hatten, als von dem Trio nur noch Maria Kolesnikowa da war, wurde sie von Maskierten verschleppt. Am 8. September 2020 wurde bekannt, dass sie ins Untersuchungsgefängnis Nummer 1 in Minsk gebracht worden war.

Schicksalstag

Menschen sehnen sich danach, ihrem Leben Sinn zu verleihen. Vielleicht, um sich weniger ausgeliefert, weniger hilflos zu fühlen. Jeder ist bekanntlich seines Glückes Schmied. Als könnte der Mensch sich im Glauben wiegen, am Ende doch allmächtig zu sein. Lose, unzusammenhängende Ereignisse verwebt er zu Geschichten, weil sie einen Anfang und ein Ende haben und etwas Bedeutungsvolles, was dazwischen passiert. Unglück, Schicksalsschläge und Entscheidungen erscheinen dann nicht mehr willkürlich, sondern absichtsvoll, als Teil einer größeren Erzählung. In unglücklichen Zeiten tröstet sich der Mensch damit, dass selbst die größten Zumutungen einen tieferen Sinn haben, haben müssen. Er schwingt sich auf zum Erzähler seines eigenen Lebens. Brüche im Leben wirken dann nicht beliebig, sondern bedeutungsvoll, so wie der 8. September im Leben der Veronika Zepkalo nun zu einem bedeutungsschweren Schicksalstag wird.

Dieses Datum habe den Wendepunkt in ihrem Leben markiert, den sie auf fast ein Vierteljahrhundert zurückdatiert. Der 8. September ist Veronika Zepkalos Geburtstag. Sie feiert ihn nicht, seit 20 Jahren schon. Denn an diesem Tag starb ihre Mutter an Krebs, nicht im Gefängnis, sondern zu Hause bei ihrer Familie. Die Staatsmacht hatte sie schließlich gehen lassen. Auf den Tag genau 20 Jahre später wurde Maria Kolesnikowa ins Gefängnis gesteckt.

Die Stiftung für Belarussinnen, die Veronika Zepkalo gegründet hat, gäbe es ohne die Erfahrungen ihrer Mutter und die Inhaftierung Kolesnikowas nicht. Gewalt und Repressionen gegen Frauen werden nun zum Lebensthema von Veronika Zepkalo. Sie hat das Geld, das sie für die Auszeichnung mit dem Sacharow-Preis für geistige Freiheit erhalten hat, in die Stiftung gesteckt. Gerade erst Anfang 2021 seien sie in neue Räume gezogen. Sie hat fast 30 Frauen interviewt, die ihr von ihren Erlebnissen erzählt haben. Manche dieser Frauen entschuldigten sich in den Gesprächen, dass sie nicht vergewaltigt wurden, sondern »nur« geschlagen und trotzdem darüber redeten. Andere haben das Land verlassen, damit der Staat ihnen die Kinder nicht entzieht. »Die Solidarität dieser Frauen untereinander ist unglaublich. Ich habe noch nie etwas Vergleichbares erlebt«, sagt Zepkalo. Sie wolle das Potenzial von Frauen fördern, für »Geschlechtergerechtigkeit« kämpfen. Im Frühjahr 2021 schreibt sie einen Brief an Angela Merkel und fordert Deutschland auf, gegen Alexander Lukaschenko zu ermitteln. Sie will, dass Lukaschenko sich in Den Haag verantworten muss wegen Verbrechen gegen die Menschlichkeit.

Doch es läuft schleppend. Sie habe sich an Stiftungen im Westen gewandt und um Geld und Unterstützung gebeten, erzählt sie. Aber bislang habe sie nur Absagen erhalten. Sie sei für jede Hilfe dankbar: »Denn das ist ein neues Thema für unser Land.«

Neu? Der Staat, der politisch aktive Frauen bestraft, ist nicht neu. Dieser Staat hat schon früher das Kindeswohl als politisches Druckmittel missbraucht. Er sperrt ein, auch Frauen. Neu ist die massenhafte Brutalität des Regimes, die schier unglaubliche Anzahl von Opfern. Neu ist, dass nun die gesamte Gesellschaft betroffen ist.

Doch warum hat Veronika Zepkalo bei ihren Kundgebungen nicht die Nöte der Frauen angesprochen? Warum hat sie sich nie mit den Aktivistinnen getroffen, die schon seit Jahren darum kämpfen, Frauen besser zu schützen und ihre Rechte zu stärken? Die seit Jahren Proteste organisieren, klein und ungesehen? Warum hat sie denen, die ihr im Sommer 2020 gebannt zugehört haben, nicht die schockierenden Zahlen präsentiert: dass laut einem UN-Bericht fast die Hälfte aller Belarussinnen psychische Gewalt in der Partnerschaft erfahren und jede vierte körperliche Übergriffe erlebt; dass nach Schätzungen von Experten drei Viertel der Fälle von häuslicher Gewalt ohne Konsequenzen bleiben; dass die Situation für Frauen sich während der Pandemie noch verschärft hat, ganz dem globalen Trend entsprechend. Warum sprachen die drei Frauen stattdessen über die Liebe in der Familie und über Fürsorge?

Weil solche Themen im Wahlkampf damals ignoriert wurden, meint Veronika Zepkalo. »Unser Ziel Nummer eins ist es, Lukaschenko loszuwerden.« Sie hätten über jene Dinge zu den Menschen gesprochen, von denen sie glaubten, dass sie damit die allermeisten erreichen würden. Offenbar zählten sie damals die Gewalterfahrungen von Frauen noch nicht dazu. Vermutlich hat Veronika Zepkalo sogar recht. Häusliche Gewalt und sexuelle Übergriffe sind Phänomene, die lange Zeit keine große Resonanz in der belarussischen Gesellschaft fanden. Randthemen der Feministinnen und Aktivistinnen eben. Erst nach dem Sommer 2020 sollten diese vermeintlichen Nischenthemen die breite Gesellschaft erreichen. Man könnte auch sagen: Wenn eine Frau wie Veronika Zepkalo im Exil Frauenrechte zu ihrem Lebensthema macht, dann ist die Gewalt zu einer Kollektiverfahrung geworden.

»Einer der Gründe, warum ich mich heute mit Frauen befasse, ist, dass Maria im Gefängnis sitzt«, sagt Veronika Zepkalo. »Ich möchte ihr helfen.«

Veronika Zepkalo ist davongekommen, aber auch sie hat ihren Preis zu zahlen. Die Kredite für den Wahlkampf – noch nicht abbezahlt. Zepkalos Konten in Belarus – gesperrt. Die Wohnung in Minsk – beschlagnahmt. Sogar den Fernseher und Staubsauger haben Lukaschenkos Handlanger konfisziert. Freunde haben ihnen davon erzählt, die herbeigeeilt waren, als sie von der Wohnungsdurchsuchung bei den Zepkalos erfuhren. Sie passten auf, dass nicht plötzlich ein Paket voller Drogen irgendwo im Schrank auftauchte oder eine Million Dollar hinterm Sofa – eine bewährte Methode des Regimes, um Gegner auf Jahre im Gefängnis verschwinden zu lassen. Als die Datscha von Swetlana Tichanowskajas Mann durchsucht worden war, fanden die Sicherheitskräfte 900 000 Dollar herumliegen – aber erst beim dritten Schichtwechsel nach zwölf Stunden pausenloser Hausdurchsuchung.

Bei den Zepkalos müssten sich Lukaschenkos Handlanger die Mühe eigentlich nicht machen – das Regime sucht Veronikas Ehemann längst mit Haftbefehl und verlangt seine Auslieferung.

So harren sie in Riga aus, sprechen regelmäßig mit Swetlana Tichanowskaja und den anderen Oppositionellen. Doch ihr Einfluss und ihre politische Bedeutung schwinden. Sie sind abgeschnitten von den anderen in Warschau oder Vilnius. Damals, als sie im Herbst 2020 geflohen sind, haben sie sich bewusst für Riga entschieden, damit ihre Söhne eine russischsprachige Schule besuchen können. Das ist Veronika Zepkalo wichtig – die Familie ist nicht emigriert, sondern vorübergehend im Exil. Heimweh quält sie. Bald wollen sie zurück. Lange hält sich Alexander Lukaschenko nicht mehr an der Macht, davon sind sie überzeugt. Bestimmt. Wahrscheinlich. Vielleicht. Oder?

7.

DAS SYSTEM SCHLÄGT ZU

Ich habe Angst
Ich bin daheim.
Als Erbstück erhielt ich
meine Angst –
eine Familienreliquie,
ein wertvoller Stein,
weitergegeben
von Generation zu Generation
Julia Cimafiejewa

Das Grauen dokumentieren

Ihr erstes Gespräch war mit einem Musiker im Oktober 2020. Sie erinnere sich gern daran, sagt Irina. »Es war so positiv, obwohl es so schwer war!« Wer rechnet schon damit, dass ein Mensch, der gleich von Gewalt und Folter erzählen wird, Zuversicht verströmt.

Irina ist eine junge Ärztin und Mutter eines Sohnes. Tagsüber arbeitet sie von 8 bis 17 Uhr in einem Minsker Krankenhaus. Nach der Arbeit lässt sie seit dem vergangenen Herbst ihren Zehnjährigen im Nebenzimmer Zeichentrickfilme schauen oder bringt ihn zur Oma. Dann spricht sie mit Menschen, die in belarussischen Polizeibussen und Gefängnissen erniedrigt, geschlagen, psychisch gequält oder vergewaltigt wurden und bereit sind, ihr davon zu erzählen, persönlich oder über eine Online-Schalte.

Irinas erster Fall, der Musiker, fand, er sei noch gut dran gewesen. Er hatte ehrenamtlich als Sanitäter bei den Protesten nach der Wahl gearbeitet und wurde mit seiner kompletten Einsatzgruppe mitgenommen. Er kam nach Schodino, jenes Gefängnis, in dem Maria Kolesnikowa eine Zeit lang untergebracht war und Sergej Tichanowskij im Frühjahr 2021 noch immer einsitzt. Dort rührte man ihn nicht an, geprügelt wurden andere. »Ich hatte Glück! War fast wie im Sanatorium!« Sie trafen sich damals in einem Café, der Musiker lächelte sogar. »Ich dachte mir: Oh, läuft doch! Das kann ich aushalten!«, sagt Irina. »Und dann schaust du runter und siehst, wie seine Hände zittern.« Das Gefängnis mag dieser Musiker verkraftet haben, die Gewalt bei der Festnahme jedoch nicht. Er wurde geschlagen, in einen *stakan* gesteckt, eine Art abgedichteten Glaskäfig im Gefangenentransporter, der nur ein paar Beatmungslöcher hat und extrem stickig werden kann. Nach der Festnahme, schon bei der Polizeiverwaltung, musste er drei Stunden lang mit erhobenen Händen und gesenktem Kopf an die Wand gedrückt stehen, ohne sich zu rühren. Am schlimmsten setzte ihm die Ungewissheit zu, was nun mit ihm geschehen würde. Alles, erzählt Irina, schien diesem jungen Mann vorstellbar.

So gut wie jede Woche führt Irina solche Gespräche. Folter zu dokumentieren, sagt sie, sei jetzt ihr zweiter Job. Sie ist eine von fast 60 Ehrenamtlichen, die für eine Organisation arbeiten, deren Name auf Irinas Wunsch nicht genannt werden soll. Alle, die derzeit versuchen, die Folterpraktiken dieses Staates ans Licht zu bringen, können jederzeit selbst zu Opfern des Regimes werden.

In den Gesprächen stellt Irina dem Opfer Fragen, die ihr helfen, den Wahrheitsgehalt der Aussagen zu überprüfen: Wie viele Quadratmeter hatte die Zelle, in der sie oder er eingesperrt war? Wie viele Betten gab es? Wie viele Menschen teilten sich die Zelle? War das Klo offen oder abgeschirmt? Wie sprachen die Sicherheitskräfte, was sagten sie? Womit wurden die Inhaftierten geschlagen, wie wurden sie geschlagen, auf welche Körperstellen? Welche Verletzungen wurden zugefügt? Wurden sie medizinisch dokumentiert? Wiesen die Sicherheitskräfte bestimmte Erkennungszeichen auf, irgendwelche Besonderheiten? Gerade diese Frage ist wichtig, denn so gut wie alle Peiniger sind maskiert. Am Ende müssen die Interviewten eine anderthalbseitige Einverständniserklärung unterschreiben, dass ihre Aussagen und persönlichen Angaben verarbeitet und die Fälle – anonym – publiziert werden dürfen. Eine Dokumentarin wie Irina darf sich keine Fehler erlauben: Sollte ihr auch nur eine Falschaussage untergeschoben werden, ist die Arbeit einer ganzen Organisation diskreditiert.

27 Gespräche hat Irina bisher mit Frauen und Männern geführt, die sich bereit erklärt haben, auszusagen. Das ist nicht viel. Andere Kolleginnen haben mehr als hundert Fälle dokumentiert. »Es reicht, um alles zu verstehen«, sagt Irina. Sie ist seit Oktober dabei, zuvor hatte sie mit anderen Ärztinnen und Ärzten an dem Untersuchungsgefängnis in der Okrestin-Straße mitten in Minsk auf Freigelassene gewartet. Alle nennen die Haftanstalt nur »Okrestino«, sie wird besonders gefürchtet. Hunderte wurden in kürzester Zeit inhaftiert. Angehörige drängten sich im Sommer 2020 an den Gefängnismauern, warteten auf Nachrichten von ihren Liebsten, irgendwelche, und hofften.

Als ich die Bilder dieser still verzweifelten Menschen sah, musste ich an die russische Dichterin Anna Achmatowa denken. Wie sie während Stalins Schreckensherrschaft 17 Monate lang mit Hunderten anderen vor den Gefängnissen von Leningrad ausharrte, um irgendetwas in Erfahrung zu bringen über den Verbleib ihres Sohnes und ihrer verschwundenen Freunde, die einer nach dem anderen vom Geheimdienst verschleppt worden waren, natürlich ohne Grund. Er wirkt unangemessen, dieser historische

Vergleich, und passt irgendwie doch: Das bange Harren, die ängstliche Ungewissheit, was mit den Liebsten geschieht, ob sie am Leben sind, ob sie freikommen und wenn ja: wann – all das zieht ein feines Band zwischen dem monströsen Damals und dem bitteren Heute.

Als die Menschen aus dem Gefängnis herauswankten, wurden sie von Ärzten und Ärztinnen wie Irina versorgt. Viele konnten kaum gehen, weil ihre Beine taub waren von den Schlagstockhieben auf die Rückseite der Oberschenkel. Irina behandelte Menschen mit schweren Prellungen und ausgerenkten Gliedmaßen, die mit Hämatomen übersät waren, Menschen, die Kopfverletzungen und psychische Traumata erlitten hatten. Später entschied sie sich, die Folter im Land zu dokumentieren. »Bei uns kann man nicht einfach ins Krankenhaus gehen und sagen, ich wurde in Okrestino geprügelt, bitte dokumentiert das. Ich kenne einen Mann, der über Tage mit inneren Verletzungen zu Hause saß und nicht zum Arzt ging. Alle haben Angst. Patienten schweigen, Ärzte schweigen.«

Bei den Dokumentationsgesprächen lässt Irina ihr Aufnahmegerät laufen. Sie zeichnet das gesamte Gespräch auf und schickt die Aufnahme samt Einverständniserklärung weiter an ihre Organisation.

Natürlich sei sie mittlerweile selbst von den Gesprächen traumatisiert, sagt Irina. Seit Herbst entdeckt sie an sich Symptome, die andere aus Kriegsgebieten kennen. PTBS, posttraumatische Belastungsstörung. Manchmal überfalle sie eine schwere dunkle Furcht, dass gleich die Miliz an der Tür steht und sie mitnehmen könnte, dass ihre Liebsten leiden müssten. Sie hat Panikattacken, die immer dann auftauchen, wenn ihr die Arbeit vergeblich vorkommt und sie glaubt, dass dieser Albtraum niemals enden wird. »Wenn du dokumentierst, dann verschließt die Psyche den Zugang zu persönlichen Gefühlen. Du musst knappe, klare Fra-

gen stellen. Du musst unterstützen, wenn ein Mensch zusammenbricht, und in diesen Augenblicken die Ruhe bewahren. Danach
begreifst du erst, was mit diesen Menschen gemacht wird. Und
dann, nach dem Interview, darfst du weinen oder schreien.« Sie
ist jetzt bei einem Psychologen in Behandlung und dokumentiert
weiter. Nicht zu helfen, sagt Irina, sei auch keine Lösung.

Da war zum Beispiel der junge Mann, der sie im Dezember
2020 über den Messengerdienst Telegram anrief. Vor einem persönlichen Treffen hatte er zu große Angst. Immer wieder stockte
er, weinte und erzählte Irina dann doch im Detail, wie er nach
seiner Festnahme gequält wurde. Wie ihn Sicherheitskräfte mit
einem Schlagstock vergewaltigten, so grausam, dass er innere
Verletzungen davontrug. Oder die Frau, die im Untersuchungsgefängnis mit Schlagstöcken penetriert wurde, bis ihre Vagina riss.
Vergewaltigungen, glaubt Irina, kämen häufig vor.

Der Chefredakteur der schwedischen Tageszeitung *ETC*, And-
reas Gustavsson, hat den Fall einer jungen Frau recherchiert, auf
den ihn die belarussische Diaspora in Stockholm aufmerksam
gemacht hatte. Die Frau wollte, dass die Welt von ihrer Geschichte
erfährt, und sprach mit ihm über Video. Gustavsson hörte einer
traumatisierten und körperlich versehrten Frau mit zertrümmer-
ten Zähnen zu. Auch mit ihren Eltern sprach Gustavsson, die sich
nun wieder um sie kümmern. Um ihre Schilderungen zu belegen,
zeigte ihm die Frau zwei medizinische Untersuchungsberichte,
die ihr ein Arzt in Minsk ausgestellt hatte: einen offiziellen und
einen inoffiziellen. Beide dokumentieren die schweren Verletzungen der Frau. Doch in dem inoffiziellen, erzählt Gustavsson, hatte
der mutige Arzt, damit sie leichter Asyl erhielte und sich im Ausland behandeln lassen könnte, bescheinigt, dass ihr Omon-Polizisten die Verletzungen zugefügt hatten.

Die Tortur wurde routiniert ausgeführt, erzählte die Frau dem
Journalisten: Die Omon-Polizisten im Gefängnis sagten kein Wort,

während sie die flehende Frau vor sich zu vernichten suchten. Von ihren Zähnen sind nur noch fünf übrig. Sie kann ihren Darm nicht mehr kontrollieren und muss Windeln tragen. Ihr Unterleib ist so versehrt, dass die Ärzte nicht sagen können, ob sie je Kinder wird bekommen können. Ein Gynäkologe, der auf die Wiederherstellung verletzter Genitalien spezialisiert ist, sagte Gustavsson, solche Verwundungen kenne er nur aus Kriegsgebieten, in denen sexualisierte Gewalt als Terror gegen die Zivilbevölkerung eingesetzt werde. Aber es waren keine feindlichen Warlords, die die junge Frau so verletzt haben – es waren belarussische Omon-Polizisten, ihre eigenen Landsleute. Die Frau lebt noch immer in Belarus. Nach ihrer Freilassung brauchte sie Bluttransfusionen und musste operiert werden. Mittlerweile sind ihre Zähne versorgt worden, aber alle anderen Verletzungen blieben unbehandelt. Die Frau hat keine Kraft zu gehen, ist depressiv und suizidgefährdet, sagt Gustavsson, der regelmäßig mit ihr in Kontakt ist und zu helfen versucht. »Diese Geschichte wird mich nie wieder loslassen. Diese Frau wird mich nie wieder loslassen«, sagt er.

Unter den Vergewaltigungsopfern seien auch Männer, sagt Irina. Sie vermutet, dass bis zu zehn Prozent aller Gewaltopfer, ob weiblich oder männlich, auch Vergewaltigungserfahrungen gemacht haben. Aber so gut wie nie meldeten sich die Betroffenen, um von ihren Misshandlungen zu berichten. Die meisten, die ein solches Verbrechen überlebt haben, sagt Irina, würden so schnell wie möglich das Land verlassen und lieber alle Kontakte abbrechen. Wer nicht wegkönne, wer zum Bleiben verdammt sei, der schweige erst recht. Diese Menschen sind für die ehrenamtlichen Helferinnen und Helfer unerreichbar.

Von den 27 Fällen, die Irina dokumentiert hat, haben acht Betroffene später ihre Aussagen wieder zurückgezogen. Am Anfang sei es vergleichsweise einfach gewesen, die Menschen zum Sprechen zu bewegen. »Doch jetzt haben viele Angst. Ich verstehe sie.« Es gibt Fälle, da sich das Opfer entschied, das eigene Leid bekannt zu machen, gar anzuzeigen – es wurde dann auch tatsächlich ermittelt, allerdings nicht gegen die Peiniger, sondern gegen das Opfer.

Es ist März 2021, als ich mit Irina spreche. Wie es derzeit bei den Festnahmen und in den Gefängnissen zugehe, könne sie gar nicht sagen: Sie sei immer noch nicht damit durch, die Fälle vom Sommer 2020 zu dokumentieren. Selbst jetzt, mehr als ein halbes Jahr später, hätten sie und ihre Kolleginnen noch nicht alle Folter- und Missbrauchsfälle aufgearbeitet.

Systematische Folter

Die ersten Tage nach der gefälschten Wahl am 9. August waren die düstersten, brutalsten und grausamsten, die Belarus seit seiner Unabhängigkeit erlebt hat. Mehr als 7000 Menschen wurden festgenommen, zum großen Teil wahllos und willkürlich. Auch der russische Reporter Maxim Solopow, der für das russische Exil-Medium *Meduza* arbeitet, wurde verhaftet – obwohl er seinen Presseausweis vorzeigte. Bei seiner Festnahme wurde er geschlagen, er erlitt Hämatome, eine Gehirnerschütterung, Platzwunden. Im Gefangenentransporter saß neben ihm ein 15-Jähriger, der am ganzen Körper zitterte. Solopow versuchte, ihn zu beruhigen. Als ein Omon-Polizist das hörte, drohte er: »Wenn ihr redet, dann schlage ich euch die Zähne aus. Man wird euch die Gehirne ficken.« So schrieb es Solopow später in seinem Artikel.

Wer Pech hatte und zum falschen Zeitpunkt unterwegs war, konnte verschleppt werden und sich im Gefängnis wiederfinden. Auch Ausländer wurden festgenommen. Meist hatten sie Glück – sie wurden nicht ganz so brutal behandelt wie belarussische Staatsbürger.

Der Italiener Claudio Locatteli war mit einigen Russen, Chinesen, Moldawiern, Ukrainern und Turkmenen für 60 Stunden in einer Zelle inhaftiert. Sie wurden wahllos aufgegriffen, der Moldauer war sogar als Wahlbeobachter von Lukaschenko eingeladen worden. Der Einzige, der demonstriert hatte, war der Chinese. Als die Festnahmewelle begann, wurden sogar Journalisten des kremltreuen russischen Staatssenders RT inhaftiert. Kurz nach seiner Freilassung interviewte ich Locatteli, der gelegentlich als freier Journalist arbeitet. Er berichtete, wie er plötzlich auf der Straße festgenommen und nach Okrestino gebracht wurde. Hunderte Menschen kamen zeitgleich an. »Da ist mir klar geworden: Hier läuft eine Maschinerie.«

Locatteli durfte die italienische Botschaft nicht benachrichtigen. Er sagt, er habe tagelang kein Essen und kein frisches Wasser bekommen. Schließlich trank er aus einem Hahn in der Zelle, der von einem mit Blut und Urin durchtränkten Lappen umwickelt war. Er wurde umgehend krank, erbrach sich mehrfach, drohte zu dehydrieren, aber die herbeigerufene Ärztin maß seinen Puls und befand, es sei alles in Ordnung. Als Locatteli am nächsten Morgen durch den Gefängniskorridor in einen anderen Raum gebracht wurde, sah er, dass auf dem Boden, an den Wänden, an der Decke Blut trocknete. Zwischen Unmengen von Taschen und Rucksäcken lagen menschliche Zähne herum und herausgerissene Ohrringe. Und über allem erhob sich das Klingeln Hunderter Handys, weil Angehörige nach den Verschwundenen suchten und sie unaufhörlich anriefen. »Uns erging es viel besser als den Belarussen«, sagt Locatteli. »Die Belarussen hatten am meisten zu leiden.«

Eigentlich war für die Festgenommenen eine ritualisierte Abfertigung vorgesehen. Sie wurden in der Regel erst auf die Polizeipräsidien gebracht, dann in die Untersuchungsgefängnisse, die Haftanstalten für vorübergehende Festnahmen. Dort warteten sie auf ein Gerichtsverfahren, das den Namen nicht verdient, und danach ging es zurück in Haft – oder aber es wurde eine Geldstrafe verhängt. Doch in den ersten drei, vier Protesttagen wurden so viele Menschen festgenommen, dass die Maschinerie stockte. Die Menschenabfertigung geriet durcheinander. Manche kamen direkt ins Gefängnis und wurden nach ein paar Tagen freigelassen, ohne ein Entlassungsprotokoll. Bald schon waren die Haftanstalten hoffnungslos überfüllt. Zellen für ein Dutzend Gefangene wurden mit bis zu 50, 60 Menschen belegt.

Besonders schlimm war es im Untersuchungsgefängnis Okrestino. Männer, die ankamen, mussten mit erhobenen Händen und gesenktem Kopf durch ein Spalier aus Schlagstöcken, wurden geprügelt, als Tiere und Unwesen beschimpft: »Ihr wollt Wandel, ihr Fotzen?«, fluchten die Sicherheitskräfte und zwangen die Festgenommenen, »Ich liebe Omon!« zu rufen. In den Gefängnissen und den Höfen war der Platz so knapp, dass sich die Menschen teils übereinanderstapelten. So berichten es russische Reporter, die festgenommen wurden. Neuankömmlinge liefen über liegende Körper, traten auf Arme und Beine. Manche Menschen lagen mit blutenden Köpfen da, andere hatten verrenkte Gliedmaßen, die in seltsamem Winkel abstanden. Menschen wurden in Turnhallen gehalten und für Stunden in unnatürliche Posen gezwungen. Tagelang wurde ihnen weder Essen noch eine medizinische Versorgung gewährt. Viele nässten ein oder konnten ihren Stuhl nicht halten, weil sie nicht zur Toilette durften.

Insgesamt starben mindestens zwei Menschen, nachdem sie festgenommen worden waren, der Tod zweier weiterer bei den Protesten wurde bestätigt. Die Organisation »Internationales Komitee zur Aufklärung von Folter in Belarus«, ein im August geschaffener Zusammenschluss von zwölf belarussischen und ausländischen Menschenrechtsorganisationen, hält fest, dass Tausende Menschen psychische und physische Traumata erlitten und medizinisch behandelt werden mussten. Die Organisation sieht Verbrechen gegen den Frieden und die Menschlichkeit. 4644 Beschwerden gegen Sicherheitskräfte wurden eingereicht. In keinem einzigen Fall kam es zu einem Strafverfahren.

Alexander Lukaschenko tat die Gewalt ab: Die Sicherheitskräfte hätten das Land vor einem »Blitzkrieg« gerettet, es habe keine Verstöße gegeben. Die unzähligen Bilder, die systematische Folter dokumentierten? Seien zu »60 Prozent fake«. Manchen Mädchen habe man mit Farbe blaue Flecken auf Rücken und Hintern gemalt, behauptete Lukaschenko in einem Interview mit der Chefredakteurin des russischen Propagandasenders RT. Ermittelt wurde schon – gegen die Protestierenden. Mehr als 900 Menschen wurden inhaftiert und mit Strafverfahren überzogen. Ihnen drohen jahrelange Haftstrafen.

Ein Volk entdeckt sich als Nation

Ein Satz, der mir im Gespräch mit der Lukaschenko-Gegnerin Veronika Zepkalo besonders in Erinnerung blieb, lautet: »Ich dachte: Das können keine Belarussen gewesen sein.« Der Satz fängt den Unglauben darüber ein, dass die eigenen Landsleute zu solchen Verbrechen fähig sein könnten. Zepkalo vermutete zunächst irgendwelche bezahlte Söldner oder entsandte Soldaten und Polizisten aus anderen Ländern. Sie konnte sich schlichtweg nicht vorstellen, dass Belarussen zu solchen Verbrechen gegen das eigene Volk fähig sind; Menschen, die vielleicht deine Nachbarn sind, die dich morgens grüßen und nachmittags foltern. Andere Frauen haben sich in Interviews ähnlich geäußert. Anders war das Unfassliche für sie offenbar nicht zu fassen. Ein weiterer Satz, der sich in den Gesprächen wiederholte: »Ich wusste ja, dass der Staat brutal sein kann. Aber ich hätte mir niemals vorstellen können, dass es so schlimm ist.«

In diesen dunklen Tagen der Folter und Gewalt geschah etwas Unvorstellbares: Die belarussische Gesellschaft fand zusammen. Vielleicht hätten sich die Proteste andernfalls schnell abgenutzt. Vielleicht wären die Jüngeren noch eine Zeit lang auf die Straße gegangen, bis sie zermürbt aufgegeben hätten. Die anderen hätten sich irgendwann abgefunden mit Lukaschenko, sich allenfalls erlaubt, ihn insgeheim still zu hassen und in der Geborgenheit der heimischen Küchen zu verfluchen. Doch so wie zuvor die Corona-Pandemie die Gesellschaft aufgerüttelt hatte und solidarisch hatte werden lassen, so wirkte die enthemmte Staatsgewalt nun verbindend. Früher hatten sich viele Menschen in der trügerischen Sicherheit gewiegt, dass der Staat ihnen schon nichts tun würde, wenn sie nur stillhielten. Gewalt und Repressionen, das betraf immer die anderen. Es war wie magisches Denken: Wenn wir brav sind, passiert uns auch nichts. Und dann stellte sich heraus, dass das magische Denken nutzlos war. Es schützte nicht. Es konnte alle, ausnahmslos alle treffen.

Die Frauen protestierten. Die IT-Fachleute protestierten. Die Medizinerinnen und Mediziner protestierten. Sie kamen mit der Versorgung von Verletzten nicht mehr hinterher, die in ihre Kliniken eingeliefert wurden mit Verwundungen, die Mediziner von Jagdunfällen oder aus Kriegsgebieten kannten, nicht aber aus einer friedlichen Stadt. Ärztinnen und Ärzte, die in ihren Kitteln während ihrer Mittagspause eine Solidaritätskette formten, wurden festgenommen. Ein Intensivmediziner namens Bogdan wurde vor seinem Krankenhaus abgeführt. Bogdan ist Diabetiker, aber die Sicherheitskräfte hatten ihm sein Insulin verweigert, erzählt er. Seine Kollegen bestätigen die Geschichte. Bis Bogdan im Gefängnis in ein lebensgefährliches diabetisches Koma fiel und dann doch noch ins Krankenhaus gebracht wurde. Die Medizinerinnen und Mediziner forderten ein Ende der Gewalt und verlangten, dass die Verantwortlichen zur Rechenschaft gezogen wurden.

Die Arbeiter und Arbeiterinnen der staatlichen Fabriken erhoben sich, einige legten ihr Tagwerk nieder. Staatsjournalistinnen und Kameraleute streikten, sie wollten nicht mehr die Lügen des Regimes verbreiten. Studentinnen und Studenten schlossen sich den Protesten an, Historiker und Historikerinnen, Universitätsdozenten, Lehrerinnen, Leistungssportlerinnen, darunter international bekannte Athleten aus den Nationalmannschaften, Fußballer und Basketballspielerinnen. Musiker und Musikerinnen der Philharmonie fanden zusammen, sangen Protestlieder und huschten schnell wieder auseinander. Künstler protestierten und Schauspielerinnen. Einer der Gründer des IT-Unternehmens Panda Doc, Mikita Mikado, rief die Sicherheitskräfte dazu auf, die Seiten zu wechseln, und baute ein digitales Spendensystem auf, um sie finanziell zu unterstützen – falls es das Geld war, das sie beim Regime hielt. Und tatsächlich: Einige wenige Polizisten, Ermittler und Omon-Sonderpolizisten kündigten ihren Dienst.

Es gibt einen Satz, der oft überstrapaziert wird und vor Pathos trieft, hier aber trifft er zu: Ein Volk erhebt sich. Jeden Sonntag wurde unter einem anderen Motto in ganz Belarus demonstriert. Es gab keine Anführer oder Anführerinnen, die vorneweg marschierten. Die Menschen fanden allein zu Hunderttausenden ihren Weg auf die Straßen, friedlich. Es war, als hätten sich lauter Individuen zusammengeschlossen, um sich dem Diktator und seinem Willkürapparat entgegenzustellen. Hinzu kamen die kleineren Protestaktionen der einzelnen Gruppen: Samstags gingen die Frauen raus, montags die Studierenden und die Rentnerinnen, an manchen Donnerstagen jene, die körperliche Behinderungen hatten. In den grauen Hinterhöfen von Minsk organisierten sich über den Messengerdienst Telegram Menschen in digitalen Nachbarschaftsgruppen. Sie veranstalteten Konzerte, Malstunden, Theateraufführungen, tranken Tee. Sie traten aus der schützenden Anonymität der Großstadt und wurden von Fremden zu Nachbarn.

Ein Hinterhof wurde besonders berühmt. Er lag nahe einer viel befahrenen Verkehrsader in Minsk, gesäumt von grauen Häuserblöcken, mit einem kleinen Spielplatz und vielen parkenden Autos. Eigentlich ein unscheinbarer Hof, aber die Nachbarn nannten ihn fortan »Platz des Wandels«: Auf die Lüftungsanlage inmitten des Hofs hatte jemand die Silhouette zweier Männer gemalt, die ihre Arme in die Luft reißen. Es waren zwei junge DJs, die noch vor der Wahl auf einem offiziellen Stadtfest das Lied »Wandel« der sowjetischen Rockgruppe »Kino« abgespielt und ihre Arme in die Luft gerissen hatten. Der Song handelt vom Wunsch nach Veränderung und wurde zur inoffiziellen Hymne der Lukaschenko-Gegner. Für das Abspielen des Liedes wurden die beiden DJs festgenommen, verurteilt und über Nacht zu Ikonen. Alle paar Tage wurde das Bild der DJs auf der Lüftungsanlage übermalt, vergeblich: Sofort pinselte es wieder jemand hin. Genauso erging es den weiß-rot-weißen Schleifen, die Nachbarn an die Zäune banden: Gelegentlich schickte das Regime seine Maskenmänner vorbei. Doch kaum hatten sie die Schleifen abgeschnitten, banden die Nachbarn neue.

Eine atemberaubende Mehrheit derer, die sich nun sichtbar zur Wehr setzten, hatte nie zuvor in ihrem Leben protestiert, das zeigen unterschiedliche Umfragen – laut einer Studie des Zentrums für Osteuropa und internationale Studien (ZOiS) hatten nur vier Prozent der Befragten angegeben, bereits früher an Protesten teilgenommen zu haben. Die Kandidatin Swetlana Tichanowskaja scheint für viele gar nicht die entscheidende Rolle gespielt zu haben – mehr als ein Drittel glaubten, dass Tichanowskaja nicht ihre Interessen vertrete, fand eine Umfrage des britischen Think Tanks Chatham House heraus. Stattdessen gaben 80 Prozent der Befragten an, durch die staatliche Gewalt mobilisiert worden zu sein. Fragt man Irina, warum sie nach ihrer Arbeit im Krankenhaus noch Foltermale dokumentiert, sagt sie: »Ich mache das alles, weil ich diese offene Gewalt, diese dreisten Lügen nicht ertragen konnte.«

Haft für ein weißes Kleid

Früher war Gewalt in Belarus etwas, was im Privaten verortet wurde. Bekannt, aber ungesehen und ungehört. Obwohl die Gewalt eigentlich immer schon allgegenwärtig war, obwohl sie in Diktaturen nicht nur in Familien herrscht, sondern alle Lebensbereiche durchzieht, obwohl sie der Klebstoff ist, der das System Lukaschenko zusammenhält, galt sie als Privatsache. Nun trat die erfahrene Gewalt aus dem Privaten heraus und wurde zu einer kollektiven Erfahrung, über die gesprochen wurde. Denn Gewalt zerstört Vertrauen, Zuversicht und Beziehungen, sie erzwingt Gehorsam.

Einen »Gehorsamstaat« nennt Swetlana Tichanowskaja Belarus. Die Gewalt durchdringt fast alles: Kindergärten und Schulen, die Unterwerfung indoktrinieren. Sicherheitsapparate, die Individuen brechen. Gerichte, die Unrecht decken. Nun offenbarte sich auch für die Belarussen und Belarussinnen, wie verwoben patriarchale Herrschaft und autokratische Systeme doch sind. In einer Gesellschaft, die auf Gewalt fußt, ist es schwer, zu vertrauen. Gewalt flüstert Misstrauen und Angst ein.

In den dunkelsten Jahren der Sowjetunion, während Stalins Schreckensherrschaft, hatten Paare einander bespitzelt und Kinder ihre Eltern verraten. Im sozialistischen Polen, Rumänien oder in der DDR übten sich Menschen in der intuitiven Disziplin, herauszufinden, welcher Nachbar sie wohl denunziert haben könnte. Gewalt verbindet nicht, sie fragmentiert. Sie verleiht keinen Stolz, sie erfüllt mit Scham. Sie macht den Menschen zur Geisel, immerzu in Obachtstellung: Die Ehefrau, die Tag und Nacht gegen die Schläge des Mannes gewappnet sein muss, selbst in guten, friedlichen Zeiten. Das Kind, das dem kurzen, herbeigesehnten Familienfrieden nicht traut, weil er jederzeit vorbei sein könnte. Die Bürger, die auf der Hut sind vor dem gewalttätigen Staatsapparat. Der autokratische Staat, der permanent Verrat wittert und sich mit noch mehr Gewalt dagegen zu wappnen sucht.

Sie spüre dieses nagende Misstrauen, sagt die Folter-Dokumentarin Irina, die nur eine der vielen unermüdlichen Kartografinnen der neueren Schmerzgeschichte ihres Landes ist. Es sei für alle Organisationen, die Menschenrechtsverletzungen aufzuklären versuchen, ein »riesiges Problem«. Am Anfang, im Frühherbst 2020, hätte sie ihre Gesprächspartner und -partnerinnen noch oft persönlich getroffen. Auch da galt schon: Treffen immer nur an einem belebten öffentlichen Ort, in einem gut besuchten Café oder Restaurant. Aber jetzt, Ende März 2021, wolle sich niemand mehr persönlich treffen, sagt Irina. Zu groß sei die Angst – auf beiden Seiten. Irina hat Angst, dass sie von der Polizei in eine Falle gelockt werden könnte. Das Opfer hat Angst, dass Irina womöglich ein Lockvogel der Sicherheitskräfte ist. Sie führe nun alle Gespräche digital, meist über Telegram.

Selbst das sei schwierig geworden, weil die Opfer ihren vollen Namen angeben und ihr Gesicht zeigen müssten. Einmal, sagt Irina, habe ein Mann angerufen, der vorhatte, seine Leidensgeschichte zu erzählen. Seinen Namen aber wollte er um keinen Preis verraten. Er wollte seinen Mundschutz nicht abnehmen, sodass Irina sein Gesicht nicht erkennen konnte. Sie musste das Gespräch abbrechen. Was, wenn die Sicherheitskräfte jemanden einschleusen und sich Geschichten ausdenken, um die Arbeit der Ehrenamtlichen zu diskreditieren? Wer von der Angst beherrscht wird, schweigt. Wo Schweigen regiert, gibt es keine Anklage. Nicht für die Gegenwart. Ihre Arbeit, sagt Irina, sei für die Zukunft gedacht. Aber um überhaupt arbeiten zu können, müssen Menschen einander erkennen, sehen, vertrauen – und sprechen.

Für einen Moment schien es, als wäre im Sommer 2020 das Schweigen gebrochen worden. Menschen haben einander gesehen, erkannt und vertraut. Sie sind zu einer Gesellschaft geworden. Auch deshalb schlug Alexander Lukaschenko so unbarmherzig zu, wich keinen Schritt zurück. Er dürfte verstanden haben, dass etwas Bedrohliches entstand. Die gesellschaftliche Mobilisierung, meint die deutsche Belarus-Expertin Astrid Sahm, sei von vielen als »Prozess der eigentlichen Nationswerdung des belarussischen Volkes« wahrgenommen worden. Jener Prozess, der nach dem Zusammenbruch der Sowjetunion so lange auf sich warten ließ. Ein fragmentiertes Volk, das sich als Nation entdeckt und seine Rechte einfordert – konnte es etwas Gefährlicheres geben für Alexander Lukaschenko?

Für ihn ist Macht ein Nullsummenspiel. Hätte er im Sommer 2020 nachgegeben, dann wären die anderen mächtiger geworden und er schwächer. In seiner Logik durfte es keinen Dialog geben und keinen Kompromiss, weil das ein Ausweis seiner Schwäche gewesen wäre. Der einzige Weg, der ihm blieb und bleibt, ist Gewalt. Auf den Wunsch nach Wandel reagierte Lukaschenko mit einer beispiellosen Welle von Repressionen und Brutalität. Mediziner und Medizinerinnen, die protestierten, wurden mitten in der Pandemie entlassen. Etliche Gesetze wurden verschärft. Nationale Symbole zu tragen sollte fortan als »extremistisch« gelten. Bilder von politisch Verurteilten zu zeigen oder friedlich zu protestieren: ebenfalls extremistisch. Sollte Maria Kolesnikowa verurteilt werden, dann könnte es strafbar sein, öffentlich ihr Foto zu zeigen. Der Chefredakteur einer belarussischen Zeitung wurde bestraft wegen eines Interviews mit Swetlana Tichanowskaja.

Journalistinnen und Journalisten müssen bald schon mit Strafen rechnen, sollten sie über Proteste berichten. Die Büros von

Redaktionen und Menschenrechtsorganisationen wurden durchsucht, Mitarbeiter und Mitarbeiterinnen festgenommen. Das beliebteste unabhängige Online-Medium *tut.by* wurde blockiert, die Chefredakteurin festgenommen. Belarussischen und ausländischen Journalisten wurden die Akkreditierungen entzogen, einige russische Reporter ausgewiesen. Ein Kinderhospiz wurde durchsucht, nachdem die Direktorin protestiert haben soll – plötzlich wurde der Mietvertrag gekündigt, die Schließung droht. Betroffen sind 57 schwerkranke Kinder.

Musste vorher eine Frau, die ein weißes Kleid unter einem roten Mantel getragen, oder ein Mann, der ein weißes Blatt Papier in sein Fenster geklebt hatte, in das andere ein rotes und dann wieder ein weißes, mit bis zu 15 Tagen Gefängnis rechnen, drohten den Widerspenstigen nun strafrechtliche Ermittlungen und längere Haftstrafen. Eine 75-jährige Rentnerin wurde angeklagt, weil sie eine weiße Pastila mit roter Füllung gegessen hatte, eine Süßigkeit aus getrocknetem Fruchtpüree.

Auch Sportlerinnen, die sich gegen die Gewalt wehrten, werden mit Ermittlungen überzogen. Der Schwimmerin Alexandra Gerasimenia wurde in einem Strafverfahren die »Schädigung der nationalen Sicherheit« vorgeworfen, weil sie einer Solidaritätsstiftung für belarussische Sportler vorsitzt. Ihr und dem Direktor der Stiftung drohen bis zu fünf Jahre Haft. Juristen und Juristinnen, die inhaftierte Regimekritikerinnen wie Maria Kolesnikowa verteidigten, wurden die Anwaltslizenzen entzogen – manche landeten selbst in Haft. Zwei Journalistinnen, Daria Tschulzowa und Katerina Andrejewa, wurden zu zwei Jahren Lager verurteilt, weil sie für den Sender Belsat gefilmt hatten, wie die Omon-Polizisten gegen protestierende Nachbarn am Platz des Wandels vorgegangen waren.

In einer vertraulichen Ansprache an seine Untergebenen gab der stellvertretende Innenminister Nikolaj Karpenkow – da war er noch Leiter der Gubopik, die eigentlich organisiertes Verbrechen und Korruption bekämpfen soll, aber nun gegen Protestierende vorging – vor, wie die staatliche Gewalt eingesetzt werden solle: »Die Waffe muss man ihm direkt auf die Stirn, direkt ins Gesicht richten, genau. So, dass er also danach nicht mehr zu sich kommt, nicht mehr in den Zustand zurückkehrt, in dem er mal war. Sollte er dann doch zu Bewusstsein zurückkehren, nun gut! Dann hat er die Hälfte seines Gehirns verloren, das geschieht ihm nur recht.«

All jene, die auf die Straße gingen, seien im Grunde genommen wie Terroristen: »Solche nutzlosen Leute braucht unser Land nicht.« Wer protestiere, solle in einer Datenbank erfasst werden. Und wer zum zweiten Mal festgenommen werde, solle in einem »Lager« isoliert werden. Was Karpenkow dann in seinen Ausführungen beschrieb, lief tatsächlich auf eine Art Konzentrationslager für politische Gefangene hinaus. Beamte hatten die Rede heimlich aufgenommen und durchgestochen. Das Regime tat die Aufnahme als Fälschung ab.

Längst nicht alle Staatsdiener waren Alexander Lukaschenko treu ergeben. Manche hatten ob der massiven Gewalt gegen friedliche Menschen gekündigt. Andere hatten Zweifel an Lukaschenko, entschieden sich aber doch für Loyalität, weil sie nicht wussten, was sie in einer Zeit nach dem Diktator erwarten würde. Die Dritten versuchten, als Teil eines unmenschlichen Systems ein wenig Menschlichkeit zu leben. Die Folterdokumentarin Irina berichtet von einem Gefängniswärter, der die Inhaftierten aufforderte, auf die Toilette zu gehen. Auf dem Weg zum Klo ließ er sich von ihnen die Telefonnummern ihrer Verwandten diktieren und informierte die Angehörigen darüber, wo sich ihre Liebsten befanden. Denn manche klapperten tagelang Krankenhäuser und Gefängnisse ab, bis sie durch Zufall erfuhren, wo ihre Verwandten waren. Solche Sicherheitskräfte gebe es selten, das räumt auch Irina ein. Einzelfälle sind ihr dennoch wichtig, und sei es nur, weil sie für einen kleinen Augenblick Hoffnung geben.

Kinder als Druckmittel

Die Gewalt entfaltete auch deshalb so eine Wucht, rief einen derart großen Schock hervor, weil sie an historische Erlebnisse anknüpfte, die Generationen zuvor erlitten, die aber nie aufgearbeitet worden sind: erst durch Stalins Terror, dann durch den Vernichtungsfeldzug der Deutschen während des Zweiten Weltkriegs. Sie löschten fast drei Millionen Menschenleben aus, rund ein Drittel der Bevölkerung. Sie verwüsteten 9200 Dörfer und zerstörten 209 Städte. Die Belarussen und Belarussinnen setzten sich damals zur Wehr. In den Wäldern und Sümpfen kämpften sie einen ungleichen Partisanenkampf – dem sich übrigens auch viele Frauen anschlossen. Doch die Leiden und die Schicksale wurden nach Kriegsende nicht öffentlich beweint. Sie wurden in das historische Heldennarrativ der Sowjetunion gezwängt, das keinen Raum für Trauer und Schmerz ließ. Die Staatsgewalt, die Alexander Lukaschenko nun auffahren ließ, rief historische Traumata ab: Die willkürlichen Festnahmen, obwohl jemand nur spazieren oder einkaufen ging. Das Hämmern an der Tür, wenn schwarz gekleidete Omon-Polizisten Einlass in Wohnungen verlangten, um nach Protestierenden zu suchen, die sich in Sicherheit gebracht hatten. Die Ungewissheit, wen die staatlichen Maskenmänner als Nächstes holen würden.

Ein etwa 50-jähriger Nachbar, der von seinem Fenster aus auf den einst hoffnungsvollen Platz des Wandels schaut, erzählte mir im November 2020 aufgelöst am Telefon, wie die Schwarzmaskierten durchgegriffen und alles abgeräumt hatten, wahllos in

Wohnungen eingedrungen waren und Menschen festgenommen hatten. Tag und Nacht patrouillierten sie auf dem Platz. Von seinem Fenster aus konnte er sehen, wie eine junge Nachbarin eine weiß-rot-weiße Schleife an den Zaun band und sofort mitgenommen wurde. »Mich erinnert das an 1941, als die Faschisten kamen und man nicht wusste, an welche Tür sie klopfen und was dann passieren würde«, sagte der Nachbar am Telefon. Man konnte ihn sich mit seiner rauchigen und kehligen Stimme gut mit seinen Kumpels beim Fischen oder beim Schrauben in der Werkstatt vorstellen. Aber nun stockte ihm mitten in der Erzählung die Stimme. Stille. Dann weinte er.

Wer Kinder hatte, war in besonderer Weise verletzlich, musste nach Festnahmen befürchten, das Amt für Kindeswohl könnte an der Tür klopfen. Eine anonyme Beschwerde reichte, schon setzte sich die staatliche Maschinerie in Bewegung. Offiziell zum Wohl des Kindes natürlich, tatsächlich aber ging es um die Einschüchterung widerspenstiger Bürger. Allein bis Ende September 2020, also innerhalb nur weniger Wochen, wurden 300 Verwarnungen an Eltern ausgestellt, die ihre Kinder zu Protesten mitgenommen hatten oder deren Teenagerkinder allein protestieren gingen. In Schulen und Kindergärten wurden Eltern Schreiben übergeben, die sie darüber informierten, dass bei Teilnahmen an Massenprotesten der Entzug des Sorgerechts drohte. Manchmal reichte die Festnahme eines Elternteils, damit die Behörden ein Verfahren einleiteten, natürlich dem Kindeswohl zuliebe.

Grundlage für diese erpresserische Handhabe war Artikel 80 des belarussischen Strafkodexes und das Dekret Nummer 18 »über zusätzliche staatliche Fürsorge für Kinder aus dysfunktionalen Familien«, das Alexander Lukaschenko 2006 unterzeichnet hatte. Es befugte den Staat, jenen Eltern die Kinder wegzunehmen, die »einen amoralischen Lebensstil« unterhielten, sodass der Nachwuchs womöglich in einer »sozial gefährlichen Situation« aufwachsen könnte. Was »amoralisch« und »sozial gefährlich« bedeutete, definierte selbstredend der Staat. In Demokratien sind Kinderschutzgesetze zumindest gut gemeint, in Diktaturen sind sie immer auch politisches Druckmittel. Wie viele Familien von solchen Repressalien betroffen waren, ist unbekannt, Statistiken gibt es nicht. Doch wie Kinder benutzt wurden, um Eltern unter Druck zu setzen, hat Swetlana Tichanowskaja selbst erlebt.

Sie erhielt Drohanrufe, dass ihren Kindern etwas geschehen könnte. Schließlich brachte sie Sohn Kornej und Tochter Agnia außer Landes. Tichanowskajas Mitstreiterin Veronika Zepkalo folgte ihrem Beispiel und brachte die beiden Söhne vorsichtshalber ins Ausland, als sie noch mitten im Wahlkampf steckte und auf einmal Behörden sich nach dem Wohl ihrer Kinder erkundigten. Inna Sajzowa, die protestierende Braut im Hochzeitskleid, vereinbarte mit ihrem Mann, dass die Familie das Land verlassen würde, sollte einer von ihnen bei den Protesten festgenommen werden. Sie fürchteten, dass der Staat ihnen die Kinder wegnehmen würde. Und tatsächlich: Als ihr Mann aufgegriffen wurde, klopften kurz darauf die Behörden bei Inna Sajzowa an. Die Familie lebt heute gemeinsam in der Ukraine.

»Wenn du nicht gesessen hast, bist du kein Belarusse«

Zeig mir die Gefängnisse deines Landes, und ich sage dir, welches Menschenbild dort herrscht. In den USA will das System strafen, auch rächen. In den skandinavischen Ländern herrscht die Auffassung vor, dass ein straffälliger Mensch im Grunde genommen wieder in die Gesellschaft zurückfinden kann. Auch in Deutschland gibt es, zumindest theoretisch, den Anspruch auf Resozialisierung. In Belarus hingegen wird das sowjetische Erbe gepflegt.

Das zielt darauf ab, den Menschen zu brechen und zu entmenschlichen. Arbeitslager sind in Belarus bis heute üblich. Formell ist für Inhaftierte zwar je nach Haft eine bestimmte Zahl von Quadratmetern vorgesehen, schreibt die belarussische Soziologin Almira Usmanowa. Aber in Wirklichkeit findet diese Regelung keine Beachtung. Dem Inhaftierten wird der persönliche Sicherheitsraum genommen, er oder sie wird permanent überwacht und kontrolliert. Was ihn als Menschen auszeichnet, wird ihm genommen. So wird der Mensch verdinglicht, meint Usmanowa. Gibt es eine bessere Abschreckung?

Ich weiß nicht, wo ich den makabren Spruch zum ersten Mal gehört habe. Ich glaube, ich habe ihn bei Maxim Borgezow aufgeschnappt, einem belarussischen IT-Unternehmer, der Mitglied im oppositionellen Koordinationsrat wurde und sich im Team von Viktor Babariko engagierte. Borgezow scherzte: »Wenn du nicht gesessen hast, bist du kein Belarusse.« Der Scherz machte 2020 in Belarus die Runde, weil er einfängt, wie gewöhnlich es geworden war, festgenommen zu werden. Jede und jeder saß entweder selbst ein oder kennt zumindest jemanden, der eingesessen hat: Verwandte, Partner, Freunde. Belarus hat neuneinhalb Millionen Einwohner. Bis Anfang 2021 wurden innerhalb nur weniger Monate mehr als 35 000 Menschen festgenommen.

Was macht es mit einer Gesellschaft, wenn der Aufenthalt in einer Haftanstalt zur Kollektiverfahrung wird? Zu den vielen ehrenamtlichen Helferinnen und Helfern, die ich in Belarus gesprochen habe, Menschen, die das Leid der Inhaftierten dokumentieren und sie von draußen unterstützen, zählt auch eine unerschrockene Frau mit rauchiger Stimme und orangen Haaren: Anna.

Anna lebt in Minsk, ist 40 Jahre alt, Unternehmerin und packt Pakete für Gefangene. Wer ins Gefängnis muss, dem steht laut Gesetz die Grundversorgung mit notwendigen Hygieneartikeln zu. Doch in der Realität fehlt es an allem, und zwar wirklich allem: an Zahnbürsten, Seife, Kleidung, Unterwäsche, Klopapier, Binden, Tampons. Im Sommer 2020 stand Anna abwechselnd vor den Polizeipräsidien und den Haftanstalten und schob mit anderen Freiwilligen Dienst: Sie hielten fest, wie viele Menschen festgenommen wurden, erstellten Namenslisten und versorgten Entlassene. Damals, im Sommer, entstand ein ganzes Netz aus Ehrenamtlichen. Taxifahrer fuhren vor die Gefängnisse und brachten Freigelassene kostenlos nach Hause. Ärzte und Ärztinnen wie Irina bauten Zelte auf und versorgten Verwundete. Die Ehrenamtlichen, die an den Gefängnismauern warteten, haben ihre Praxis auch nach dem Sommer beibehalten: Noch immer eilen sie herbei, sobald sie über ihre Telegram-Kanäle erfahren, dass es in Minsk wieder Festnahmen gibt.

Viele Angehörige hatten nie zuvor mit der strafenden Staatsmacht zu tun und reagierten überfordert, wenn plötzlich jemand aus ihrer Familie im Gefängnis landete. Anna erklärte ihnen, dass in das erste Paket unbedingt Unterwäsche und warme Kleidung gehören, Feuchttücher, Duschgel, Socken, Binden, Zahnbürste, Zahnpasta. Sie packte Päckchen für jene, die keine helfenden Verwandten hatten, und bettelte bei Beamten darum, dass die Pakete tatsächlich weitergereicht werden. Zu der Zeit hörte sie die Geschichten von ganz gewöhnlichen Frauen, die zu einer administrativen Haftstrafe verurteilt wurden, einer kurzen Verwarnungsstrafe von bis zu 15 Tagen. Das klingt nicht nach viel. Übel, aber irgendwie aushaltbar. Bis man Anna zuhört, die freigekommenen Frauen zugehört hat.

Das Vorgehen des Sicherheitsapparates, erzählt Anna im Februar 2021, habe sich seit dem Sommer verändert. Sie habe den Eindruck, dass die Inhaftierten nun während der kurzen Haftdauer psychisch und moralisch gebrochen werden sollen. Die Organisation für Untersuchung von Folter in Belarus gibt Anna recht. Nach der Welle der enthemmten Gewalt im Sommer beobachtete sie im Herbst und Winter 2020/21, dass ganz bewusst menschenunwürdige Bedingungen in den Haftanstalten geschaffen wurden. »Ich glaube, die Machthaber wollen die Menschen abschrecken«, sagt Anna. Eine Lektion erteilen, um sich die Loyalität durch Angst zu sichern. »Aber sie vergessen etwas«, sagt Anna und zitiert ein Sprichwort: »Liebe lässt sich nicht erzwingen.«

Die Geschichten, die Frauen Anna anvertraut haben, erzählen davon, wie sie auf kaltem Zementboden oder auf Tischen schliefen, weil es an Betten fehlte. Wie manche Bettwäsche erhielten und andere nicht. Wie einige auf von Menstruationsblut durchtränkten Matratzen lagen und noch Glück hatten: Andere bekamen gar keine Matratze. Sie zwängten sich dann zu zweit auf nackte Bettgestelle aus Metall. Tagsüber durfte in manchen Zellen nicht auf den Betten gelegen und nicht geschlafen werden. Die Frauen berichteten von offenen Toiletten, die nicht mehr waren als ein Loch im Boden der überfüllten Zelle. Manche Zellen hatten Waschbecken, die sogar funktionierten, andere nicht.

Zähne putzen, duschen, sich waschen – ein Luxus, der manchmal gewährt wurde und manchmal nicht, je nachdem, wer gerade Wachdienst schob. Obdachlose Frauen mit Erkrankungen und Ungeziefer wurden gezielt in Zellen mit politischen Aktivistinnen verlegt. Eine demütigende Taktik, die das Regime schon früher angewandt hatte. Nun aber wurden ganz gezielt Schutzmaßnahmen gegen Covid-19 verweigert. »Die Orte des Freiheitsentzugs sind zu Orten der Massenansteckungen mit Covid-19 geworden«, schrieb das Internationale Komitee zur Untersuchung von Folter in Belarus in einem vorläufigen Bericht vom Dezember 2020.

Anfang Januar, zum orthodoxen Weihnachtsfest, beschloss die Haftanstalt Okrestino, dass an Insassinnen mit kurzer Haftdauer keine Pakete mehr übergeben werden durften. Kurz darauf zog die Haftanstalt in Schodino nach – wegen der Pandemie. Eine absurde Begründung, denn zur gleichen Zeit wurden wechselnd Zellen überbelegt. Anna sagt, ihr seien gerade diese Geschichten wichtig, weil die Maßnahme massenhaft ganz gewöhnliche Frauen getroffen und entwürdigt habe. Die Zellen seien oft kalt und zugig gewesen. Viele Frauen hätten sich verkühlt und typisch weibliche Erkrankungen entwickelt – Zyklusstörungen, Ausbleiben der Periode, Infektionen, Blasen- und Nierenbeckenentzündungen. Anna wird wütend. Viele würden nicht verstehen, warum sie immerzu über weibliche Hygiene rede, ein Tabuthema. »Man muss nicht darüber reden, sondern schreien!«, findet Anna. »Die weibliche Gesundheit, das ist doch die Zukunft einer Nation!« Fast 30 Frauen haben sich bei Anna gemeldet und erzählt, was sie durchlebt haben. Die jüngste ist 20, die älteste 64 Jahre alt. Die Maßnahme wurde gegen Ende Februar kassiert, doch bis dahin haben Hunderte Frauen die demütigende Prozedur des strafenden Mangels durchlaufen.

Dass Frauen sich tagelang nicht die Zähne putzen konnten, weil es keine Zahnbürsten oder Zahnpasta gab, gehört zu den häufigeren Berichten. In manchen Gefängnissen war es möglich, sich einmal die Woche zu duschen. In anderen wurde selbst das verwehrt. Manchmal bekam eine volle Frauenzelle ein paar Binden für mehrere Tage. Manchmal auch gar nichts. Manche Frauen lagen eine Woche in ihrem Blut – Klopapier war in der Regel Mangelware, Wechselwäsche gab es nicht, weil nun die Pakete nicht mehr zugestellt wurden. »Ich kann das nicht anders als Folter nennen«, sagt Anna. »Wenn sie einen mit Schlagstöcken schlagen, dann hat man blaue Flecken. Aber einen Menschen dergestalt moralisch zu erniedrigen, kann auf Jahre nachwirken.«

Waren alle so? Und war es immer so schlimm? Nein, manches war besser, manches schlechter. Vieles hing von den Wächtern ab. Einige waren nett, andere grausam: beschimpften die Frauen als »Nutten«, als »Fotzen« und »Prostituierte«. »Der einzelne

Mensch spielt eine unglaublich große Rolle«, sagt Anna. Bevor die Zustellung der Päckchen gestoppt wurde, nahmen manche Wächter Pakete von Freiwilligen an, gaben sie an die Gefangenen weiter und riskierten, dadurch Probleme mit ihren Vorgesetzten zu bekommen. Andere, darunter auch Frauen, schienen hingegen mit Lust zu quälen.

Eine Gesellschaft, die solche Erfahrungen macht, lernt. Frauen, die noch immer protestieren gehen, trotz allem, ziehen sich nun zwei Unterhosen übereinander an – damit sie Wechselwäsche haben, falls sie festgenommen werden. Die Journalistin des belarussischen Mediums *tut.by* berichtete, dass sie die Nummern ihrer Anwälte auf den Arm geschrieben hatte und stets Wasser, eine Zahnbürste und zusätzliche saubere Wäsche bei sich trug, wenn sie ihre Wohnung verließ.

Eine Gesellschaft, die solche Erfahrungen macht, entwickelt Angst. Niemand will eine traumatische Erfahrung noch einmal durchleben. Deshalb blieben viele Menschen daheim, selbst wenn sie sich weiterhin im Widerstand zum Regime sahen. Eine Kollegin von Anna, die fünf Kinder hat, wurde festgenommen. »Verrückt viele Leute« würden Belarus verlassen, sagt Anna. »Dass ich noch in diesem Land bin, liegt daran, dass ich keine Kinder habe. Ich bin nur für mich selbst verantwortlich.«

Im späten Herbst 2020 legten sich die großen Proteste nach und nach. Dafür fanden nun kleinere, sicherere Aktionen statt. »Partisanenaktionen« nennt Swetlana Tichanowskaja sie: Hier wurde eine weiß-rot-weiße Fahne angebracht, dort kam man im Einkaufszentrum zusammen, sang Lieder und verschwand schnell wieder. Hier demonstrierte man als kleine Gruppe in der Nachbarschaft, filmte, lief dann wieder auseinander und stellte die Videos später online. Dort erschien ein gigantisches Hologramm von Maria Kolesnikowa auf einer Hausfassade, oder die Stockwerke eines Hochhauses waren zufällig so beleuchtet, dass sie am

Ende die weiß-rot-weiße Flagge ergaben. Man bewies, dass der Protest nicht tot, es aber unmöglich geworden war, ihn massenhaft zu zeigen.

Eine Gesellschaft, die solche Erfahrungen macht, wird solidarisch. Viele Frauen, die ein Paket zugestellt bekamen, teilten die Sachen mit den anderen. Die Frauen erzählten einander Geschichten, um sich zu beruhigen. Sie trösteten einander. Sie grenzten nicht aus. Da war die Transgenderfrau, die ihre Erfahrungen niedergeschrieben und Anna zugeschickt hat. Trans-Menschen haben es in konservativen Gesellschaften schwer und in patriarchalen Autokratien erst recht; für ihre Bedürfnisse fehlt die öffentliche Sensibilität. Diese Frau nun schilderte, wie die Wächter sie zu quälen versuchten, als sie nach einigen Tagen herausfanden, dass sie männliche Geschlechtsorgane hat. Sie schlugen nicht zu – sie demütigten sie mit Worten, berichtete die Betroffene. Sie riefen die Frau, in deren Pass die weibliche Geschlechtszugehörigkeit verzeichnet ist, bei einem männlichen Namen; drohten ihr, sie in den Trakt für Männer zu stecken. Schließlich isolierten sie die Frau gegen ihren Willen – und schickten sie erst nach tagelanger Einzelhaft zurück in die Zelle für Frauen mit der Bemerkung, dass diese schon bereit sein müssten, »einen Kerl« aufzunehmen. Aber der Plan der Wächter ging nicht auf. Die Frauen reagierten liebevoll, berichtete das Opfer, umarmten die Gequälte, versorgten sie und interessierten sich nicht dafür, ob sie einen Penis hatte oder nicht.

Vor mehr als zehn Jahren erschien in Belarus ein ungewöhnlicher Kalender. Eine Gruppe von Menschenrechtsaktivistinnen hat ihn herausgegeben. Jeder Monat ist mit dem Bild einer jungen Frau illustriert, keine von ihnen ist älter als 30 Jahre. Das Projekt nennt sich: »Isolazija – Träume hinter Gittern«. Das Wort *isolazija* heißt einerseits »Isolation«, andererseits spielt es auch auf das Wort »Isolator« an, wie Untersuchungsgefängnisse umgangssprachlich auf Russisch genannt werden. Diese Frauen sind Psychologinnen, Bibliothekarinnen, Studentinnen, Webdesignerinnen, Journalistinnen. Sie alle wurden inhaftiert. Zwölf Frauen von mehr als hundert, die ins Gefängnis mussten, weil sie 2010 gegen die gefälschte Präsidentschaftswahl demonstriert hatten.

In dem Kalender steht auf jedem Monatsblatt, wovon die Frauen damals träumten: Essen. Tageslicht. Wärme. Bettwäsche. Frische Luft. Spazieren gehen. Intimsphäre haben und sich nicht erniedrigt fühlen. Das Gefühl von Sauberkeit zu spüren. Die Möglichkeit, sich zu waschen, sich um seine Gesundheit zu kümmern und sein Äußeres zu pflegen. Informiert sein darüber, was passiert. Die Familie sehen. Den eigenen Glauben ausüben können – eine der Frauen ist Muslimin und weiß in der Zelle nicht, in welche Himmelsrichtung sie beten soll und wann. Denn Uhr, Kompass oder Handy, die sie bräuchte, um die Tageszeit und die Richtung von Mekka zu bestimmen, hatte man ihr nach der Festnahme abgenommen.

Das sind die bescheidenen Träume, die vor zehn Jahren in belarussischen Gefängniszellen geträumt wurden. Daran dürfte sich bis heute nichts geändert haben. Es wird nicht anders geträumt. Nur mehr.

Im März hatte die Helferin Anna dann doch ein Paar Sachen eingepackt, sich ihren kleinen Hund geschnappt und sich auf den Weg gemacht, nach Polen. Eine Wohnung oder einen Job hat Anna in der neuen Heimat noch nicht. Egal. Hauptsache, weg – denn auch ihr drohte ein Strafverfahren wegen ihrer Arbeit. Als sie ankam, löschte sie als Erstes ihr Passwort für das Handy, das sie nun nicht mehr vor Polizisten zu schützen brauchte. Dann ging sie raus. Fünfmal täglich lief sie lange mit dem Hund, ganz ohne Angst im Nacken. Einfach nur spazieren gehen. Was für ein unvorstellbarer Luxus.

8.

»DIE FREIHEIT IST DEN KAMPF WERT«
– MARIA KOLESNIKOWA

»Ich bleibe«

Auf einer dunklen Bühne in Stuttgart steht eine schmale Frau und hält ein paar Blatt Papier in der Hand. Eigentlich sollte nicht sie hier sein, sondern ihre Schwester, Maria Kolesnikowa. Um sie soll es an diesem besonderen Tag gehen. Der FDP-Politiker Gerhart Baum und seine Frau Renate wollen Maria Kolesnikowa den Menschenrechtspreis ihrer Stiftung überreichen, wollen sie an diesem Tag auszeichnen für ihren Mut und ihren Kampf für die Freiheit. Aber Maria Kolesnikowa konnte zu ihrer eigenen Preisverleihung nicht anreisen. Die vergangenen zwölf Jahre hat sie in Stuttgart gelebt, hat an der Musikhochschule studiert, Konzerte gegeben. Doch seit Anfang September sitzt sie im Gefängnis in Belarus. Sie ist von allem abgeschnitten, was ihr Leben ausgemacht hat.

Für einen Menschen wie Maria Kolesnikowa kommt das einer doppelten Bestrafung gleich. Sie kann nicht auf Bühnen stehen, wenn die Scheinwerfer angehen. Sie kann nicht musizieren, nicht öffentlich auftreten, ja sie darf nicht einmal die Musik hören, nach der sie sich sehnt. Sie kann nicht zu den Menschen sprechen und deren Mut befeuern. Das übernimmt nun ihre jüngere Schwester

Tatjana. Sie ist zur Stellvertreterin von Maria Kolesnikowa geworden. Wenn Tatjana redet, spricht Maria. So hatten sie es vereinbart.

Als die beiden Schwestern sich im Frühjahr 2020 dem Wahlkampfteam des Bankmanagers Viktor Babariko anschlossen, wussten sie nicht, was sie erwarten würde. Rückblickend wirkt es naiv, aber sie hatten tatsächlich gehofft, dass Babariko als Lukaschenkos Herausforderer zugelassen würde, erzählt Tatjana. Immerhin war er da noch nicht angeklagt und eingesperrt, das kam erst später. Kaum hatte Babariko über einen Facebook-Post seine Absicht erklärt, zu kandidieren, meldeten sich in kürzester Zeit Tausende freiwillig, um zu helfen. Es herrschte Aufbruchsstimmung. »Es war unglaublich, zu sehen, wie Menschen unterschiedlichen Alters, Geschlechts und aus unterschiedlichen Gruppen etwas verändern wollten«, erinnert sich Tatjana. Die beiden Schwestern ahnten nicht, was dann passieren würde. Doch sie hatten auch nicht durchgespielt, was ihnen widerfahren könnte. Als der Sommer nahte, trafen sie eine Vorkehrung: Maria würde in Belarus bleiben, Tatjana vor der Präsidentschaftswahl das Land verlassen. Sie ging schließlich ins Exil nach Polen. Nun ist Maria gefangen, und Tatjana ist frei.

Am Morgen des 7. September 2020 verschwindet Maria Kolesnikowa. Auf einer Minsker Hauptstraße wird sie von Maskierten in einen Minibus gezerrt. Ihre beiden Mitstreiter aus dem Stab, Anton Rodnenkow und Ivan Krawzow, suchen sie, fahren gemeinsam zu ihrer Wohnung – und werden ebenfalls verschleppt. Der Plan: Die drei sollen gemeinsam außer Landes gebracht werden. Es soll so aussehen, als kehrten sie der Protestbewegung den Rücken und setzten sich freiwillig ab. Dass Kolesnikowa wegmuss, so erzählt es mir Rodnenkow, hatte für den Geheimdienst höchste Priorität – ihm und Ivan Krawzow kommt die Rolle von Statisten zu bei diesem Unterfangen. Kolesnikowas Ausreise sei »unumgänglich für die Deeskalation der Lage im Land«, sollen die Beamten gesagt haben. Es gibt nur ein Problem: Maria Kolesnikowa macht bei dem Plan nicht mit. Sie wird von Geheimdienstlern und Mitarbeitern der Gubopik verhört, der Sondereinheit zur Bekämpfung von organisiertem Verbrechen und Korruption. Die drohen ihr, sie zu töten. Oder sie auf ewig wegzusperren. Schließlich, dass man sie außer Landes bringen werde – »lebendig oder in Stücken«, so wird es Maria Kolesnikowa später ihrer Anwältin schildern.

Aber Maria Kolesnikowa will nicht ausreisen, um sich zu retten. Also ziehen ihr die Beamten einen Sack über den Kopf, zerren sie ins Auto und bringen sie an die Grenze zur Ukraine. Es ist ein ganzer Konvoi, der schließlich im Niemandsland zwischen Belarus und der Ukraine zum Stehen kommt. Krawzows alter BMW wurde bereits an die Grenze gebracht, die beiden Männer werden auf die Vordersitze gesetzt. Kolesnikowa wird als Letzte in den BMW gezwungen, auf die Rückbank. Sie habe sich heftig gewehrt, erinnern sich Krawzow und Rodnenkow, habe geschrien, dass sie nirgendwohin gehen werde. Im Auto liegen ein Flugticket, das auf ihren Namen ausgestellt ist, und ihr Pass. Von der Ukraine aus soll sie weiterreisen, nach Deutschland. Doch sie greift sich den Pass, zerreißt ihn in Stücke und wirft die Schnipsel aus dem Fenster. Dann klettert sie aus dem Rückfenster und marschiert zurück Richtung belarussische Heimat. Die beiden Männer bleiben beeindruckt zurück und fahren weiter zur ukrainischen Grenzkontrolle. Sie leben heute in Warschau. Maria Kolesnikowa sitzt seither in einem belarussischen Gefängnis.

Tatjana ist nun zur Stimme ihrer Schwester geworden. Die Rede, die sie an diesem verregneten Tag Anfang Februar 2021 im Stuttgarter Theaterhaus vorliest, stammt von Maria. Ihre Anwältin hat sie aus dem Gefängnis mitgebracht.

»Am 8. September habe ich meinen Pass in Stücke gerrissen, um mich verzweifelt meiner Zwangsausweisung zu widersetzen«, liest Tatjana die Worte ihrer Schwester vor. »Ich wusste ohne den Hauch eines Zweifels, dass sie mich zumindest einsperren, wenn nicht gar töten würden. Aber ich konnte meine Versprechen nicht brechen und meine unglaublichen Freunde und Kollegen, meine Belarussen im Stich lassen. Wir haben das alles zusammen durchgestanden, haben gemeinsam unsere Ängste überwunden und einen unvorstellbaren Preis für unsere künftige Freiheit bezahlt. Vor genau fünf Monaten wurde ich entführt und eingesperrt. Ich bereue meine Entscheidung nicht. Ich habe keine Angst. Und ich weiß, dass Tausende Belarussen dasselbe Gefühl teilen. Wir wissen nun ganz genau, dass Freiheit in jedem von uns steckt. Keine Gefängnisse, keine Gesetze und keine Gitter können sie töten. Die Freiheit ist den Kampf wert.«

Die Familie kann sie nicht besuchen, kann nicht mit ihr sprechen, ihr bleibt nur der Austausch über Briefe. Sie macht sich große Sorgen darüber, wie es Maria geht. Kolesnikowa leidet an Asthma, im Gefängnis kommt es bei ihr zu Atem- und Lungenproblemen sowie Bluthochdruck. Ihre Zelle muss sie sich mit Raucherinnen teilen. Es sei absurd, schreibt sie belustigt an Tatjana: In einer hoch entwickelten Zivilisation habe sie Probleme mit frischer Luft, mitten in Europa. In all dieser Zeit ist aus ihren Zeilen kein Wort der Verzweiflung oder der Aufgabe zu vernehmen.

28. September 2020, Untersuchungsgefängnis Nummer 8, Schodino

Hallo, geliebte Schwester,
wie geht es Dir? Wie geht es den Verwandten? Ich mache mir
Sorgen, dass Ihr Euch um mich Sorgen macht. Denn im Grunde

genommen befinde ich mich derzeit in einem produktiven Zustand und bin in einer Atmosphäre fast ohne Stress. Mich haben die Sportsachen so froh gemacht! Zwei Tage lang habe ich sie nicht ausgezogen. Ich denke, die Leggings sind am besten (sie sind leicht zu waschen und trocknen schnell). Noch ist es nicht kalt, aber am 15. Oktober schmeißen sie hier die Heizung an. Sollen sie doch. Ich schlafe mit offenem Fenster. Ich habe es sogar geschafft, meine neuen Freundinnen davon zu überzeugen. Ich bin so froh, dass Du mit Christine, Natascha und Vika gesprochen hast. Ihnen allen ein großes Dankeschön für die Unterstützung und die Aufmerksamkeit. Sie, vor allem Christine, sollen wissen, dass ich viel von ihnen gelernt habe. Werte wie Freiheit, Ehrlichkeit und Prinzipientreue und wie man sie bis zum Ende hochhält.

Das erste Mal habe ich mit Maria Kolesnikowa Anfang August 2020 gesprochen, per Telefon, ein paar Tage vor der Präsidentschaftswahl. Da war ihr der Geheimdienst längst auf den Fersen, und sie ging davon aus, dass sie abgehört werde. Einmal wurde sie festgenommen, kam aber nach kurzer Zeit frei. Personenschutz lehnte Maria Kolesnikowa ab. Mit Bodyguards und Notfallprotokollen ist einem Unrechtsstaat nicht beizukommen.

Am Morgen nach der Wahl am 9. August 2020 sind wir zu einem Interview verabredet. Maria Kolesnikowa klingt angespannt, verströmt aber eine irritierende Zuversicht und Selbstsicherheit. Die Nacht hatte sie im Wahlkampfstab von Viktor Babariko verbracht und nicht geschlafen. Was auf den Straßen von Minsk geschehen war, konnte sie nur erahnen. Sie hörte die Rufe der Massen und die explodierenden Blendgranaten. Aber sie bekam kaum mit, was im ganzen Land vor sich ging: dass allein an diesem ersten Tag nach der Wahl in 19 Städten in ganz Belarus Menschen protestierten und die Sicherheitskräfte mit unvorstellbarer Gewalt vorgingen. Lukaschenko hatte das Internet für drei

Tage abschalten lassen. »Die Machthaber verstehen nicht, was los ist«, sagt sie. »Sie begreifen nicht, dass die Belarussen sich sehr stark verändert haben und eine Zivilgesellschaft entsteht. Jeder von uns übernimmt Verantwortung. Auch für das, was derzeit passiert.« Am Ende des Gesprächs sagt sie: »Ich bleibe.«

Sie hätten vor der Wahl besprochen, ob Maria nicht ausreisen sollte, erinnert sich Tatjana. Aber Maria habe das kategorisch ausgeschlossen. »Sie hätte sich wie eine Verräterin gefühlt«, meint ihre Schwester. Im Land zu bleiben war für sie das Allerwichtigste. Trotz alledem.

28. September 2020, Untersuchungsgefängnis Nummer 8, Schodino

Ich bin so stolz auf meine Familie, meine Freunde und meine Nächsten und so unendlich inspiriert. Ich weiß, dass allen manchmal schrecklich zumute ist. Wir fühlen uns doch alle in Gefahr, und trotzdem hat niemand von Euch Angst bekommen. Jeder von Euch zeigt mit seinem Mut und seiner Furchtlosigkeit der Welt und vor allem uns selbst, wie unglaublich wir sind! Es wird schwierig werden. Vor uns liegt noch sehr viel Arbeit, und wir stehen erst am Anfang des Weges. Nicht aufgeben, nicht die Hände in den Schoß legen, nicht den Kopf hängen lassen! Ihr seid die Besten, Ihr seid stark, Ihr seid meine Teuren, meine Unbesiegbaren. Gemeinsam werden wir siegen! Ich drücke Euch fest!
Eure Mascha

»Es ist ein Wunder, dass ich dieses Tempo überlebt habe«

Das letzte Mal, dass ich mit Maria Kolesnikowa zu sprechen versuchte, war am 8. September 2020, fast genau einen Monat nach unserem Interview. Da war sie schon verschwunden. Ich schrieb ihr eine SMS: »Maria, wie geht es Ihnen? Wo sind Sie?« Natürlich erhielt ich keine Antwort. Heute denke ich mir: Was für eine dämliche Frage das war.

Was treibt einen Menschen dazu, das eigene Leben, das eigene Glück hintanzustellen? Maria Kolesnikowa hätte das Flugticket nach Deutschland nehmen können. Sie hätte zurückkehren können nach Stuttgart, dort wartet ihr altes Leben auf sie. Kolesnikowa spricht sehr gut Deutsch. In Stuttgart gibt es Arbeit, die sie erfüllt, und Menschen, die sie liebt. Da sind ihre Freundinnen Vika und Julia, wie sie Künstlerinnen, die eine in der Ukraine geboren, die andere in Russland. Da ist ihre Freundin Natascha, eine Sängerin aus Spanien, mit der sie im gemeinsamen »TRIO vis-à-vis« spielt. Da ist Christine Fischer, die künstlerische Leiterin des Festivals Neue Musik Eclat, die ihr zur Freundin und Mentorin geworden ist. Da ist ihr interdisziplinärer Verein für Künstlerinnen, den sie mit ihrer ukrainischen Freundin Vika gegründet hat, da sind ihre Musikprojekte, da sind die Festivals. Ihr Leben war so übervoll und so rasant, aufgespannt zwischen Deutschland und Belarus, zwischen Kunstprojekten, Musik und Politik, dass sie kurz nach ihrer Verhaftung verwundert feststellte, ausgerechnet im Gefängnis wieder geistig zu Kräften zu kommen. »Es ist ein Wunder, dass ich dieses Tempo überlebt habe«, schreibt sie in einem Brief an ihre Schwester Tatjana.

Ich wollte die Korrespondenz mit Maria Kolesnikowa während ihrer Haft aufrechterhalten, ein Interview in Briefform fortführen. Doch Briefe an sie werden mal zugestellt, mal nicht. Wochenlang herrscht Stille, und niemand weiß, warum. Diese Erfahrungen machen ihre Schwester, ihr Vater Alexander, die Freundinnen und Unterstützerinnen und auch ich. Die folgenden Passagen von Maria Kolesnikowa sind ein kommunikatives Potpourri. Ausschnitte aus Briefen an die Schwester und den Vater, die diese mir zur Verfügung gestellt haben. Absätze aus dem einzigen Antwortschreiben an mich, das mich mit wochenlanger Verspätung erreichte. Manchmal hat Maria Kolesnikowas Anwältin geholfen, meine Fragen ins Gefängnis zu übermitteln und Kolesnikowas Antworten wieder nach draußen zu bringen. Doch irgendwann durfte auch die Anwältin nicht mehr zu ihr, weil ihr die Lizenz entzogen wurde. Kolesnikowas vier Anwälte und Anwältinnen wurden entweder festgenommen, unter Hausarrest gestellt oder konnten ihren Beruf nicht weiter ausüben.

29. Oktober 2020, Untersuchungsgefängnis Nummer 8, Schodino

Hallo!
All diese Fakten bewerte ich als beispiellosen Druck auf mich und meine Anwälte. Bald wird es in Belarus keine Anwälte mehr geben, die bereit sind, politische Gefangene zu verteidigen, denn faktisch herrscht ein Berufsverbot.
Mit mir ist alles in Ordnung. Ich bin fröhlich und voller Optimismus. Mein Gemüt – ist entfacht! Ich spüre eine kolossale Unterstützung und Liebe der Belarussen. Ich mache mir große Sorgen um die Sicherheit und die Gesundheit der Menschen. Bitte passt aufeinander auf. Das menschliche Leben und die Gesundheit – das ist das höchste Gut! Ich umarme alle fest und schicke allen ein großes Hallo aus dem Gefängnis Nummer 8! Ihr seid unglaublich.
Eure Mascha

Zur selben Zeit wie Maria Kolesnikowa saß eine junge Frau im Gefängnis von Schodino ein. Wegen ihrer Teilnahme an Protesten war sie inhaftiert und ist inzwischen unter strengen Auflagen auf Bewährung freigekommen. Deshalb darf an dieser Stelle nicht einmal ihr Vorname genannt werden, denn für ein Gespräch mit einer Journalistin könnte das Regime sie bitter büßen lassen. Nina soll sie zu ihrem Schutz heißen. Auch der Zeitraum, in dem sie mit Maria Kolesnikowa einsaß, darf nicht näher benannt werden.

Nina teilte sich damals die Zelle mit Kolesnikowa nicht lange, denn trotz der Corona-Pandemie wechselten die Insassinnen permanent. Die Frauen sollten sich nicht aneinander gewöhnen und keine Freundschaften schließen. Ihre Zelle, sagt Nina, bestand aus vier Stockbetten: zwei an jeder Wand, dazwischen ein Tisch. Rechts vom Zelleneingang ein Waschbecken und eine offene Toilette, durch das Guckloch immer einsehbar für die Wächter. Morgens begann der Tag mit der belarussischen Hymne, so laut abgespielt, dass es in den Ohren dröhnte. Frühstück, Hofgang, Mittagessen um 14 Uhr. Anschließend Briefe schreiben. Am schlimmsten sei gewesen, dass es einfach nichts zu tun gab. Das Leben im Gefängnis sei von ungeheuerlicher Eintönigkeit gewesen, erzählt Nina. Die Gefangenen durften die Zelle nur einmal am Tag zum Hofgang verlassen.

Maria Kolesnikowa habe sehr viele Briefe aus der ganzen Welt zugeschickt bekommen; die brachten den Frauen Abwechslung. Sie lasen sich die Postkarten laut vor und vermerkten, welche noch beantwortet werden mussten. »Mascha bekam von sehr vielen Menschen Unterstützung. Das hat nicht nur ihr, sondern auch uns sehr viel Kraft gegeben. Briefe sind das Wertvollste und Teuerste, was du im Gefängnis haben kannst«, sagt Nina.

Gegen 18 Uhr Abendessen, um 20 Uhr gründliche Kontrolle, 22 Uhr Nachtruhe. Einmal die Woche duschen. »In unserer Zelle haben wir versucht, uns gegenseitig zu unterstützen, vor allem

Mascha. Sie war unglaublich. Sie versuchte, sich gegenüber Fremden nicht zu sehr zu öffnen, aber sie war immer bereit, zu helfen und aufzubauen. Sie heiterte die Menschen immerzu auf, dachte positiv, lächelte viel, überlegte sich ständig irgendetwas neues Interessantes, hat Ideen für uns auch für die Zeit nach dem Gefängnis gehabt. Sie liebte es, über Bücher zu sprechen, über Kunst und Musik. Manchmal lief abends im Radio klassische Musik, das hat sie sehr genossen. Es gab natürlich solche und solche Menschen, aber die Beziehungen zwischen uns Insassinnen waren freundschaftlich, wir versuchten einander zu helfen. Wir bedankten uns beieinander für alles Gute und versuchten, nicht auf das Negative zu achten.«

Vieles hing von der Willkür des Gefängnispersonals ab, sagt Nina. Manche waren freundlich und höflich, aber die hätten meist nichts zu sagen gehabt. Der Rest sei grob gewesen, habe die Gefangenen gedemütigt. »Sie versuchten uns zu brechen. Wir erweckten den Eindruck, als wäre uns schrecklich zumute, innerlich aber wurden wir stärker. Mascha hat gesagt, dass sie bis zum Ende kämpfen will und dass sie bereit ist, fünf Jahre abzusitzen und Hemden für die Sicherheitskräfte zu nähen. Am wichtigsten war für sie, dass Belarus und die politischen Gefangenen frei sein werden und dass es endlich freie Wahlen gibt. Als sie uns die Geschichte ihrer Entführung erzählt hat und wir gefragt haben, ob sie wieder so handeln würde mit dem Wissen, dass sie im Gefängnis landet, sagte sie, sie würde alles genauso machen, weil sie ihre Leute nicht im Stich lassen könne. Sie ist ein unfassbarer Mensch. Von ihr geht so eine unglaubliche Energie aus. Sie ist bereit, bis zum Ende zu kämpfen. Viele in der Zelle konnten nicht fassen, wie viel Mut sie hat. Als ich entlassen wurde, musste ich weinen. Es war so gut mit ihr. Wenn du solche Menschen wie Mascha triffst, dann verstehst du, dass es wert ist, für deine Worte, deine Rechte, deine Gefühle und deine Liebsten zu kämpfen.«

»Ich bin eine Feministin!«

Innerhalb des weiblichen Trios aus Swetlana Tichanowskaja, Veronika Zepkalo und Maria Kolesnikowa ist Kolesnikowa die Unabhängigste, Kompromissloseste. Würde man die drei Frauen, die sich im Juli 2020 zusammengefunden haben, auf einer Feminismus-Skala ansiedeln, dann käme zuerst Swetlana Tichanowskaja, die sich als Hausfrau und liebende Ehefrau positionierte. Dann folgt Veronika Zepkalo, die sich als Mutter *und* Geschäftsfrau sieht und traditionelle Vorstellungen von der Ehe pflegt. Und dann, mit großem Abstand, wäre ganz oben auf der Skala Maria Kolesnikowa. Sie hat keine Angst vor dem F-Wort, das in weiten Teilen der osteuropäischen Gesellschaften als fürchterlich gilt. In den Diskussionen über Emanzipation werden Feministinnen als ungepflegte, hässliche Geschöpfe diffamiert, die keinen Mann abbekommen haben, deshalb lesbisch geworden sind und seither Männer hassen. Was es da bewirkt, wenn eine kluge, talentierte, furchtlose, charismatische und, ja, auch das, attraktive Frau von sich sagt: »Ich bin eine Feministin!«

Maria Kolesnikowa hat ihre Botschaften in Belarus wohldosiert formuliert, aber nie versteckt. Vor Jahren schon hat sie einen TED Talk gehalten, einen im Internet übertragenen Vortrag, bei dem sie erzählt hat, wie erst in jüngster Zeit das Orchester zu einem Ort geworden sei, an dem auch Frauen ihren Platz haben, und warum das so wichtig sei. Sie hat in Stuttgart mit ihrer Freundin Vika ein Projekt organisiert, das sich der Diskriminierung von und der Gewalt gegen Frauen widmete. Vika ist die Kurzform für Viktoria Vitrenko, sie ist Sängerin und tritt auf den unterschiedlichsten europäischen Bühnen auf. Das Projekt hieß »Jede Dritte« – denn Kolesnikowa hatte der Gedanke nicht losgelassen, dass ein Drittel der Frauen weltweit Gewalt erleidet. Sie sprach damals oft über die Situation von Frauen in Belarus.

Als sie Jahre später in Untersuchungshaft sitzt, schickt sie ihrer Schwester zum Internationalen Frauentag am 8. März 2021 ein paar Gedanken, die diese öffentlich vorträgt. »Heute ist wie immer die Zeit, in der wir über Feminismus reden müssen«, liest Tatjana die Worte ihrer großen Schwester vor. »Dieses Wort ist kein Schimpfwort, vor allem dann nicht, wenn du weißt, was es bedeutet und wie lang der Weg ist, den wir noch zurücklegen müssen, um Gleichberechtigung zu erreichen. Jede von uns kann jeden Tag ein Vorbild sein und mit ihrem Kampf für unsere Rechte, mit ihrer Unterstützung für andere Frauen einen kleinen, aber sehr wichtigen Schritt tun, damit das Wort ›Feminismus‹ nicht mehr negativ klingt, sondern zur gesellschaftlichen Norm wird.«

Wie wohl solche Worte auf Tausende Belarussinnen und Belarussen wirken, die konservativ denken, aber nun Maria Kolesnikowa für ihren Mut bewundern?

Von außen betrachtet wirkt Kolesnikowas Weg in die Politik genauso zufällig wie der von Veronika Zepkalo und Swetlana Tichanowskaja. Warum sollte sich in diesen Zeiten neben einer Hausfrau nicht auch eine Querflötistin in der Welt der Politik wiederfinden? Spricht man jedoch mit Kolesnikowas Freundinnen aus Stuttgart, mit Künstlerinnen und Wegbegleiterinnen, mit Kolleginnen aus dem Minsker Kunstkollektiv OK16, einem innovativen Kunstprojekt auf einem Fabrikgelände in Minsk, spricht man mit ihrer jüngeren Schwester Tatjana, dann ist niemand von Maria Kolesnikowas Schritt in die Politik überrascht. Er erscheint eher logisch, fast zwangsläufig. »Als Maria im Sommer auf den Bühnen in Belarus stand, kam uns das alles frisch und ungewöhnlich vor. Aber es war das gleiche Bild, das wir von ihr auf der Bühne kannten. Nur stand sie früher mit einer Flöte da und jetzt mit einem Mikrofon«, sagt ihre Freundin Vika. Sie kennen sich erst seit vier Jahren, aber es erscheint ihr als ein

»schrecklich natürlicher Schritt«, dass Maria Kolesnikowa in die Politik ging.

Was ausnahmslos alle sagen, die Maria Kolesnikowa gut kennen und mit denen ich sprach: dass sie ein ungewöhnlich starker und entschiedener Mensch sei. Alles um sich herum sauge sie auf, ständig wolle sie sich weiterentwickeln. Sie mischt Deutschland mit Belarus, klassische Kultur mit zeitgenössischer, traditionelle Aufführungen mit Partys. Bildende Kunst kreuzt sie mit Musik, Musik mit Politik, bringt Künstler und IT-Fachleute zusammen. »Maria ist innerlich unglaublich stark und leuchtend. Selbst wenn sie leidet, würde sie es niemals zeigen«, sagt Vika. »Sie ist eine Person, die viel von ihrer warmen, inneren Ausstrahlung gibt. Sie kann zuhören, ist immer offen für neue Ideen. Und sie wertet nicht ab. Wenn wir in Stuttgart auf Konzerten waren, dann habe ich gesagt: Das gefällt mir aber nicht. Sie aber hat nur das angesprochen, was ihr gefallen hat. In jedem Mist kann sie etwas Positives finden. Das ist eine große psychologische Begabung«, sagt Vika über ihre Freundin Maria.

Für eine Musikerin, die noch durch die klassische Musikausbildung sowjetischer Exzellenz und Härte gegangen ist, ist das ein geradezu revolutionärer Ansatz: Menschen zu bestärken, statt sie mit Angst anzutreiben; sie sich frei entfalten zu lassen, statt sie zu brechen und zu handwerklichen Virtuosen zu machen.

»Sie sagte nie, wie man es richtig macht. Sie lebte es einfach vor«, sagt Kolesnikowas Kollegin Inna vom Minsker Kunstkollektiv OK16. So riss sie alle mit. Als die Corona-Pandemie begann, war das für das Kunstkollektiv ein heftiger Schlag – wenn man von Konzerten, Aufführungen, Partys und persönlichem Austausch lebt, dann ist eine Pandemie, die Isolation erfordert, wohl eines der schlimmsten anzunehmenden Szenarien. Aber Maria Kolesnikowa habe sogleich die Planung übernommen und umgedacht, sagt Inna. »Es war eine gewaltige Manageraufgabe mit wenig Geld und wenig Ressourcen. Doch niemand wurde apathisch – und das ist Maschas Verdienst.«

Sie veranstalteten viel online. Für die wärmeren Tage wollten sie den großen Hof auf dem Gelände nutzen, Filmvorführungen, Konzerte und Partys abhalten, bei denen jedem Menschen ein abgegrenzter Platz zur Verfügung steht, eine Party in Quadraten – als Experiment. »Aber dann kam die Wahlkampagne dazwischen.« Als Viktor Babariko erklärte, kandidieren zu wollen, folgte Inna, gut zehn Jahre jünger als Maria Kolesnikowa, ihr in den Wahlkampfstab. Vielleicht ist jemand, der so unbeirrt handelt und die Gabe hat, Menschen mitzureißen, für Alexander Lukaschenko die größte Gefahr.

Lukaschenkos Schock

22. Februar 2021, nach der Verlegung ins Untersuchungsgefängnis Nummer 1, Minsk

Offenbar habe ich Lukaschenko und seine Mannschaft persönlich sehr erbost. Das Regime legt mir alles zur Last, was ihm seit dem 9. August nicht gefällt. Seiner Meinung nach stehe ich hinter der wirtschaftlichen, politischen und sozialen Krise.

Die Gegnerschaft zwischen Alexander Lukaschenko und Maria Kolesnikowa ist zu einer persönlichen Angelegenheit geworden. Lukaschenko definiert sich über Macht und Angst – ausgerechnet drei Frauen, die er vor der Wahl als »Mädchen« abgetan und nicht ernst genommen hatte, sind für ihn zur Gefahr geworden. Der Lukaschenko-Biograf Valerij Karbalewitsch sagt, der Diktator habe einen »dreifachen Schock« erlitten. »Der erste Schock bestand darin, dass er die Wahl verloren hat. Der zweite darin, gegen wen er verloren hat. Und der dritte, dass drei Frauen zur Alternative werden konnten.« Das sei für Alexander Lukaschenko eine erniedrigende Erfahrung gewesen. Maria Kolesnikowa fügt ihm, der sich für allmächtig hält, einen vierten Schock hinzu: Sie zeigt ihm die Grenzen seiner Macht auf, als sie sich nicht davon beeindrucken lässt, dass der Staat ihr mit Tod, Folter und jahrelanger Haft droht.

Normalerweise bricht Alexander Lukaschenko seine Gegner und lässt sie öffentlich ihre Läuterung verkünden. Aber Maria Kolesnikowa gibt nicht nach – und Alexander Lukaschenko rächt sich. Nach und nach werden ihr immer mehr Anklagepunkte zur Last gelegt. Erst soll sie zu Massenprotesten aufgerufen haben. Dann, im Februar 2021, werden die Vorwürfe erweitert. Sie soll eine Verschwörung angezettelt haben mit dem Ziel, verfassungswidrig die Macht zu ergreifen. Eine extremistische Formierung soll sie gegründet und angeführt und damit die nationale Sicherheit von Belarus gefährdet haben. Das Strafmaß, das ihr droht, wächst und wächst. Das ist die Bestrafung dafür, dass sie nicht nachgibt, noch bevor der Prozess gegen sie begonnen hat. Im Frühjahr 2021 drohen ihr bereits bis zu zwölf Jahre Haft.

22. Februar 2021, Untersuchungsgefängnis Nummer 1, Minsk

Die Bedingungen sind spartanisch: eine kleine Zelle, 3,5 Meter mal 2,5 Meter, Toilette, Waschbecken mit kaltem Wasser, zwei Stockbetten, ein Tisch, eine Bank, ein vergittertes Fenster mit Blick auf einen Wachturm und den Himmel. Um sechs Uhr morgens weckt ein furchtbares Signal zum Aufstehen, um 22 Uhr Nachtruhe. Eine Dusche mit heißem Wasser – ein Luxus, zugänglich einmal die Woche. Wir waschen uns und unsere Sachen, indem wir das Wasser mit einem Tauchsieder erhitzen. Täglicher Ausgang im Hof, der drei mal drei Meter groß ist. Dort laufe ich, mache Sport und

habe meinen persönlichen Rekord aufgestellt: 40 Minuten Laufen
bei minus 25 Grad. Ein großartiges Gefühl.

In Zeiten größter Entbehrungen und Demütigungen kann das
Joggen im kleinen Kreis oder eine warme Dusche Halt geben. Und
ein roter Lippenstift kann Würde verleihen, wenn alles um einen
herum in Hässlichkeit und Angst versinkt. Als die Literaturnobelpreisträgerin Herta Müller während der sozialistischen Diktatur
vom rumänischen Geheimdienst Securitate zu Verhören vorge-
laden wurde, hatte sie sich stets stärker geschminkt als gewöhnlich. »Ich wusste, wenn ich mich nicht mehr schminke, wenn mir
das nicht mehr wichtig ist, dann habe ich mich aufgegeben«, erin-
nerte sie sich. Maria Kolesnikowa trägt auch in Haft jeden Tag
roten Lippenstift, er ist ihr Erkennungszeichen. Gut sehe sie aus,
erzählen mir ihre Mitinsassin Nina und Kolesnikowas Anwältin.
Sie sei munter und kämpferisch, achte auf sich und ihren Körper.
Sie teile ihre Cremes mit ihren Mitgefangenen, erzählt die frühere
Mitinsassin.

An diesem trostlosen Ort, an dem der Entzug von allem Schönen dazu dient, Menschen zu brechen; an dem man Frauen verwehrt, sich täglich zu waschen und zu pflegen, machen sie aus
Kaffeesatz Peeling und aus angefeuchtetem Brot Haarmasken.
Haben diese Frauen keine anderen Probleme? Doch, natürlich,
aber Schönheit zu pflegen inmitten der wuchernden Hässlichkeit,
das kann eine politische Handlung, ein Versuch des Ausbruchs
aus der Monotonie, ein Akt des Widerstands sein. Die Wahrung
der eigenen Würde ist der essenziellste aller Kämpfe, die in diesen Zellen ausgefochten werden. Manchmal eben mit Brotmas-
ken, Kaffeesatz und Lippenstift.

»Wir lernen Schritt für Schritt, frei zu sein«

22. Februar 2021, Untersuchungsgefängnis Nummer 1, Minsk

Selbst jetzt bin ich überzeugt: Die Zukunft hängt allein von uns selbst ab. Zweifellos ist es wichtig, die Unterstützung und Solidarität unserer internationalen Freunde zu spüren. Aber sich darauf zu verlassen, dass irgendwer kommt und uns mit Freiheit und Demokratie beschenkt, ist ziemlich unsinnig. Das, was mit uns, dem Volk, in unserem Innern vor sich geht, ist eine unumgängliche Etappe der Transformation. Wir lernen Schritt für Schritt, frei zu sein. Wir lernen, unsere Gesetze und Rechte zu begreifen. Jeder Einzelne von uns und alle zusammen. Wir lernen, diese Rechte nicht nach oben abzugeben, auf Präsidenten oder die EU oder an Russland, sondern sie selbst wahrzunehmen. Wir Belarussen lernen jetzt, uns selbst wertzuschätzen – unser grenzenloses Potenzial, unsere Würde, unser Talent, unser Leben. Diese Veränderung in uns selbst – das ist ein dorniger Weg, das ist unser Sieg.

Es ist schwer zu verstehen, warum die einen Menschen auch nach monatelanger Haft ihre innere Stärke bewahren und andere bei einer drohenden Festnahme zusammenbrechen. Warum Menschen wie Maria Kolesnikowa oder Alexej Nawalny das Exil im sicheren Deutschland verschmähen und in die Heimat zurückkehren, wissend, dass sie dort das Straflager erwartet. Und warum andere Menschen wiederum, die Kolesnikowas oder Nawalnys Werte teilen, sich fürchten, auf die Straße zu gehen. Psychologen kennen den Begriff der »Resilienz«, der psychischen Widerstandskraft. Sie ist bei manchen Menschen so stark ausgeprägt, dass sie selbst die unerträglichsten Lebenslagen auszuhalten vermögen. Woher diese Widerstandskraft stammt, darüber gibt es viele Vermutungen. Bei Maria Kolesnikowa scheint die Familie eine wichtige Rolle zu spielen. Sie kann auf ihren Vater Alexander und ihre Schwester Tatjana zählen, auf deren Unterstützung und Liebe.

4. März 2021, Untersuchungsgefängnis Nummer 1, Minsk

Hallo, meine geliebte und beste Schwester der Welt!
Ich danke Dir und Papa für das, was Ihr beide tut. Ihr seid groß-
artig, und ich bin sehr stolz auf Euch. Ich glaube, auf der ganzen
Welt gibt es nur wenige solche Beispiele: dass eine Familie so stark,
unerschrocken und großartig hilft.

Sie hätten schon immer großen inneren Zusammenhalt in der Familie gespürt, sagt Marias Schwester Tatjana. Daheim hätten sie stets viel diskutiert. Maria ist die einzige Künstlerin in der Familie. Früh schon haben die Eltern sie bestärkt, ihren Weg zu gehen. Die Mutter, mit der die Töchter eine sehr enge Beziehung hatten, starb vor einigen Jahren. Nun lebt der Vater allein in Minsk. Nach dem Tod der Mutter war Maria Kolesnikowa oft bei ihm. Wenn sie in Minsk weilte, sah sie nach ihm. Ganz sicher hat sich Alexander Kolesnikow sein Leben anders vorgestellt. Er ist 65 Jahre alt, pensionierter Ingenieur, und eigentlich hat er nur einen Wunsch: seine Töchter wieder umarmen zu dürfen. Beide sind ihm abhandengekommen. Die eine im Gefängnis, die andere im Ausland. Er sagt: »Ich bin unglaublich stolz auf meine beiden Töchter.«

Alexander Kolesnikow ist ein Mensch mit einem feinen Sinn für Worte. Wir sprechen online, über Videoschalte. Er drückt sich mit Bedacht und höflicher Zugewandtheit aus, selbst dann, wenn er die trostlose Lage seiner Familie schildert. Nie überspitzt er. Statt zu sagen: Alexander Lukaschenko ist ein totalitärer Diktator, ein Unmensch, der Tausende Familien zerstört, darunter meine, sagt er: »Das Regime vernichtet jegliche demokratische Entwicklung. Wir sehen und spüren das. Uns tut das sehr weh.« Oder:

»Wir haben ein Recht, unsere Meinung zu sagen. Aber das Regime hat uns dieses Recht genommen.« Wenn Alexander Kolesnikow spricht, dann lässt er sich nicht von der Wut und Verzweiflung über sein Los davontragen, obwohl das Leben ihm einiges zumutet: Sie waren eine Familie, nun lebt er allein.

Jeden Tag schaut er zwei, drei Mal in seinen Briefkasten, ob Post von Maria gekommen ist. Er zeigt mir ein Schreiben vom 6. März, Nummer 186. Maria schreibt ihm jeden Tag, aber die Briefe kommen fast nie an. Im März hat er nur fünf Schreiben von seiner Tochter erhalten. Wie viele seiner Briefe zu ihr durchdringen, weiß er nicht – im März 2021 soll kein einziger bei ihr angekommen sein.

In Belarus ist es gängige Schikane, Inhaftierte zu isolieren und sie im Glauben zu lassen, dass die Welt sie vergessen habe. Es sei Folter, jemanden von der Kommunikation abzuschneiden, sagt Kolesnikowas Vater Alexander. Ihn erfülle doppelter Schmerz: dass seine Tochter Maria im Gefängnis sei und dass er mit ihr keinen Kontakt halten könne. Maria Kolesnikowa hat mittlerweile ein Nummerierungssystem für ihre Briefe entwickelt: Oben rechts kommt auf jede Seite die Nummerierung des aktuellen Schreibens, gefolgt von dem Datum.

Als seine Tochter Maria festgenommen wird, zieht er sich zurück. Er leidet sichtlich, gibt selten Interviews, hat Angst. Aber dann überwindet sich Alexander Kolesnikow und tut, womit er glaubt seiner Tochter zu helfen: Er spricht öffentlich über sie und ihren Kampf. Über seine Hoffnungen und seine Wünsche. Maria Kolesnikowas Kampf ist nun zu einer Familienangelegenheit geworden. »Das ist das wenige, was ich für meine Familie tun kann«, sagt der Vater. »Doch das ist nicht nur die Geschichte meiner Familie.«

Manchmal erkennen ihn Menschen auf der Straße und drücken ihm ihren Respekt aus. Marias Freundinnen, Unterstützer und

Mitstreiterinnen besuchen ihn, sprechen mit ihm, unterstützen, stimmen mit ihm die Hilfe ab. »So viele tolle junge Leute! Sie sind wie meine Kinder, meine Enkel.« Eine junge Fotografin, erzählt er, habe ihn für ein Projekt angefragt. Sie fotografiere Familien, in denen ein geliebter Mensch fehle: der aus politischen Gründen Inhaftierte, dessen Abwesenheit eine schmerzliche Leerstelle hinterlasse. Die wolle die Fotografin zeigen. Ob er, Alexander Kolesnikow, nicht mitmachen würde?

Er war einverstanden, aber er wollte sich nicht zu Hause in seiner Einsamkeit fotografieren lassen. Wie sollte man das Fehlen eines einzigen Menschen dokumentieren, wenn doch alle fehlten? Alexander Kolesnikow lebt nun allein in Minsk, die Frau ist verstorben, die Töchter weg. Also liefen die Fotografin und er Orte ab, die ihm und seiner Tochter Mascha wichtig sind: das riesige Kunstgelände OK16, wo Maria Kolesnikowa bis zum Sommer Artdirektorin war. Und die Haftanstalt, die er jede Woche aufsucht, obwohl er nicht reingelassen wird. Und sei es nur, damit er draußen ein wenig herumstehen kann, um seiner Tochter nah zu sein.

Was er über die Tochter weiß, weiß er von Marias Anwältin. Mittlerweile sei Maria nicht mehr blond, sondern brünett. Nie lasse sie sich hängen, nie erlaube sie sich, niedergeschlagen zu wirken. Sie sei »ein Licht im Gefängnis«, habe die Anwältin gesagt. Bei den Besuchen schalle manchmal Kolesnikowas helles Lachen durch den Korridor. Und manchmal würden die anderen Insassinnen antworten, erzählt der Vater. Er saugt diese Informationsfetzen aus der neuen dunklen Welt der Tochter auf. Seit über einem halben Jahr sitzt sie schon ein, aber er darf sie nicht sprechen und nicht besuchen. Elf Mal habe er einen Antrag gestellt, doch ob ein Insasse Besuch erhalten darf oder nicht, darüber entscheidet der Ermittler. Der von Maria Kolesnikowa hat jede einzelne Bitte abgelehnt. Auch Anrufe sind nicht möglich.

Also schickt der Vater Pakete. Bis zu 30 Kilogramm darf er ihr im Monat schicken. Er hat ihren liebsten Kaffee und Schokolade aus Deutschland besorgt, ein paar Erinnerungen an Stuttgart, die er bald losschicken will, sein Kontingent an Kilos ist für den März aufgebraucht. Er hat ihr Turnschuhe geschickt, warme Kleidung, Kosmetik, Wimperntusche. Vor allem ihr roter Lippenstift darf nicht fehlen, der zu ihrem Markenzeichen geworden ist. Mittlerweile darf sie auch wieder lesen. Am Anfang, als sie noch in Schodino saß, wurden ihr die Bücher weggenommen – sie hatte den britischen Physiker Stephen Hawking und den israelischen Historiker Yuval Noah Harari gelesen. Was ihr so sehr fehlt: die Musik.

28. September 2020, Untersuchungsgefängnis Nummer 8, Schodino

Meine liebste Schwester,
irgendjemand hat mir die Noten von Mozart geschickt. Was für eine Superidee! Man darf mir Noten schicken. Sie klingen so großartig im Kopf! Bach, Goldberg-Variationen. Für den Anfang 20, Erbarme dich, BWV 39, Verdi-Chor Nabucco. Und dann sehen wir weiter! Hast Du Hannah Arendt über die Banalität des Bösen gelesen? Hier gibt es das Buch nicht. Bin gespannt auf deine Meinung.

Ich muss an die Worte der ukrainischen Sängerin Vika denken, die sie über ihre Freundin Maria Kolesnikowa gegen Ende unseres Gesprächs gesagt hat. »Es gibt eine Zeit, Kunst zu machen, und eine Zeit, in der du dich entscheidest, darum zu kämpfen, wie du leben willst.«

3. März 2021, Untersuchungsgefängnis Nummer 1, Minsk

Liebste Schwester,
wohl wahr: Ich arbeite auf seltsame Weise, aber Erholung ist das
ganz sicher nicht. Letzte Woche: vier Bücher durchgelesen, zwei
auf Englisch, The Great Gatsby, und Martin Eden – ich bin auf
den Geschmack gekommen. Parallel lese ich zwei Bücher auf
Deutsch, aber sie sind schwierig, deshalb geht es nur langsam
voran. Die Arbeit an meinem Fall kostet viel Zeit, Energie und
Kraft, aber das Gemüt, wie Du verstehst, ist kämpferisch und ent-
facht! Ich vermisse Dich und denke viel an Dich! Ich drücke Dich
ganz ganz fest! Alles wird gut! Pass auf Dich auf!
Deine Mascha

Maria Kolesnikowa kämpft aus dem Gefängnis politisch weiter.
Sie beteiligt sich an der Gründung einer neuen Partei. »Gemeinsam« heißt sie und findet innerhalb weniger Tage Tausende Mitglieder. Und Kolesnikowa bereitet sich auf ihren Prozess vor. Sie
hat jetzt eine neue juristische Vertretung gefunden, Anwältin
Nummer fünf. Und die wiederum sucht nun nach einem Team
aus weiteren Anwälten, die bereit sind, für sie einzuspringen, falls
auch sie ausgeschaltet wird. Einmal die Woche trifft sie ihre Man-
dantin. Dann gehen sie die Strategien für den bevorstehenden
Prozess durch. Maria Kolesnikowa will es dem Unrechtsregime
mit den Mitteln eines Rechtsstaats zeigen. Es klingt wie ein ver-
gebliches Unterfangen. Doch selbst in diese düstere Zeit fällt ein
bisschen Licht, und sie findet Menschen, die sich ihr anschließen.
Sie sind tatsächlich unglaublich.

9.

DIE SPRACHE DER ZUKUNFT

»Nur die Liebe wird uns retten«

Wenn Swetlana Tichanowskaja, Veronika Zepkalo und Maria Kolesnikowa über Politik sprechen, kommen zwei Worte besonders häufig vor. Das erste Wort ist »Freiheit«, klar. Sie ist das, worum die drei Frauen seit dem Sommer 2020 kämpfen. Sie ist das Ziel. Aber um ans Ziel zu kommen, müssen Etappen zurückgelegt werden. Als die Frauen vor der Präsidentschaftswahl im August 2020 beschlossen hatten, ihre Kräfte zu bündeln, haben sie sich auf ein wichtiges Zwischenziel verständigt: die Freilassung aller politischen Gefangenen, später dann ein Ende der staatlichen Gewalt. Sicher, der Wunsch nach Freiheit ersetzt kein Wahlprogramm. Aber er schafft die Voraussetzungen, damit es irgendwann Wahlprogramme geben kann – am besten gleich mehrere, konkurrierende, zwischen denen sich Wählerinnen und Wähler entscheiden können.

Das zweite Wort ist da schon überraschender. Es ist »Liebe«.

»Ich tue das alles aus Liebe für meinen Mann und für Belarus«, sagt Swetlana Tichanowskaja.

»Du stehst auf der Bühne und spürst die Liebe der Menschen«, sagt Veronika Zepkalo.

»Nur die Liebe wird uns retten«, sagt Maria Kolesnikowa.

Ob Liebe eine politische Kategorie sein kann, gar sein sollte, hat viele Philosophinnen, Theologen und Sozialwissenschaftler beschäftigt. Es gibt kluge Abhandlungen darüber, warum zu lieben ein politischer Akt ist oder warum erst die Liebe die Menschen empathisch macht und dazu befähigt, politisch zu handeln. Bei dem Theologen Augustinus, noch heute aus keinem Proseminar über politische Ideengeschichte wegzudenken, spielt die Liebe eine zentrale Rolle; die junge Hannah Arendt hatte über dessen Liebesbegriff promoviert. Theodor W. Adorno definierte Gerechtigkeit als eine im Kern politische Form der Liebe. Und die Philosophin Martha C. Nussbaum hat sich in ihrem Buch *Politische Emotionen. Warum Liebe für Gerechtigkeit wichtig ist* an einer Ehrenrettung der Gefühle als politische Kategorie versucht: Alle politischen Prinzipien, glaubt Nussbaum, bedürften der emotionalen Unterfütterung. Dazu gehört für sie eben auch die Liebe als Garant für Gerechtigkeit.

Doch als Swetlana Tichanowskaja, Veronika Zepkalo und Maria Kolesnikowa die politische Bühne betreten, geht es nicht um politische Ideengeschichte oder philosophische Abhandlungen, sondern um die brutale Realität. Sie erleben eine nie da gewesene Situation. Erstmals in der Geschichte des unabhängigen Belarus fordern Frauen den Diktator Alexander Lukaschenko heraus, werden ihm tatsächlich gefährlich. Das Trio erreicht gigantische Menschenmassen mit Kundgebungen, Interviews und Videos. Hunderttausende hören den Frauen zu. Und worüber reden sie? Über Liebe und Fürsorge, über das Gemeinsame und das Miteinander. Also so ziemlich genau über all das, was man typischerweise von Frauen erwarten würde, die sich in die Politik verirrt haben. Sie greifen nach der Macht und lassen als Erstes das gefühlige Klischee von weiblicher Fürsorge aufleben, natürlich. Welch ein Irrtum.

Der Staatsapparat von Lukaschenkos Gnaden

In Litauen kommen auf 100 000 Einwohner 209 Mitarbeiter und Mitarbeiterinnen des Sicherheitsapparates. Beim belarussischen Nachbarn sind es laut dem Zentrum für Osteuropa und internationale Studien fast doppelt so viele. Durch ein nahezu geschlossenes System, das zusammengehalten wird durch den Stolz, zur Elite zu gehören, einen ausgeprägten Korpsgeist und ein Netz aus Abhängigkeiten sind vor allem die Sondereinheiten der Sicherheitskräfte ihrem obersten Chef Alexander Lukaschenko treu ergeben. Meist heuern junge Männer aus der Provinz und den Kleinstädten an, die durch Privilegien gelockt werden: Bei Omon-Polizisten im mittleren Dienst können die Gehälter so hoch liegen wie die von IT-Spezialisten, bei höheren Funktionen gar an die Einkommen wichtiger Funktionäre der Nomenklatura heranreichen.

Auch auf niedriger Ebene wirken die Abhängigkeiten: Selbst bei der Miliz verdienen sie etwa ein Drittel mehr als ein erfahrener Ingenieur und doppelt so viel wie ein Mathematik- oder Informatiklehrer. Polizisten und Ermittler legen sich vertraglich fest, mindestens eine bestimmte Anzahl von Jahren dem Staat zu dienen. Je länger sie sich verpflichten, desto höhere Prämien winken. Kündigen sie vorher, wie es einige nach der Gewalt im August 2020 getan haben, müssen sie diese zurückzahlen. Meist sind das umgerechnet etwa 2000 Euro – ein kleines Vermögen in Belarus, für das eine Familie lange sparen muss.

Alexander Lukaschenko hat mit allen möglichen Garantien dafür gesorgt, dass der Sicherheitsapparat ihm treu ergeben ist. Er ernennt jeden Oberst persönlich, jeden Leiter einer Sondereinheit, jeden Polizeipräsidenten, jeden Richter am Obersten Gerichtshof. Zusätzlich hat er Parallelstrukturen geschaffen, die um seine Gunst konkurrieren; niemand soll zu mächtig werden.

Lukaschenkos stärkstes Machtinstrument ist jedoch die faktische Straffreiheit, die Sicherheitskräfte in seinem System genießen: Selbst wenn sie jemanden töten, müssen sie in der Regel keine juristischen Konsequenzen fürchten. Der Staat schützt Täter, die aus den eigenen Reihen kommen. Die deutsche Politikwissenschaftlerin Nadja Douglas schreibt von einer »Kultur der Straffreiheit«. Sie geht davon aus, dass Lukaschenkos Regime Verbrechen von Omon-Polizisten sogar bewusst in Kauf nimmt, um deren Abhängigkeit vom System zu verstärken.

Im Jahr 1999, da war Alexander Lukaschenko seit fünf Jahren Präsident, sollen »Todesschwadronen« gar drei hochrangige Oppositionspolitiker beseitigt haben. Die Taten fügten der belarussischen Gesellschaft eine tiefe Wunde zu. Sie sind bis heute nicht aufgeklärt, die Leichen wurden nie gefunden. Die Spuren führen in den Staatsapparat. Ob Alexander Lukaschenko persönlich mit den Morden zu tun hatte, ob er Bescheid wusste oder gar den Befehl dazu gab, bleibt unbewiesen. Allerdings hat er persönlich dafür gesorgt, dass nach den Tätern nicht allzu intensiv gesucht wurde, erinnert sich der Lukaschenko-Biograf Valerij Karbalewitsch. Den Generalstaatsanwalt, eigentlich ein Duzfreund, wies Lukaschenko damals zurecht, doch endlich Ruhe zu geben: »Du gräbst ständig nach Dreck gegen mich, gräbst und gräbst und gräbst!« Die Suche nach den Tätern betrachtete Alexander Lukaschenko als Bedrohung.

»Als Präsident wird man geboren«

Wenn Lukaschenko öffentlich spricht, dann gibt er gern den *batka*, den jovialen, sorgenden Landesvater, der im Interesse seiner Kinderchen handelt – denn in seiner Vorstellung sind erwachsene Menschen nicht in der Lage, selbst zu entscheiden, welche Interessen und Überzeugungen sie pflegen; er weiß es für sie. »Ich werde euch zwingen, mein und euer Land und die Machthaber zu lieben«, sagte er. Dafür würde die Heimat sie niemals ins Elend stürzen lassen, versprach er.

Wenn nötig, kann Alexander Lukaschenko bei internationalen Treffen den vermittelnden Großdiplomaten geben. Gut zwei Jahre vor der gefälschten Präsidentschaftswahl im August 2020 gehörte ich zu einer Gruppe von ausländischen Gästen, die im Rahmen einer internationalen Konferenz in Alexander Lukaschenkos pompösem Palast empfangen wurden: Marmor, Hunderte Zimmer, tonnenschwere Lüster – und Kälte. Offenbar war es unmöglich, an einem milden Herbsttag dieses architektonische Ungetüm ordentlich zu heizen.

Geladen waren Diplomaten, Journalisten, hochrangige ausländische Politiker, Minister, fast alles Männer. An jedem Platz fanden die Gäste belarussisches Konfekt und ein Fläschchen heimischen Apfelsaft vor. Dann tauchte Alexander Lukaschenko auf. Er begrüßte alle freudig, begann zu sprechen und hörte nicht mehr auf. Das Zuhören liegt Lukaschenko nicht – er genießt es, ausschweifend zu reden und zu belehren. Manche seiner Interviews und Ansprachen ziehen sich über Stunden. Seine Botschaften spickt er mit Anekdoten, die immer einen Hauch zu indiskret und despektierlich wirken.

Über den ukrainischen Präsidenten Wolodymyr Selenskyj sagte er: »Er ist natürlich kein dummer Mensch, obwohl er aus einer anderen Sphäre kommt. Glauben Sie mir als erfahrenem Präsidenten – Präsident wird man nicht, als Präsident wird man geboren.« Und fügte hinzu: »Er tut mir leid.« Als es um Wladimir Putin ging, erzählte Lukaschenko, wie er sich bei der allerersten Begegnung mit Putin nicht an ihn erinnern konnte, Putin an Lukaschenko aber schon: Lukaschenko war frisch gewählt nach Sankt Petersburg gereist, um den damaligen Bürgermeister Anatolij Sobtschak zu treffen, dessen Bediensteter der noch weitgehend unbekannte Wladimir Putin gewesen sei.

Es sind wohlgesetzte Machtdemonstrationen, die Lukaschenko vollführt. Er ist länger dabei als jeder andere Präsident oder Regierungschef in Europa, selbst Wladimir Putin wurde erst sechs Jahre nach ihm zum Staatsoberhaupt. Gleichzeitig sichert Lukaschenko mit fein dosierten Brüskierungen seine außenpolitische Beweglichkeit ab. Dass er manches Mal erratisch und unkontrollierbar erscheint, ist eine wohlüberlegte Taktik. Sie hilft ihm, seine internationale Machtposition auszubalancieren. Doch nie geht er so weit, dass er sich künftige Gespräche verbauen könnte. Lukaschenko ist ein gewiefter Verhandlungspartner, ein Spieler, der sich als unverzichtbarer Partner hier wie dort gibt, in Russland wie in der Europäischen Union. Bis zum Sommer 2020 hatte sich die Strategie bewährt, dann brach sie zusammen: Seither hat Alexander Lukaschenko sein Schicksal an Wladimir Putin gekettet und ist von dessen Wohlwollen abhängig. Auf ein westliches Publikum mag Lukaschenkos Mix aus autoritärem Gebaren und der kumpeligen Art unbedarft, belustigend oder abstoßend wirken. Doch Lukaschenko ist ein begabter Redner, der sich meisterhaft auf sein Publikum einstellen kann. An diesem Tag, als er zu uns, den internationalen Gästen, in seinem Palast spricht, gibt er den besonnenen Vermittler, den Stabilitätsgaranten der Region, dem der Frieden und die Prosperität Osteuropas am Herzen liegen. Er entwirft ein finsteres Szenario mit drohenden Kriegen und preist sich als Friedensstifter an: Er sei bereit, den Ruf von Minsk als Hauptstadt der internationalen Diplomatie weiter auszubauen. Daheim bei Lukaschenko könnten die kriegerischen Konflikte beigelegt werden, ob durch ein Abkommen zwischen Russland und der Ukraine oder zwischen Aserbaidschan und Armenien. Seht her, war Lukaschenkos Botschaft: Ich garantiere euch Frieden und Stabilität, wenn ihr meine Art des Herrschens akzeptiert.

Das ist der eine Alexander Lukaschenko. Der andere Lukaschenko offenbart sein Gesicht, wenn er zu seinen Dienstbefohlenen spricht oder zum Volk, weil es Probleme gibt. Dann weicht der väterliche Paternalismus der Verachtung und Erniedrigung, die sich durch seine Sätze ziehen: wenn er die Toten der Pandemie verhöhnt; wenn er die Opfer der staatlichen Gewalt verunglimpft; wenn er sich über Frauen lustig macht und Homosexuelle oder Arbeitslose herabsetzt; wenn er Gehorsam mit Drohungen und Rohheit einfordert. Volk, Staat, Macht sind zu einer Einheit geworden, zur Dreifaltigkeit Lukaschenkos.

»Ich werde mein Volk, meinen Staat und die Macht des Präsidenten selbst verteidigen. Mit einer Waffe in der Hand, wenn nötig. Und wenn es sein muss, dann eben allein. Ich werde sie verteidigen und vor nichts Angst haben«, sagte Lukaschenko schon 2005. Als sich die Proteste nach seinem Wahlbetrug 2020 entfalten, versetzt er seine Truppen an den Grenzen zu Polen und Litauen in Alarmbereitschaft, posiert mit seinem jüngsten Sohn Kolja in kugelsicherer Weste und Kalaschnikow und fliegt in seinem Hubschrauber über die Hauptstadt, als wäre er ein Marschall im Feld. Die Staatsmedien bezeichnen die Protestierenden als »Ratten« und »Ungeziefer«. Sie vermitteln das Bild von Feinden, die vom Westen gesteuert werden. Wie der Herrscher, so sein Fernsehen. Swetlana Tichanowskaja bietet den Dialog an – Alexander Lukaschenko antwortet mit Bildern, als wähne er sich im Krieg.

Liebe statt Gewalt

Das ist die Sprache, mit der die Belarussen und Belarussinnen groß werden. Sie gibt den Ton der politischen Kultur vor. Szenen wie diese muss man aufrufen, um zu verstehen, warum das Reden über Liebe, Fürsorge und vom Miteinander kein weibliches Klischee ist – vielmehr markiert es den wohlüberlegten Versuch einer politischen Wende. Wenn Maria Kolesnikowa jede ihrer Reden mit der Vergewisserung beendet, wie unglaublich die Belarussen seien und wie sehr sie die Belarussen liebe, wenn sie mit ihren Händen ein Herz formt für ihr Publikum, dann ist das eine Abkehr davon, wie Menschen bis dahin politisch adressiert wurden. Wenn Swetlana Tichanowskaja sich in ihren Ansprachen fürsorglich gibt und warmherzig, dann mag das klischeehaft wirken. Aber es ist ein Gegenmodell zu dem aggressiven und repressiven Paternalismus, den Alexander Lukaschenko fast drei Jahrzehnte lang praktizierte.

»Was mich schon vor der Wahl überrascht hat, war, was für eine Verbindung Swetlana zum Volk hat und wie sie eine gemeinsame Sprache findet. Konzentriert auf sich und ihre Welt, ihre Familie«, sagt Valerij Kowalewskij, der in Tichanowskajas Team für die Außenpolitik zuständig ist und ihren Stab leitet. »Mir gefiel, wie sie die Menschen ansprach. Es war so ein spürbarer Kontrast zu Lukaschenko, der alle beleidigt.«

Dieser Kontrast ist nicht zufällig, wie Alexander Dobrowolskij, einer der wichtigsten Berater von Swetlana Tichanowskaja, erzählt. Er zeigt sich in den Wahlkampfstäben von allen drei Kandidaten. Dobrowolskij erinnert sich an eine Geschichte, die Viktor Babariko erzählt hatte. Einmal war der einer protestierenden alten Dame begegnet, die rief: »Wir wollen Respekt und Liebe!« Sie brachte ihn auf die Idee mit dem Herzen, das alle in seinem Stab immerzu mit den Händen formen. Viktor Babariko sprach fortan häufig von der Liebe. Er liebe Belarus, die Bäume, die Menschen, erzählte er der Herausgeberin des belarussischen Mediums *kyky.by*. Er liebe sogar geradezu Alexander Lukaschenko, trotz all des Leids, das der versursache – denn auch Lukaschenko sei letztlich nur ein Produkt seiner lieblosen Kindheit.

»Die Liebe ist die richtige Geschichte – sie gibt die Möglichkeit, die Menschen zusammenzubringen, so, wie unsere Herzchen es getan haben. Klingt primitiv, ja? Aber es hat alle mitgerissen«, erzählte Babariko der belarussischen Zeitung *Nascha Niwa*. Eigentlich war die Sache mit dem Herzen ein Kniff aus der Marketing-Welt. Normalerweise, sagt Dobrowolskij, funktioniere es nicht, PR-Ideen einfach auf die politische Bühne zu übertragen. Aber hier entfalteten sie ihre Kraft. Liebe und Respekt konnten 2020 nur deshalb zu zentralen politischen Kategorien von Lukaschenkos Gegnern werden, weil in der belarussischen Gesellschaft das Bedürfnis danach groß war. Und niemand verkörperte den Kontrast zu Lukaschenko, seiner Politik und seiner Sprache deutlicher als die drei Frauen Swetlana Tichanowskaja, Veronika Zepkalo und Maria Kolesnikowa.

Da die Drohung, dort das Versprechen. Da der strafende Paternalismus, dort die weibliche Fürsorge. Da die Gewalt, dort die Liebe. Da die Skrupellosigkeit, dort die Empathie, die sich nun in aller Deutlichkeit offenbarten.

»Ein unschuldiges Opfer eines furchtbaren Systems«

Es ist der 12. November 2020, als auf den Platz des Wandels die Tichary ausrücken, die üblichen maskierten Männer in Zivil. Sie schneiden die weiß-rot-weißen Schleifen ab, die Nachbarn mal wieder an Zäune am Platz des Wandels geknotet hatten. Der Platz ist ein einfacher, unscheinbarer Hinterhof mitten in Minsk, aber er ist seit dem Sommer 2020 zu einem symbolischen Ort des Widerstands gegen Alexander Lukaschenko geworden. Als Bondarenko mitbekommt, was vor sich geht, schreibt er in dem digitalen Nachbarschafts-Chat: »Ich gehe raus.« Er geht nach draußen und fragt die Fremden, was sie da täten. Die schubsen Bondarenko, schlagen ihn und zerren ihn schließlich an Beinen und Armen in einen zivilen Minibus. Bondarenko wird auf eine Polizeiwache in den Zentralbezirk von Minsk gebracht.

Dann, kaum zwei Stunden später, wird er in eine Notaufnahme eingeliefert. Aus dem medizinischen Untersuchungsbericht: Subduralhämatome, Hirnstammverletzungen, Hirndruckzeichen mit Einklemmung, ausgerenkter Unterkiefer, Blutergüsse und Wunden im Gesicht und an den Beinen, traumatischer Pneumothorax. Roman Bondarenko stirbt. Er wird 31 Jahre alt.

Der Platz des Wandels wird zum Ort der Trauer. Aus dem ganzen Land pilgern Menschen herbei, legen Blumen und Kerzen nieder und errichten eine Gedenkstätte für Roman Bondarenko. Das Regime schaut zunächst ein paar Tage zu, dann reagiert es mit Blendgranaten und Massenfestnahmen. Die Gedenkstätte wird geräumt. In den ersten Wochen nach der Räumung patrouillieren Tag und Nacht maskierte Männer und Omon-Polzisten, durchsuchen Wohnungen, kontrollieren jeden Menschen, der das Haus verlässt. Aus dem Platz der Trauer wird ein Platz der Furcht.

Wenn die Familie, seine Nachbarn und seine Freundinnen von Roman Bondarenko sprechen, dann zeichnen sie das Bild eines außergewöhnlichen Menschen. Bondarenko hatte früh sein künstlerisches Talent entdeckt und war mit 15 Jahren aus Russland zu Verwandten nach Minsk gezogen, um sich dort an einer Fachschule für Design einzuschreiben. Er war einer der wenigen Jungs in der Klasse. Die Mädchen mochten ihn. Sanftmütig sei er gewesen, schüchtern und fürsorglich, erzählen die Freundinnen von früher. »Er ertrug unsere ganzen Mädchengespräche«, sagt eine, kichert kurz, dann weint sie wieder.

Nach der Fachschule studierte er an der Universität der Künste, diente anschließend in der SpezNas, einer Elitetruppe der belarussischen Streitkräfte. Als die großen Proteste nach dem Wahlbetrug 2020 begannen, hielt sich Bondarenko zurück und mied die großen Proteste. Aber der Platz des Wandels wurde zu seiner kleinen politischen Welt. Hier lernte er seine Nachbarn kennen, gab ihren Kindern kostenlos Malunterricht und kaufte für sie Farben und Papier, wenn er nicht gerade arbeiten musste. Er war Geschäftsführer eines Drogeriemarktes. Einen Tag vor seinem Tod hatte er gekündigt. »Er war so erleichtert«, sagt eine Freundin. »Er freute sich so sehr auf das, was kommen würde.« Er wollte mehr Zeit für die Kunst haben.

Roman Bondarenkos Tod hat in Belarus einen Schock ausgelöst. Zu seiner Beerdigung am Rande von Minsk pilgerten Tausende. Selbst Fremde erschütterte der Tod des jungen Mannes. Zum einem wegen der Brutalität, die Bondarenkos medizinischer Untersuchungsbericht erahnen lässt. Zum anderen, weil Bondarenkos Tod weit über sich selbst hinausweist: Wenn es einen jungen Mann wie ihn getroffen hat, dann kann es wirklich ausnahmslos jeden und jede in Belarus treffen.

Als der Tod von Roman Bondarenko bekannt wird, setzt sich Swetlana Tichanowskaja in Vilnius vor die Kamera. Sie trägt Schwarz, vor ihr brennt eine Kerze. Sie redet getragen, mit matter Stimme. Ihre ersten Worte richtet sie an die Mutter des Verstorbenen. »Ich kann mir nicht vorstellen, wie furchtbar es für eine Mutter sein muss, ihr eigenes Kind zu beerdigen. Aber ich möchte mich an die Mutter von Roman Bondarenko wenden: Bitte nehmen Sie mein tiefstes Beileid an. Ihr Sohn wurde ein unschuldiges Opfer eines furchtbaren Systems. Er wird für jeden von uns ein Held dieses Landes sein«, sagt Tichanowskaja. »Ich kannte Roman nicht persönlich, aber ich weiß, dass sein Mord ein Verbrechen ist, das Ermittlungen nach sich ziehen wird. Alle Schuldigen werden die Verantwortung tragen.« Dann ruft sie zu Protestmärschen auf, die Bondarenkos Gedenken gewidmet sind, und verspricht, alles zu tun, um das Regime zu schwächen – »für Roman Bondarenko. Für die politischen Gefangenen. Für unsere Verwandten, für uns selbst und für jeden, der für den Wunsch, in einem neuen Belarus zu leben, getötet worden ist.«

Auch Alexander Lukaschenko ergreift das Wort. Die Reaktionen auf Bondarenkos Tod sind zu groß geworden, als dass er schweigen könnte. Lukaschenko sagt Aufklärung zu – und lässt die üblichen Einwände folgen. Statt gegen die Täter vorzugehen, werden zwei Menschen belangt, die nichts mit dem System zu tun haben. Der Arzt Artjom Sorokin wird zu zwei Jahren Lagerhaft verurteilt, weil er den medizinischen Untersuchungsbericht von Roman Bondarenko an die Journalistin Katerina Borisewitsch weitergegeben hat. Borisewitsch bekommt dafür, dass sie den Bericht veröffentlicht, ein halbes Jahr Gefängnis sowie eine Geldstrafe. Die Täter, die für Bondarenkos Tod verantwortlich sind, werden unter Lukaschenko wohl niemals zur Verantwortung gezogen werden. Denn sein System der Straffreiheit schützt sie.

»Dieser Mensch war verletzt. Er war nicht nüchtern. Das ist bestätigt. Heute hat das Ermittlungskomitee seinen Abschlussbericht vorgestellt: Er war besoffen«, sagt Lukaschenko vor Journalisten über Bondarenko. »Natürlich haben sie ihn mitgenommen aufs Präsidium. Unterwegs wurde ihm schlecht, wurde mir gesagt. Da haben sie den Rettungswagen gerufen und ihn ins Krankenhaus gebracht«, erklärt er den Tathergang. »Ich habe mir extra die Todesstatistik des Tages angeschaut: Zwei Menschen starben bei einem Autounfall. Ein weiterer Mensch wurde getötet, einer schwer verletzt mit Todesfolge. Außer diesem einen Todesfall gab es also noch weitere vier – sind das etwa keine Toten?«, fragt Lukaschenko die Journalisten. »Tote sind das! Und wieso redet heute niemand über sie? Weil es nicht interessant ist. Sie [die Protestierenden] haben sich einen Menschen gesucht und heizen nun die Stimmung an.«

Etwas verändert sich. Die Sphären des Politischen und des Privaten, in Belarus bis dahin streng getrennt, verschmelzen. Früher ließ man daheim in der Küche den politischen Frust ab, aber öffentlich zeigte man Gehorsam. Doch nun ist das Private politisch geworden und umgekehrt – und niemand verkörpert die Auflösung dieser starren Grenzen so sehr wie Swetlana Tichanowskaja. Sie hat den Kampf um ihr Familienglück mit dem Kampf um die Zukunft des Landes verknüpft. Sie meidet brutale Worte und radikale Äußerungen. Derbe Worte wie die ihres Ehemanns, der Lukaschenko als »Kakerlake« bezeichnete, würde sie nie benutzen. Die einzige Überspitzung, die sie sich erlaubt, ist, vom »Genozid« am belarussischen Volk zu sprechen und Lukaschenkos Handlanger als »Lukaschisten« zu bezeichnen, gemünzt auf das Wort »Faschisten«.

Sie soll für die Zukunft stehen, er für die Vergangenheit

Als 2020 endet und die Menschen noch mal die Hoffnung ergreift, dass das neue Jahr gnädiger werden möge, wendet sich Swetlana Tichanowskaja in einer offiziellen Ansprache an die belarussische Gesellschaft – erstmals auf Belarussisch. Das ist keine Kleinigkeit. Sprache festigt Identität und prägt die Persönlichkeit. Und in Belarus sagt sie etwas über die politische Verortung und die Werte eines Menschen aus.

Belarussisch gilt als die Sprache des unabhängigen Belarus. Traditionelle, eher nationalistische Oppositionspolitiker legen großen Wert auf die sprachliche Emanzipation, doch auch Kunstschaffende, Kreative, zivilgesellschaftliche Akteure benutzen bewusst Belarussisch. Die Sprache dient der Abgrenzung zu Lukaschenkos Regime, auch wenn sie unter ihm immer stärker zurückgedrängt wurde. Immer weniger Menschen benutzen Belarussisch – auch deshalb, weil Lukaschenko 1995, nur ein Jahr nach seiner Wahl zum Präsidenten, Russisch per Referendum zur zweiten Amtssprache gemacht hat. Heute spricht die überwältigende Mehrheit der Belarussen und Belarussinnen daheim Russisch.

Auch unter den Protestierenden, das zeigt eine Umfrage des Zentrums für Osteuropa- und internationale Studien, befanden knapp 40 Prozent der Befragten, Männer wie Frauen, dass für sie Russisch und Belarussisch gleichermaßen Muttersprache seien – aber die überwältigende Mehrheit spricht im Alltag, auf der Arbeit und bei Familientreffen Russisch. Laut der Sprachdatenbank der Unesco beherrscht weniger als die Hälfte der Belarussen und Belarussinnen aktiv Belarussisch. Maria Kolesnikowa nutzt es häufig, Veronika Zepkalo wechselt nach ein, zwei gequälten Sätzen zurück in ihre russische Muttersprache. Auch Swetlana Tichanowskaja hat Schwierigkeiten mit dem Belarussischen. Doch sie lernt es.

Ihre Ansprache wird online nahezu zeitgleich mit der von Alexander Lukaschenko ausgestrahlt, so haben es ihre Berater geplant. Als sie nun das neue Jahr begrüßt, steht sie in rotem Sakko und weißem Pullover vor einem Weihnachtsbaum, der mit weiß-rot-weißen Kugeln geschmückt ist. Sie appelliert an die Einheit der Gesellschaft und an die gemeinsame Zukunft – in makellosem Belarussisch. »Wir haben uns im August vereint, um für den Wandel zu stimmen. Wir haben gemeinsam geweint vor Schmerz, als wir von Okrestino gehört haben, und vor Freude, als wir merkten, dass wir zu Hunderttausenden auf den Freiheitsmärschen sind«, sagt Tichanowskaja in ihrer Ansprache. »Wir lassen uns nicht mehr auseinanderschlagen, nicht aufhalten und nicht stoppen«, sagt sie in die Kamera.

»Swetlana sollte maximal mit Lukaschenko kontrastieren«, sagt der Berater Alexander Dobrowolskij über die Neujahrsansprache. »Wie sie aussieht, womit die Menschen sie verbinden. Sie sollte wirken wie jemand, mit dem man die Zukunft assoziiert.« Die Vergangenheit, sie bleibt Lukaschenko vorbehalten.

Natürlich spielen bei der Inszenierung PR-Überlegungen eine

Rolle. Aber sie gehen nur deshalb auf, weil die drei Frauen authentisch klingen, wenn sie von Liebe und Einigkeit sprechen. Sie sind zur Chiffre für Respekt und Würde geworden. Darauf hatte die Gesellschaft offenbar lange gewartet, die gerade dabei ist, eine andere zu werden.

Als Alexander Lukaschenko an die Macht kam, war sein Spiel mit sowjetischen Versprechungen und Insignien Erfolg versprechend. Das Kokettieren mit der Vergangenheit sprach Massen an, vor allem jene, die Angst hatten vor den gewaltigen Umbrüchen nach dem Zerfall der Sowjetunion. Es sicherte Lukaschenko lange seine Macht und das Zutrauen in ihn. Die typische Lukaschenko-Wählerin ist eine Frau, lebt auf dem Land, hat keinen Hochschulabschluss, ist alt. Aber heute leben fast 80 Prozent der Belarussinnen und Belarussen in Städten und nicht mehr auf dem Land. Mehr als ein Viertel der Bevölkerung ist jünger als 25 Jahre alt. Diese Menschen waren noch nicht geboren, als die Sowjetunion zusammenbrach. Weitere 45 Prozent sind jünger als 54 Jahre und erinnern sich an die Sowjetunion allenfalls aus Kindheitstagen oder als junge Erwachsene. Bei ihnen lösen sowjetische Fahnen und Hymnen von früher keine Sehnsucht aus; die Ästhetik und Sprache, die bei ihren Eltern noch verfangen hat, haben bei ihnen keine Wirkung.

Die Mittelklasse ist es gewohnt, zu reisen – fast sieben Prozent aller Belarussen und Belarussinnen hatten 2020 Schengenvisa bewilligt bekommen. Die Jüngeren suchen ihr Glück woanders, studieren in Polen und Litauen, lernen das Leben in der Ukraine kennen oder arbeiten in Russland. Und sie lernen zu vergleichen. Zwei Drittel der 18- bis 23-jährigen Belarussen und Belarussinnen fanden laut Umfragen schon vor den Protesten das Leben in ihrem Land nicht lebenswert, obwohl sie patriotisch eingestellt waren. Nach der gefälschten Wahl im August 2020 waren nur etwa ein Viertel der 18- bis 45-Jährigen der Meinung, dass das Land sich in die richtige Richtung entwickele – bei den über 60-Jährigen wiederum fand mehr als die Hälfte, dass die Dinge im Land sich gut entwickelten. Laut der Umfrage des ZOiS war die Gruppe der 18- bis 29-Jährigen bei den Protesten besonders aktiv.

Die Soziologin Elena Gapova spricht gar von einer »neuen Klasse«, die sich in Belarus herausgebildet habe: tätig in der IT-Branche, in der Kulturszene oder im Dienstleistungssektor. Oft arbeiten diese Menschen in selbstständigen, unsicheren Arbeitsverhältnissen, sind dafür aber auch einen gewissen Grad an Freiheit gewohnt. Man könnte auch sagen: Sie leben prekär, aber mit den Ansprüchen und den Werten und Ideen einer Mittelschicht. Hinzu kommt das Internet, das zu einem Massenmedium geworden ist: Hatten 2006 nur 16 Prozent der Menschen in Belarus das Internet genutzt, surften 2020 gut 83 Prozent der Belarussen und Belarussinnen im Netz. Auch deshalb ließ Alexander Lukaschenko das Internet in den ersten Tagen nach seiner gefälschten Wahl trotz immensem wirtschaftlichem Schaden abschalten.

Doch die Veränderungen bedeuten nicht zwangsläufig, dass eine liberale, moderne Gesellschaft erwacht. Wer Wandel fordert, gar nach Revolution ruft, ist nicht unbedingt liberal und progressiv, sondern kann eine tief konservative Seele haben. Wenn die bisherigen Umfragen unterschiedlicher Think Tanks etwas gezeigt haben, dann das: Die Menschen, die gegen Alexander Lukaschenko protestieren, stehen für unterschiedliche Werte. Die Umfrage des ZOiS hat gezeigt, dass 42 Prozent eine Demokratie bevorzugen – für mehr als 20 Prozent spielt es entweder keine Rolle, in was für einem System sie leben, oder sie können sich gar ein Leben in der Autokratie vorstellen. Und ein Drittel der Befragten weiß nicht, was es sich wünschen soll.

Was die Menschen eint, ist der drängende Wunsch nach Veränderungen. Doch wie diese Veränderungen einmal aussehen werden, wer auf Alexander Lukaschenko folgen könnte, in was für einem Land sie leben werden, müssen sie dann aushandeln – auch mit jenen Belarussinnen und Belarussen, die Angst haben vor dem, was dann kommen könnte.

Wenn Rohheit und Gewalt die politische Sprache und das Leben prägen, wenn Wandel herbeigesehnt wird, aber Veränderungen zugleich ängstigen, dann kann es fast revolutionär anmuten, den Menschen nicht von »Krieg den Palästen« und von großen Sprüngen nach vorn zu predigen, sondern laut und hörbar über die Liebe und die Macht des Miteinanders zu sprechen.

10.

EIN WEISSER FLECK IN EUROPA

Danke fürs Interesse!

Immerzu danken sie. Swetlana Tichanowskaja für die internationale Unterstützung, Maria Kolesnikowa für die vielen Briefe ins Gefängnis, Veronika Zepkalo für die weltweite Unterstützung, vor allem auch für die Hilfe deutscher Bundestagsabgeordneter. Die Belarussen und Belarussinnen wissen allzu gut, dass sie diesen Kampf allein ausfechten müssen. Niemand kann ihnen diese Mühe abnehmen. Aber sie wissen auch, dass sie diesen Kampf ohne Solidarität und Anteilnahme aus dem Ausland nicht durchhalten können. Denn er wird mit zu ungleichen Mitteln geführt. Ohne die internationale Aufmerksamkeit hätte Alexander Lukaschenko Belarus längst in eine Schallkammer verwandelt, aus der kein Ton herausdringt.

Jedes Gespräch, das ich in den vergangenen Monaten mit Belarussinnen und Belarussen geführt habe, endete mit Dankbarkeitsbekundungen dafür, dass sich irgendwer in der Welt für das Schicksal ihres Landes, für ihren Kampf und ihr Leiden interessiert; dass sie nicht vergessen sind und wissen: Ganz gleich, wie dieser Aufstand ausgeht, immerhin ist die Welt Zeugin bei Luka-

schenkos Verbrechen. Denn nichts ist so entmutigend, so demo-
ralisierend wie das Gefühl, ungesehen und ungehört sein Leben
zu riskieren.

Mich hat die Dankbarkeit bei den Gesprächen meist beschämt.
Sie offenbarte, dass es für die Belarussinnen und Belarussen nicht
selbstverständlich ist, Anteilnahme zu erfahren für das, was nur
1000 Kilometer von Berlin entfernt geschieht. In einem Nachbarstaat der EU stehen Menschen selbst nach Monaten der Erniedrigungen und Repressionen für Werte ein, die gemeinhin als »euro-
päisch« gelten. Sie erlauben sich nach wie vor keine Gewalt, keine
Racheaktionen, keine Übergriffe – und wenn sich eine ausländische Journalistin dafür interessiert, dann ist das eigens Dank
wert?

Solange der Kreml Alexander Lukaschenko und sein System
stützt, werden die EU-Staaten wenig ausrichten in Belarus. Ist es
da nicht das Mindeste, zu bezeugen, mit was für einem Regime
europäische Konzerne Geschäfte abschließen und internationale
Sportverbände Olympische Winterspiele veranstalten? Anzu-
prangern, welche Verbrechen es begeht an der eigenen Bevölkerung?

Vielleicht sprach die Bescheidenheit aus meinen Gesprächspartnern und -partnerinnen, weil trotz des Elends in der Welt,
das einen immerfort aus Schlagzeilen und Überschriften anbrüllt,
ihr Schicksal bedeutend genug erscheint, um erwähnt zu werden.
Hinrichtungen von Protestierenden in Myanmar, Alexej Nawalny
ausgeschaltet, Krieg zwischen Hamas und Israel – kein Mensch
kann sich für alles interessieren. Vermutlich zeigte sich aber nicht
nur reine Bescheidenheit, sondern die Erfahrung, ein weißer
Fleck auf der Landkarte Europas zu sein.

Ein weißer Fleck in Europa – so heißt ein Buch über Belarus, das
der Historiker Thomas Bohn gemeinsam mit Victor Shadurski vor
einigen Jahren herausgegeben hat. Belarus ist ein Land, zu dem

sehr vielen im Westen vermutlich erst mal lange nichts einfällt, dann vielleicht Tschernobyl oder das Schlagwort von der letzten Diktatur Europas. Wer aus dem Osten kommt, macht oft die Erfahrung, dass der Westen sich nicht besonders für den Osten interessiert. Und es ist immer wieder erstaunlich, wie weit westlich für manche der Osten liegt. Für ihn beginne »die asiatische Steppe« gleich hinter Braunschweig, soll Konrad Adenauer gesagt haben. Wer das Rheinland für den Nabel der Welt hält und Bonn für die ewige Hauptstadt, für den kann der Osten zwangsläufig nur eine ferne Peripherie sein.

Wer dann noch wie ein großer Teil der bundesrepublikanischen Nachkriegselite jener Generation angehört hat, die sich in ebenjenem Osten zwischen 1939 und 1945 schlimmster Verbrechen schuldig gemacht hat, der war womöglich ganz froh darüber, ihn verdrängen zu können und der Auseinandersetzung mit der eigenen Schuld und Verantwortung zu entkommen. Bis zum Fall der Berliner Mauer 1989 blieb dieser Osten ein monolithischer Sowjetblock, gleichgesetzt mit Russland. Das trug zur intellektuellen Trägheit in Deutschland für das Östliche bei. Heute gilt immer noch: Der Osten, das war damals die Sowjetunion und ist heute Russland. Seit Generationen wird diese Vorstellung weitergereicht.

Es ist auch heute noch nichts dabei, sich nicht dafür zu interessieren, dass Marc Chagall aus Belarus stammt. Oder warum der um sich greifende Begriff »polnische Konzentrationslager« inakzeptabel ist. Den Namen der ukrainischen Schlucht Babyn Jar sucht man in deutschen Schulbüchern vergeblich, obwohl dort die Deutschen 1941 an zwei Septembertagen 33 771 Juden und Jüdinnen getötet und ihre Körper in die Schlucht geworfen hatten. Die grauenhafte Geschichte von Ljudmilas Stadt Bobruisk oder die Zerstörungswut der Deutschen in Minsk, ja in ganz Belarus: eine Leerstelle, allenfalls Experten und Expertinnen bekannt. Und bis heute hat sich nicht durchgesetzt, was für ein wichtiger Unterschied es ist, dass nicht Russland 27 Millionen Tote während des Zweiten Weltkriegs zu beklagen hatte, sondern die gesamte Sowjetunion – besonders eben auch die Ukraine und Belarus.

Als ich mit dem deutschen Osteuropa-Historiker Felix Ackermann über diese merkwürdige Blindheit der Deutschen für den Osten, vor allem für die eigene historische Verantwortung spreche, äußert er folgende Vermutung: Hätten die Deutschen ihre Großväter gefragt, wo genau sie im Krieg gewesen waren und was sie getan haben, dann hätten sie womöglich eine andere Wahrnehmung von der Ukraine oder Belarus. Aber sie fragten nicht. Und wenn sie fragten, erhielten sie meist keine Antwort. Soldaten und Offiziere marschierten auf ihrem Vernichtungsfeldzug durch Polen, durch die Ukraine und durch Belarus, doch der geografische Raum zwischen Berlin und Moskau verschwand samt den Erinnerungen daran unter dem Begriff »Russlandfeldzug«.

In meiner Familie war ein Großvater polnischer Zwangsarbeiter in Deutschland, der andere deutscher Wehrmachtssoldat an der Ostfront. 1949 kehrte der deutsche Opa aus der Kriegsgefangenschaft zurück in seine oberschlesische Heimat, die polnisch geworden war. Die Kriegserfahrungen meines Opas waren kein Tabu, er erzählte gelegentlich von den Gräueln. Und doch wuchs ich mit ein paar dürftigen Brocken darüber auf, dass Opa fünf Jahre in der »russischen Kriegsgefangenschaft« war und mit viel Glück überlebt hatte. Erst 2014, als ich wegen des Kriegs als Reporterin in der Ostukraine unterwegs war, erfuhr ich, was es mit Opas Kriegsgefangenschaft auf sich hatte: Er war nicht in Russland gefangen genommen worden, sondern nahe der ostukrainischen Stadt Donezk. All die Jahre hatte ich nichts davon gewusst. Ich hatte nicht gefragt, er hatte nicht erzählt. Nun war er seit einem Jahr tot, und ich begriff, dass mein Leben und seins sich von unterschiedlichen Enden her sehr nahe gekommen waren:

Wo ich 2014 als Reporterin unterwegs war, war er 1944 Kriegsgefangener der Sowjets gewesen.

Vor gut zehn Jahren habe ich für Freunde eine Reise nach Warschau organisiert. Alle lebten seit vielen Jahren in Berlin, alle waren aufgeschlossen, neugierig und interessiert – und fast alle überquerten nun zum ersten Mal in ihrem Leben die Odergrenze, die nur eine Stunde Zugfahrt von Berlin entfernt liegt. Wie sollte es auch anders sein? Bis auf den Freund aus Ostdeutschland verbrachten sie die Urlaube ihrer Kindheit in Dänemark oder in den Niederlanden, in Italien oder Griechenland oder in Österreich, ganz sicher aber nicht im sozialistischen Osten. Wie verständlich!

Dieser Osten war damals grau, unheimlich und unerreichbar. Die Aufteilung der Welt in Blöcke, in Ost und West, hatte sich in den Köpfen manifestiert. Selbst meine Familie, die 1988 illegal Polen verlassen hatte, wäre in den Neunzigerjahren im Leben nicht auf die Idee gekommen, dort zu entspannen, von wo wir nur kurze Zeit zuvor heimlich entkommen waren. Als ich meine ersten Reisen in den Osten unternahm, in die Ukraine, nach Russland, nach Georgien, war ich schon Mitte zwanzig. Ich fuhr als Journalistin hin und nicht als Urlauberin. Die Reisen als Touristin, die Freunde besucht – das alles kam erst später, als das Fremde vertrauter wurde, als es sich warm und willkommen anfühlte und das Schöne sich sogar im vermeintlich Hässlichen offenbarte.

Odessa ist atemberaubend, aber zu arm und zerfallen, um zu erstrahlen wie Barcelona; Kiew ist aufregend, aber es betört nicht wie Paris; wie schön auch Minsk sein kann, begriff ich erst, als mich eine belarussische Kollegin in ihre Lieblingslokale mitnahm. Meist braucht es einfach jemanden, der das Fremde übersetzen hilft. So wie ich damals für die Freunde in Warschau nur ganz zu Beginn die Mittlerin spielte: Alsbald hatten sie ihre eigene Beziehung mit der Stadt begonnen.

Ich glaube, dass Belarus heute kein weißer Fleck mehr auf der europäischen Landkarte ist. Ein grauer vielleicht, aber kein weißer. Als ich im Sommer 2020 intensiv über die Ereignisse in Belarus berichtete, erreichten mich Schreiben von Leserinnen und Lesern, die helfen wollten. Einige wollten Betroffenen Geld spenden. Andere erzählten von ihren persönlichen Verbindungen zum Land, von einer Durchreise oder einer persönlichen Begegnung vor vielen Jahren, die Spuren hinterlassen hatte. Manche beklagten sich, wenn in der Zeitung die zweite Woche in Folge keine Berichterstattung über Belarus zu finden war. Ich bin mir sicher: Noch vor zehn Jahren hätte es eine solche Empathie nicht gegeben – übrigens auch nicht bei den deutschen Redaktionen. Vor allem die Frauen in Belarus halfen, das Ferne und Fremdartige näher zu holen und vertrauter zu machen. Sie wurden zu globalen Mittlerinnen – vielleicht wurden sie auch von den Medien dazu gemacht, das ist rückblickend schwer auseinanderzuhalten.

Diese Empathie ist nicht loszulösen von den Bildern, die im Sommer um die Welt gingen. Sie halfen, einen komplexen politischen Prozess auf das Wesentliche zu reduzieren. Denn die visuelle Sprache ist in dem Fall simpel, fast dichotomisch: Da ein brutaler Diktator und seine prügelnden Männer, dort friedliche protestierende Frauen. Da der Betrug, dort der Wunsch nach Ehrlichkeit. Da totalitärer Machthunger, dort bescheiden anmutende Wünsche: eine faire Wahl, die Freilassung aller politischen Gefangenen und ein Ende der Gewalt.

Natürlich bleiben die großen, komplizierten Fragen: Wie kann der Übergang zu einer demokratischen Gesellschaft aussehen, ohne jene im Stich zu lassen, die sich von Lukaschenko behütet fühlten? Und wie könnte eine friedliche Machtübergabe aussehen? Bleibt das System, wenn Lukaschenko geht? Wie die Täter zur Verantwortung ziehen, ohne sich zu rächen? Wie das Land modernisieren, Privatisierungen zulassen, ohne es so brutal auszuverkaufen wie in Russland in den Neunzigerjahren geschehen? Und wo wird sich dieses Land in Zukunft verorten?

Das Zögern des Westens

In den baltischen Staaten, in der Ukraine und in Polen war die Anteilnahme riesig, sogar in der russischen Bevölkerung war die Solidarität groß. Flüchtende aus Belarus wurden aufgenommen, in Lettland und Litauen humanitäre Visa ausgestellt. Die baltischen Staaten verhängten Sanktionen gegen die Elite, die über das hinausgingen, wozu die EU bereit war. In Polen wurde Swetlana Tichanowskaja symbolisch ein Schlüssel übergeben zu einem belarussischen Haus für »freie Belarussen in Warschau«, in Vilnius wurden im Museum für zeitgenössische Kunst die Bilder belarussischer Fotografinnen von den Frauenprotesten ausgestellt. In Deutschland hingegen machte Katja Artsiomenka die Erfahrung, wie mühsam es noch immer ist, den Deutschen Belarus zu vermitteln, ihnen das Land nahezubringen.

Artsiomenka ist Professorin für Journalismus und Kommunikation in Köln und gebürtig aus Belarus. Nach dem Wahlbetrug im Sommer 2020 versuchte sie mit einigen engagierten Belarussinnen und Belarussen, die deutsche Gesellschaft davon zu überzeugen, dass der Kampf in Belarus auch sie etwas angehe. Sie rief so ziemlich jeden an, der ihr einfiel: Gewerkschaften, Verbände, Politiker und Politikerinnen, Promis, Journalistinnen und Journalisten. Viele hätten sich bemüht, sagt Artsiomenka. Politiker und Politikerinnen haben Patenschaften für politische Gefangene übernommen. Der Deutsche Gewerkschaftsbund hat versucht, sich einzubringen, der Journalistenverband unterstützte die belarussische Diaspora. Aber die Feministinnen? Artsiomenka schrieb die Kölner Zeitschrift *Emma* an und lud zu einer Solidaritätskundgebung ein – draußen, genehmigt, unter Wahrung der Corona-Auflagen. Es kam eine Absage: Wegen der Pandemie könne man nicht mitmachen.

Es ist nicht die Aufgabe von Journalistinnen und Journalisten, sich an Protesten zu beteiligen. Ihnen stehen andere Mittel zur Verfügung: Sie recherchieren, schreiben Analysen, prangern in Kommentaren an, schaffen Öffentlichkeit. Aber ausgerechnet in den einschlägigen feministischen Medien blieb es recht still. Erst drei Monate nach der gefälschten Wahl erschien in der *Emma* ein knapper Artikel über Maria Kolesnikowa. Zu den Frauenprotesten fand sich nichts in der Zeitschrift.

Auch bei dem linken feministischen Online-Magazin *Pinkstinks* suchte man vergeblich nach Publikationen zum Aufstand in Belarus – in einem Absatz wurden die Proteste der Frauen erwähnt. Im *Missy Magazine*, einer feministischen und diversen Publikation, tauchte kein einziger Artikel zum Thema Belarus auf. Die Zeitschrift *Brigitte*, die zwar kein feministisches Profil hat, sich aber vorwiegend an Frauen richtet, veröffentlichte einen Artikel gegen Jahresende. Das ist bemerkenswert angesichts der Tatsache, dass nicht weit weg von Deutschland eine Bewegung entstanden ist, die von Frauen geprägt ist und deren entscheidende Akteure Frauen sind – Swetlana Tichanowskaja, Maria Kolesnikowa und Veronika Zepkalo. Die im Übrigen international bekannt sind und mit renommierten Preisen überschüttet wurden.

Sicher lässt sich die journalistische Leerstelle teils mit Alltagszwängen erklären – kleine Redaktionen haben nicht die gleichen Möglichkeiten wie große Medienhäuser. Aber diese Erklärung allein verfängt nicht. Die einflussreiche Feministin Alice Schwarzer, Herausgeberin der *Emma*, ließ es sich kurz nach der Krim-Annexion 2014 nicht nehmen, in einem ausführlichen Artikel ihr Verständnis für Wladimir Putin auszudrücken und den Westen in der Schuld Russland gegenüber zu sehen. Immerhin habe

Deutschland das Land überfallen und »25 Millionen Menschen« getötet. – Da war sie wieder, die Gleichsetzung Russlands mit der gesamten Sowjetunion.

Im Jahr 2020, da die Belarussen und Belarussinnen für Grundrechte in ihrem Land kämpften, war indes kein Wort von Alice Schwarzer darüber zu lesen. Auch nicht zu der historischen Verantwortung Deutschlands für den Vernichtungsfeldzug in Belarus im Zweiten Weltkrieg.

Einige wenige Organisationen wie »Frauen für Freiheit« und »Internationale Frauenliga für Frieden und Freiheit« übten sich in Solidarität mit den Belarussinnen. Die DDR-Bürgerrechtlerinnen von »Frauen für den Frieden« in Ost-Berlin veröffentlichten ein bewegendes Schreiben an die Kämpferinnen in Belarus: »Wenn wir die Bilder und Videos sehen, auf denen Ihr friedlich als rot-weißes Meer dem gewaltbereiten Schwarz der Sicherheitskräfte gegenübersteht, spüren wir Eure Kraft«, schrieben sie und erinnerten an ihren Kampf in der DDR in den Achtzigerjahren. »Als einige von uns verhaftet wurden, waren es vor allem die Solidarität und Unterstützung bundesdeutscher und westeuropäischer Politiker und Friedensgruppen, die die Freilassung der Frauen nach sechs Wochen erzwangen. Wir wünschen Euch, dass Ihr eine ebensolche wirkungsvolle Unterstützung und Hilfe von einer Vielzahl demokratischer Kräfte erhaltet.«

Aber die Reichweite dieser Organisationen ist gering, und der Brief der Frauen blieb trotz russischer Übersetzung selbst in Belarus weitestgehend ungelesen. Und der Wunsch, breite Solidarität im Westen zu erfahren, die helfen, gar retten könnte, ging nur zum Teil in Erfüllung. Sicher, es gab Bemühungen einiger weniger – aber zu einem Massenphänomen ist die Solidarität nicht geworden. Es war, als wäre Belarus Tausende von Kilometern entfernt und kein Land in der unmittelbaren Nachbarschaft der EU. Nicht nur in den Medien, die sich an Frauen richten, blieb es überwiegend bedrückend still. Auch auf den Social-Media-Kanälen wie Twitter oder Instagram übten sich reichweitenstarke linke und feministische Publizistinnen, die breite Massen erreichen, in Zurückhaltung.

Als in Polen ein Urteil des Verfassungsgerichts Abtreibungen im Land faktisch unmöglich machte, wurden polnischsprachige Hashtags in den sozialen Medien in Deutschland zum Trend. Publizistinnen mit riesigen Anhängerscharen riefen dazu auf, für Frauen aus Polen zu spenden, damit sie in Deutschland abtreiben können. Als im Sommer 2020 der US-Amerikaner George Floyd von einem rassistischen Polizisten getötet wurde, gingen die Hashtags viral; 15 000 Menschen protestierten trotz Pandemie am Alexanderplatz, ganz vorn dabei linke, antirassistische, liberale Feministinnen – immerhin sei die Bewegung »Black Lives Matter« von drei Frauen gegründet worden, die gemeinsam die Macht gehabt hätten, etwas zu verändern, befindet die feministische Autorin Mary Beard. Als kurz darauf jedoch Maria Kolesnikowa verschleppt wurde, nur 1100 Kilometer von Berlin entfernt, geschah in Deutschland: so gut wie nichts. Es gab keine Hashtags von Feministinnen, die zum Trend wurden, und keine großen Solidaritätsbekundungen in Berlin. Und das, obwohl Maria Kolesnikowa sich als Feministin sieht, lange in Deutschland gelebt hat und Deutsch spricht.

Katja Artsiomenka hat viel darüber nachgedacht, woher die Zurückhaltung kommen könnte. Sie vermutet eine gewisse Hochnäsigkeit – vielleicht, weil die Proteste keine feministische Agenda hatten. »Aber spielt das eine Rolle hier? Wenn die Rechte aller Menschen mit Füßen getreten werden, ist es dann wirklich an der Zeit, nach feministischen Werten zu fragen?«

Die Kulturwissenschaftlerin Maria Davydchik, die in Berlin lebt und in dem 2020 gegründeten Verein der belarussischen Diaspora »Razam« aktiv ist, klingt wütender: »Ich kann mir die Passivität einfach nicht erklären. Ist es nicht sexy genug, um Demokratie zu kämpfen? Reicht es nicht, wenn es nicht um die Emanzipation von Männern geht? Hier geht es doch um so viel mehr als das! Oder ist genau dies das Problem, dass die Frauen den Rahmen des Feminismus verlassen?«

Auch Veronika Zepkalo, die sich seit dem Sommer 2020 aus dem Exil für belarussische Frauen engagiert, sagt, natürlich nicht ohne ihre Dankbarkeit für all die schon erfolgte Unterstützung zu betonen: »Mehr Hilfe, gerade von Frauen, wäre toll. Und ich meine damit nicht einmal finanzielle Unterstützung.«

Es wäre absurd, von Feministinnen zu erwarten, sich für die Belange jeder Frau auf der Welt einzusetzen. Aber den Aufstand in Belarus nicht wahrzunehmen, das kommt einer vertanen Chance gleich. Denn der Kampf in Belarus um Grundrechte war eben auch der Kampf um weibliche Sichtbarkeit in der Öffentlichkeit. Und um die wird seit Ewigkeiten gerungen, über politische Konfliktlinien, Religionen und Kulturen hinweg.

Wie viele Frauen bleiben vergessen?

Wer hat je von Violet Albina Gibson gehört? Sie schoss bei einer Kundgebung auf den italienischen Faschistenführer Benito Mussolini und verletzte ihn mit einem Streifschuss. Weltweit gilt Lech Wałęsa als Ikone, der Arbeiterführer der polnischen Gewerkschaft Solidarność. Aber wer kennt schon außerhalb von Polen Anna Walentynowicz? Oder Henryka Krzywonos, die ihr ungeborenes Kind verlor, als sie während einer Hausdurchsuchung von der Staatsmacht misshandelt wurde?

Die Frauen gehörten zu den Gründungsmitgliedern der Solidarność. Die Gewerkschaft war kein Ein-Mann-Verein eines Elektrikers aus Popowo, sondern eine Massengewerkschaft mit 10 Millionen Mitgliedern – die Hälfte davon Frauen. Hätte nicht die US-Amerikanerin Shana Penn in den 2000er-Jahren die Verdienste der Frauen in der Solidarność-Bewegung beschrieben, dann wäre ihre Rolle bei der Revolution womöglich auf immer verschüttet geblieben unter den heroischen Erzählungen von mutigen Elektrikern und ruhmreichen Katholiken.

Victor Klemperer ist zu Recht weltbekannt – er hatte als Jude während des Dritten Reichs Tagebuch geführt. Aber wer kennt schon die 20 Tagebuchbände von Anna Haag, in denen sie das Alltagsleben im Nationalsozialismus festhielt? Und wie viele Geschichten von den gut eine Million Frauen, die auf sowjetischer Seite an der Front gekämpft hatten, haben sich ins kollektive Gedächtnis eingeschrieben? Einen Versuch hat die belarussische Literaturnobelpreisträgerin Swetlana Alexijewitsch mit ihrem Buch *Der Krieg hat kein weibliches Gesicht* unternommen. Sie machte die unzähligen Geschichten, die verschüttet waren, endlich sichtbar.

Wer hat schon einmal von den »Nachthexen« gehört? So nannten die Deutschen das 588. Nachtbombenfliegerregiment der Sowjetunion – es bestand ausschließlich aus Frauen, von denen die Deutschen sagten, dass es unmöglich sei, sie zu töten. Sie irrten sich: Dutzende der Frauen wurden im Einsatz getötet oder verletzt – wie die 21-jährige Lilja Litwjak, die sich schon mal von einem Mechaniker den Wasserstoff aus einem nahe gelegenen Krankenhaus bringen ließ, um sich die Haare zu blondieren. Die Geschichten dieser Frauen hat die Autorin Elizabeth Wein 2019 in ihrem Buch *A Thousand Sisters* freigelegt, mehr als 70 Jahre nach Kriegsende.

Die Frauen flogen die Luftangriffe nicht nur, um die Nazis zu besiegen, glaubt Wein, sondern auch, um zu beweisen, dass sie genauso kämpfen konnten wie Männer. Als schließlich auch in den USA Kampfpilotinnen zugelassen wurden, drehte Hollywood den Film »Mutige Ladys«. Die Pilotinnen wurden als Hysterikerinnen dargestellt, schreibt Wein, die zu Flugfehlern und Flirten neigten. Wenn Frauen in Männerdomänen sichtbar wurden, dann allenfalls als plattes Klischee.

Mehr als die Hälfte der Protestierenden in Myanmar sollen Frauen sein. Sie sind bereit, ihr Leben zu riskieren im Kampf gegen die Junta. Wird sich später jemand an diese Frauen erinnern, die mithilfe weiblicher Insignien wie Abendkleider, BHs und Damenbinden 2021 für ihre Rechte einstanden? Und wird irgendwann mehr von dem Einsatz der Belarussinnen übrig bleiben als ein paar preisgekrönte Bilder? Werden ihre Erfahrungen in ein globales Kollektivgedächtnis eingehen?

Es geht nicht um eine weibliche Geschichtsschreibung um der Weiblichkeit willen. Es geht um Vollständigkeit. Fast überall prägen Frauen politische Prozesse, aber die Geschichte schreiben Männer. Sollte es Feministinnen nicht gerade darum gehen, den weiblichen Anteil sichtbar zu machen, und zwar weltweit?

Denn dass Proteste heute abgetrennt und für sich stattfinden, ist ein Irrglaube. Sie vernetzen sich, sie tauschen sich aus und prägen sich gegenseitig. Die Frauen in Weiß, die in den USA gegen Donald Trump demonstrierten, als der noch Präsident war – sie bezogen sich mit ihrer Farbwahl auf die Suffragetten, so wie sich zuvor die Frauen in Kuba in ihren weißen Kleidern auf sie bezogen hatten –, und 2020 dann die Frauen in Belarus, ob gewollt oder ungewollt. Und in Russland folgten einige Monate nach dem Beginn des Protests in Belarus Russinnen dem Beispiel der Belarussinnen: Sie stellten sich vor die Männer, als bei den landesweiten Protesten für Alexej Nawalny Tausende festgenommen wurden.

Man studiert einander, man zitiert sich, man inspiriert sich. Belarus Russland, die Ukraine Hongkong, Hongkong Belarus,

Belarus Polen, wo sich die Frauen bei ihrem Kampf um Abtreibungsrechte explizit auf die Belarussinnen bezogen. Die Taktik »Sei wie Wasser«, die in Belarus 2020 praktiziert wurde, stammt aus Hongkong – weiche der Staatsgewalt aus wie Wasser dem Stein, organisiere dich dezentral.

Dieser Aufstand verändert Wahrnehmungen. Er beeinflusst Gesellschaften, ihre DNA, ihren Blick, ihre Werte. Kein Protest steht mehr für sich, nirgends auf der Welt. Und nebenbei angemerkt: Feministische Anliegen wurden noch nie ausschließlich innerhalb der nationalen Grenzen verhandelt.

Nachdem Swetlana Tichanowskaja für ihren Mann eingesprungen war, sprang Julia Nawalnaja für ihren Gatten ein, den russischen Oppositionspolitiker Alexej Nawalny, der seit Januar 2021 in Haft sitzt. Sofort wurden in Russland Parallelen zwischen den Frauen gesucht. Als ich Swetlana Tichanowskaja fragte, ob sie Julia Nawalnaja etwas zu sagen hätte, antwortete sie sofort: »Meine Liebe, du machst alles richtig! Weiter so!«

11.

SCHON GESCHEITERT ODER NOCH NICHT GESIEGT?

Tichanowskajas Hoffnung: Proteste

Kann man aus dem Exil eine Diktatur zerstören? Kann man vom siebten Stock eines Bürokomplexes aus mit einer Handvoll Leuten eine Revolution in der fernen Heimat vorantreiben?

Swetlana Tichanowskaja bleibt nichts anderes übrig, als es zu versuchen. Sie redet auf Konferenzen, spricht mit Vertretern der OSZE und der Vereinten Nationen. Sie reist durch Europa und trifft Regierende. Ihr Reiseplan ist voller als der des deutschen Außenministers. Stets hat sie dieselben Forderungen dabei: härtere und weitreichendere Sanktionen gegen Alexander Lukaschenko und sein Umfeld. Der Diktator müsse politisch isoliert werden, die wirtschaftliche Zusammenarbeit vorübergehend aufhören, fordert sie. »Illegitime Macht ist teuer«, sagt Swetlana Tichanowskaja. Es stimmt: Lukaschenko muss sich den Zusammenhalt in seinem Machtapparat erkaufen und die Sicherheitsstrukturen weiter und weiter ausbauen. Das kostet, und zugleich wird die wirtschaftliche Lage in Belarus immer schwieriger.

Die Finanzen sind Lukaschenkos empfindlichste Stelle. Deshalb fordert Tichanowskaja, die Geldflüsse, die sein Regime stabilisieren, zu stoppen. Europa müsse stattdessen der belarussischen Zivilgesellschaft helfen, fordert sie. Sie spricht mit dem EU-Erweiterungskommissar, und sie hat ein Schreiben an die EU-Kommissionspräsidentin Ursula von der Leyen gesendet, in dem sie die EU zu einer internationalen Konferenz auffordert, damit die EU-Mitglieder mehr tun, um Lukaschenko unter Druck zu setzen. Außerdem fordert sie eine Art Marshallplan für Belarus, damit die Menschen begreifen, dass in einer Zeit nach Lukaschenko kein Chaos zu befürchten, sondern eine Alternative greifbar ist. Unterzeichnet ist das Schreiben von einigen Mitgliedern des Koordinationsrates, von Pavel Latuschko, von Veronika Zepkalo und Swetlana Tichanowskaja – »der Anführerin eines demokratischen Belarus«, so steht es in dem Schreiben.

Swetlana Tichanowskaja scheint ihre Rolle als Politikerin gefunden zu haben. In der gesamten Zeit hat sie sich noch keinen entscheidenden Fehltritt erlaubt. Ihr Schattenkabinett wächst. Es bereitet sich vor. Doch es läuft beschwerlich.

Über Monate hat Tichanowskajas Stab eine landesweite Abstimmung in Belarus ausgearbeitet: Die Belarussen und Belarussinnen sollten online und anonym darüber verfügen, ob es Gespräche mit dem Regime über »einen Ausweg des Landes aus der Krise mit internationaler Vermittlung« wie der OSZE oder den Vereinten Nationen geben solle. Tichanowskaja hat sich davon entscheidende Schritte versprochen und nach Legitimation gesucht. Fast alle, die sich beteiligten, waren für Gespräche – doch weit weniger als eine Million Belarussen und Belarussinnen machten mit, zu wenige. Seither bewegt sich so gut wie nichts. Swetlana Tichanowskaja sucht den Dialog mit Lukaschenkos Regime, weil sie seinen Rücktritt will. Er aber klammert sich mehr denn je an die Macht. Er gibt den Befehl, ein Flugzeug von Ryanair auf dem Weg von Athen nach Vilnius zur Landung in Belarus zu zwingen, weil sich an Bord der unliebsame Aktivist Roman

Protasewitsch mit seiner Freundin Sofia Sapega befinden, die später zu einem der üblichen Videogeständnisse gezwungen werden. Er lässt massenhaft Journalisten und Journalistinnen festnehmen und mit schwerwiegenden Vorwürfen überziehen, die jahrelange Haft bedeuten. Er lässt Swetlana Tichanowskaja offiziell als Terroristin einstufen und nach ihr fahnden. Es gebe nach wie vor keine Gespräche und keine Kontakte mit dem Regime. »Außer Gewalt gibt es von Lukaschenko nichts Neues«, sagt Tichanowskajas Berater Alexander Dobrowolskij.

Auch die Proteste erzeugen keinen sichtbaren Druck mehr. Es gibt sie im Kleinen, aber die größeren sind erloschen. »Am gefährlichsten wäre es, wenn die Proteste aufhören. Das würde alle Bemühungen kaputt machen«, sagte Tichanowskajas Stabschef Valerij Kowalewskij im Februar 2021. Für den 25. März 2021 hatte Tichanowskajas Team auf große, landesweite Proteste gehofft. An dem Tag wird der Unabhängigkeit von Belarus gedacht, die 1918 ausgerufen wurde, aber nicht lange währte. In den meisten Jahren unter Lukaschenko ging an diesem Datum die Opposition auf die Straße, wurden weiß-rot-weiße Fahnen gehisst und Hunderte Menschen festgenommen. Swetlana Tichanowskaja hatte gehofft, dass auch dieses Mal Proteste aufflammen würden. Aber es gab kaum welche. Wie auch?

Lukaschenko hatte in der Innenstadt von Minsk faktisch einen Ausnahmezustand verhängt, Straßen absperren und willkürlich Passanten festnehmen lassen, die auf einen Bus warteten oder rot-weiße Kleidung trugen. Sogar eine ältere Frau, die mit ihrem neunjährigen Enkel ins Krankenhaus unterwegs war, wurde aufgegriffen. Anton Rodnenkow und Ivan Krawzow, die im September 2020 gemeinsam mit Maria Kolesnikowa im Auto außer Landes gebracht werden sollten, erzählen mir, ihnen sei schon im Dezember 2020 klar geworden, dass ein Sieg keine Frage von Wochen oder Monaten sei. Maria Kolesnikowa und Viktor Babariko jedenfalls hätten sich darauf eingestellt, Jahre im Gefängnis zu verbringen. Ich schlucke, als ich diese Worte höre, aber die beiden Männer scheinen nicht überrascht. »In autoritären Ländern saßen fast alle Anführer irgendwann im Gefängnis«, meint Ivan Krawzow.

Außergewöhnliche Ereignisse erregen Aufmerksamkeit, und die ist gnadenlos begrenzt. Bewegt sich nichts, dann zieht die mediale Karawane weiter, zur nächsten Katastrophe, zum nächsten Krisengeschehen. Ein untragbarer Zustand wird dann zur politischen Normalität. Hatte die EU das erste Sanktionspaket im Oktober 2020 verabschiedet und jeweils etwa einen Monat später das zweite und dritte, wird das vierte Paket monatelang diskutiert und verschleppt. Das Elend nebenan ist nun zur Normalität geworden. Jetzt, wo es kaum noch die eindrucksvollen Bilder von den Protesten in den Nachrichten gibt, verliert Belarus an Bedeutung. »Ich bitte euch, eure Politik nicht nur auf Bildern aufzubauen, sondern auf Werten«, sagt Swetlana Tichanowskaja in Richtung der EU. »Diese Bilder sind nicht deswegen verschwunden, weil die Menschen aufgehört hätten zu kämpfen. Sondern weil diesen Menschen einfach die Luft zum Atmen genommen wird.« Und Ivan Krawzow aus Babarikos Stab kann über die Sanktionspakete der Europäer noch Mitte Mai 2021 nur müde lächeln. »Ob die Europäer es nun viertes oder zehntes Paket nennen, es hat keinen Effekt.«

»Vielleicht haben wir uns Romantik erlaubt«

Tichanowskajas Stab sitzt in der litauischen Hauptstadt Vilnius fest. Das Team von Viktor Babariko und Maria Kolesnikowa lebt größtenteils in Warschau. Der frühere Kulturminister Pavel Latuschko, der das berühmte Janka-Kupala-Theater in Minsk geleitet hatte, bis er im Sommer 2020 entlassen wurde, schmiedet ehrgeizige Pläne in Polen. Teile des oppositionellen Koordinationsrates, eines breiten zivilgesellschaftlichen Gremiums aus Belarussinnen und Belarussen, das nach der Wahlfälschung einen Dialog zwischen Alexander Lukaschenko und dem Volk ermöglichen wollte, harren ebenfalls in Warschau aus. Andere wie die Literaturnobelpreisträgerin Swetlana Alexijewitsch sind in Berlin, die Zepkalos leben in Lettland. All diese Menschen, die 2020 zu Oppositionellen wurden, hörten damals auf, Konkurrenten zu sein, weil sie ein Ziel verband: Alexander Lukaschenko sollte endlich die Macht loslassen und zurücktreten.

Doch dieses Ziel scheint noch immer sehr weit weg. Lukaschenko ist zu keinem politischen Kompromiss bereit. Er sieht sich bedroht und malt ein Szenario aus, dass er bei einem Anschlag getötet werden könnte – die Macht solle dann auf den Sicherheitsrat übergehen und ein Ausnahmezustand verhängt werden. Die Macht teilen? Reden? Glaubt man dem Lukaschenko-Biografen Valerij Karbalewitsch, dann kann Alexander Lukaschenko nicht anders: Für ihn käme der Machtverzicht einer Selbstauslöschung gleich.

»Vielleicht haben wir uns Romantik erlaubt«, hat die Literaturnobelpreisträgerin Swetlana Alexijewitsch bei einem Auftritt mit Herta Müller in Berlin über die belarussische Protestbewegung gesagt. »Vielleicht beginnt jetzt die Zeit des nüchternen Realismus.« Es gibt nun Stimmen, die fordern, die Belarussinnen und Belarussen sollten zur Gewalt greifen. Sie glauben, dass die Friedfertigkeit eine Strategie des Jahres 2020 war, die 2021 überholt ist. Doch Swetlana Tichanowskaja lehnt Gewalt nach wie vor strikt ab. Ebenso wie sie es ablehnt, Menschen aktiv dazu aufzurufen, protestieren zu gehen, obwohl es so wichtig wäre. Das Leben eines jeden Einzelnen ist für Swetlana Tichanowskaja zu wertvoll, als dass sie verlangen würde, es politischen Zielen zu opfern. Mag sein, dass das ein Fehler ist. Aber dann ist es ein zutiefst humanistischer Fehler.

»Jetzt ist nicht die Zeit, Parteien zu gründen«

Ende Februar 2021 erklärte Swetlana Tichanowskaja, es sei ihr Ziel, alle zusammenzuhalten. Sie sprach sich gegen politische Alleingänge aus. »Jetzt ist nicht die Zeit, Parteien zu gründen, sonst beginnt die Spaltung. Wir können es aber nur vereint schaffen«, sagte sie mir damals. »Es darf nicht passieren, dass jetzt jeder damit anfängt, zu beweisen, dass er besser ist als die anderen. Wir müssen zusammen weitermachen. Danach können alle so viele Positionen vertreten, wie sie mögen. Die Menschen müssen verstehen, dass es unterschiedliche Meinungen gibt. Aber nicht jetzt. Jetzt ist nicht die Zeit dafür.«

Die Oppositionskräfte entfernen sich voneinander. Der Stab von Viktor Babariko hat als Erster eine Partei gegründet. Er hatte das schon vor der Augustwahl 2020 geplant und ein Video aufgenommen mit Maria Kolesnikowa und Viktor Babariko. »Gemeinsam« soll die Partei heißen, und allein in den ersten Wochen haben ein paar Tausend Menschen einen Aufnahmeantrag gestellt und dafür sogar persönliche Angaben gemacht, wie es die Gesetze vorsehen. Die Partei will bei der Kommunalwahl in Belarus Ende 2021 antreten, bis dahin bekannter werden – doch schon heißt es, Lukaschenko wolle die Kommunalwahl auf das Jahr 2023 verschieben.

Sofort zog der frühere Kulturminister Pavel Latuschko nach, der erst nach dem Wahlbetrug im August 2020 überhaupt politisch in Erscheinung trat. Latuschko verhehlt seine ehrgeizigen Ambitionen nicht. Auch er will eine Partei schaffen, aber später, um das politische Leben in einem »neuen Belarus« mit aufzubauen und das »Machtvakuum« zu füllen, das nach Lukaschenkos Rücktritt entstehen würde. Swetlana Tichanowskaja wiederum will zwar keine Partei, aber eine Massenbewegung für ein »neues Belarus«. Mit einem Manifest, das alle Prinzipien und Werte der

Opposition festhält und von allen Kräften gemeinsam mitgetragen wird. Doch einige aus dem Oppositionslager sind skeptisch – wo wäre da der Unterschied zu einer Partei?

Was macht das mit einer Oppositionsbewegung, wenn die Zeit wie eingefroren scheint? Wie lange hält man ein Leben im Exil durch? Ab wann wird man zur ewigen Exilantin, die zwar durch Medien, Podiumsdiskussionen und internationale Think Tanks gereicht wird, aber politisch nichts mehr auszurichten vermag? Wenn die ersten wirklich großen Fehler passieren? Man träumt. Man sehnt sich. Man verzweifelt. Man hofft. Man macht weiter. Ihnen sei das von Beginn an klar gewesen, sagen Anton Rodnenkow und Ivan Krawzow, dass dieser Kampf lang sein werde. Sie suchen jetzt nach neuen Wegen, die der Staat zulässt. Man stutzt, man staunt: Wie denn das? »Lukaschenko hat schon mal Fehler gemacht, als er damals Swetlana Tichanowskaja zur Wahl zugelassen hat. Wir versuchen, solche Fehler in der Zukunft zu nutzen. Wir suchen nun nach einem Schlüssel, der ins Schlüsselloch passt.«

Was ist schon Scheitern? Ein dehnbarer Begriff.

Die Maidan-Revolution in der Ukraine 2014 zum Beispiel – ist sie trotz des Machtwechsels gescheitert, weil in dem Land noch immer Korruption grassiert und große Teile der alten Eliten sich in Machtpositionen gerettet haben? Oder die Samtene Revolution 2018 in Armenien: War sie vergebens, weil der Premierminister sich als autoritärer und populistischer als erhofft erwiesen hat? Woran misst man den Erfolg von Protesten? Und in welchen Zeitspannen?

Der tschechoslowakische Künstler und Bürgerrechtler Václav Havel saß 1980 für drei Jahre im Gefängnis und wurde 1989 wieder eingesperrt, bevor sich die Ereignisse überschlugen und ihn das Parlament zum Präsidenten der freien Tschechoslowakei wählte. Der magische August des Jahres 1980, als in ganz Polen Streiks begannen und schließlich die Gewerkschaft Solidarność entstand, kann als eine Geschichte des Scheiterns erzählt werden: Die Gewerkschaft wurde bald verboten, alle mühsam erkämpften Freiheiten einkassiert, das Kriegsrecht verhängt. Oder aber man erzählt sie als eine Erfolgsgeschichte, die ihre Zeit brauchte: Neun Jahre später, im Frühjahr 1989, setzten sich in Warschau Regimefunktionäre und Oppositionskräfte an einen Runden Tisch. Schließlich gelang eine friedliche Machtübergabe. Damals sprang die Kraft der Ereignisse von einem Land aufs andere über, bis aus dem sogenannten Ostblock auf der Landkarte ein Mosaik aus souveränen Nationalstaaten geworden war.

Es wäre so leicht, die Ereignisse in Belarus als gescheitert abzutun: Die Proteste sind versiegt, der Kampf ist verloren. Aber was die drei Frauen im Sommer 2020 mit entfacht haben, wie die belarussische Gesellschaft ihre Kraft entdeckt und sich verändert hat, das ist nicht abgeschlossen und vorbei. Die Veränderungen wirken nach. Irgendwann werden sie sich entfalten, vielleicht in einem halben Jahr, vielleicht erst in fünf Jahren oder zwanzig. »So wie es war, wird es nicht mehr sein«, sagt Swetlana Tichanowskajas Pressesprecherin Anna Krasulina. »Und so, wie es jetzt ist, kann es nicht lange weitergehen. Es ist ein Land ohne Zukunft.«

Und dann unterlaufen dem Regime eben doch Fehler, von denen Krawzow und Rodnenkow sprachen, trifft Lukaschenko kopflose Entscheidungen. Plötzlich macht sich die Hoffnung breit, dass sich etwas ändern könnte. Die staatliche Entführung der Ryanair-Maschine mit mehr als 120 Menschen an Bord im Mai 2021 ließ die Europäer erwachen. Dass Alexander Lukaschenko persönlich ein Passagierflugzeug mit einer fingierten Bombendrohung und mithilfe eines Kampfjets in Minsk zum Landen zwingen könnte, um Rache zu nehmen an dem Aktivisten Roman Protasewitsch, löste außerhalb von Belarus Fassungslosigkeit aus. Die vermeintlich belarussische Krise rückte auf einmal für die Europäer bedrohlich nah. Die Forderungen, mit denen Swetlana Tichanowskaja monatelang durch Europa reiste, werden nun ernster genommen: Die belarussischen Staatslinien dürfen nicht mehr in der EU landen, die Europäer meiden den Luftraum über Belarus. Wirtschaftssanktionen, das wohl schmerzhafteste Bestrafungsinstrument, werden erstmals ernsthaft diskutiert. »Die internationale Gemeinschaft hat nun zu spüren bekommen, was Belarussen seit etwa einem Jahr erleben«, sagt Tichanowskajas Stabchef Valerij Kowalewskij. »Lukaschenko ist zur Bedrohung des internationalen Friedens und der Sicherheit geworden.« Lukaschenkos Gegner in Vilnius, Warschau und Riga schöpfen leise Zuversicht. Wer weiß, vielleicht wird man über die erzwungene Landung rückblickend sagen, dass sie der Wendepunkt im Kampf gegen Alexander Lukaschenko war.

Nach Lukaschenko fängt der Kampf erst an

Sollte Lukaschenko irgendwann weg sein, wird dieser Kampf nicht zu Ende sein. Dann werden die Belarussinnen und Belarussen verhandeln müssen, wie sie mit den Traumata umgehen wollen, die ihnen die Staatsmacht zugefügt hat. Was bestraft werden muss und was nicht gerächt werden darf. In Litauen ermittelt die Staatsanwaltschaft schon jetzt gegen mutmaßliche Täter, die in Belarus nicht zur Verantwortung gezogen werden. In Deutschland haben belarussische Folteropfer beim Generalstaatsanwalt Strafanzeige gegen Alexander Lukaschenko gestellt. Die Vereinten Nationen haben eine Resolution verabschiedet, die es leichter machen soll, Beweise für die Staatsgewalt zu sammeln und die Täter zur Verantwortung zu ziehen. Eine neue internationale Plattform soll helfen, Folterfälle zu dokumentieren. Doch erst in

Zukunft werden die Belarussen klären können, wie viel Gerechtigkeit möglich und wie viel Milde nötig ist, um die Grenze zur Rache nicht zu übertreten.

Alle reden sie von der Revolution: Swetlana Tichanowskaja, ihre Berater, Veronika Zepkalo, die Protestierenden. Selbst Politikwissenschaftler wie der Lukaschenko-Biograf Valerij Karbalewitsch. »Es geht nicht mehr darum, dass Lukaschenko nicht mehr der legitime Präsident ist«, sagt er, als wir im Januar 2021 sprechen. »Die Menschen wollen ein anderes politisches System.«

Wenn die Machthaber tatsächlich irgendwann die Macht verlieren sollten, dann müsste das alte System mit dem jungen Wunsch nach Wandel versöhnt werden, damit keine Gewalt herrscht. In einer Zeit nach Alexander Lukaschenko müsste Macht neu verteilt, aber auch ausbalanciert werden. Die Gesellschaft wird sich darüber verständigen müssen, welche Rolle der Sicherheitsapparat künftig spielen soll, inwieweit die Täter rehabilitiert und Opfer entschädigt werden müssen. Und sie wird dann diskutieren müssen, welche Rolle die Frauen in dieser Gesellschaft einnehmen sollen, deren politisches Schicksal sie so entscheidend geprägt haben. Dann wird sich zeigen, was übrig geblieben ist von dem, was die Soziologin Elena Gapova während des Protestsommers 2020 als »radikalen Neustart der Stimmungen« bezeichnet hat.

Gapova beschäftigt zudem noch eine weitere Frage: Wird es in einem neuen Belarus möglich sein, nicht zwischen den sozialen Garantien einer Diktatur und den Freiheiten einer Liberalisierung entscheiden zu müssen, sondern beides zu haben – soziale Sicherheiten und Freiheiten? Oder wird diese Revolution am Ende eine bürgerliche sein, die sich an die Mittelklasse wendet, aber ihre Arbeiterinnen und Arbeiter vergisst? Die Belarussen und Belarussinnen werden dann darum ringen, wer sie sein und wie sie leben wollen. Man kann auch sagen: Die Revolution hört nicht auf, wenn Alexander Lukaschenko weg ist. Sie fängt dann erst an.

Es gibt keinen Plan B

Wenn dieses Manuskript in Druck geht, dann ist ein solches Umbruchszenario vermutlich keine konkrete Politik, sondern eine konkrete Utopie, sollte es nicht unerwartete Wenden geben. Mehr als 470 politische Gefangene sitzen im Juni 2021 im Gefängnis, täglich werden es mehr. Haftgesetze werden verschärft, Strafmaße erhöht, die wenigen kleinen Freiheiten, die es noch gibt, weiter eingegrenzt. Teenager werden zu Gefängnisstrafen verurteilt, Journalistinnen für ihre Berichterstattung über Proteste oder Prozesse angeklagt. Belarus ist kein totalitäres Land, noch immer nicht. Aber mit jedem Tag baut das Regime seinen totalitären Anspruch weiter aus. Es muss gar nicht alle politischen Gegner einsperren, nicht alle Andersdenkenden ins Exil jagen, nicht jeden Online-Kanal und jede Nachrichten-Webseite kontrollieren, nicht jedes Schlupfloch der Freiheit stopfen. Die Strafen müssen nur erratisch und brutal genug sein, um ausreichend Furcht auszulösen. Unberechenbarkeit muss herrschen, damit jeder und jede weiß, wie schmerzhaft hoch der Preis der Freiheit sein kann. Und nie darf klar sein, wann er fällig wird und warum eigentlich. Der Aktivist Roman Protasewitsch, den Lukaschenko aus einer internationalen Passagiermaschine hat verschleppen lassen, hat das auf furchtbare Weise erfahren.

Die Zukunft von Belarus ist ungewiss, wenn es denn eine gibt mit einem Mann an der Spitze, der so sehr für die Vergangenheit steht. Dass Alexander Lukaschenko sich noch lange an der Macht halten wird, ist einerseits schwer vorstellbar. Stark ist er jedenfalls nicht. Andererseits hat er eine starke Schutzmacht. Die Belarussinnen und Belarussen mögen noch so sehr darauf pochen, dass geopolitische Überlegungen keine Rolle spielen bei ihren Protesten – entschieden wird ihr Kampf schlussendlich in Moskau.

Veronika Zepkalo hat sich schon im Sommer öffentlich an Wladimir Putin gewandt. Sie ließ ihn wissen, dass er als belarussischer Nationalheld in die Geschichte eingehen würde, wenn Moskau Lukaschenko fallen ließe. Swetlana Tichanowskajas Team suchte ebenfalls Gespräche mit dem Kreml. Es gab wohl tatsächlich Kontakte über Mittelsleute, aber sie führten zu nichts. Hatte Tichanowskaja zu Beginn der Proteste aufrichtig geglaubt, dass man mit allen reden könnte und der Kreml die Aufständischen in Belarus gewähren ließe, solange das enge Verhältnis zu Russland unangetastet bliebe, sagt sie nun selbst, dass das naiv war; von Hoffnung auf Hilfe hätten die Belarussen nichts. Aber sie beharrt weiterhin darauf, dass es falsch wäre, Sanktionen gegen Russland zu verhängen. Eine Geopolitisierung des Kampfes in Belarus, glaubt sie, müsse unbedingt verhindert werden.

Als hinge das allein von den Belarussen und Belarussinnen ab. Denn dem Kreml geht es nicht darum, dass er mit Alexander Lukaschenko einen zuverlässigen Partner verlieren würde. Das war Lukaschenko nie, und die persönliche Antipathie zwischen ihm und Putin ist bekannt. Dem Kreml geht es darum, eine Demokratisierung der belarussischen Gesellschaft zu verhindern. So wie Lukaschenko nicht von der Macht lassen kann, so kann der Kreml nicht einfach einen demokratischen Volksaufstand beim verbündeten Nachbarn dulden. Denn was in der Nachbarschaft geschieht, kann sich schnell daheim wiederholen. Oder wie ein ausländischer Diplomat in Moskau es treffend beschrieb: Der Kreml sieht die Geschehnisse in Belarus, und ihm kommt es vor, als würde er in den Spiegel blicken.

Was bis zu der Flugzeugentführung als belarussische Angelegenheit verhandelt wurde, war in Wirklichkeit von Anfang an eine internationale Krise. Sie legt das politische Kalkül in Moskau offen und offenbart die Schwächen der Europäer. Die haben sich bislang gegenüber ihren Nachbarn eine Politik des Durchwurstelns erlaubt: Einerseits halten sie die Vorstellungen von einer russi-

schen Einflusssphäre für veraltet und inakzeptabel, ein aus dem
19. Jahrhundert in die Gegenwart herübergerettetes Relikt der
Machtpolitik. Andererseits tolerieren die Europäer diese Politik
aus eigener Machtlosigkeit heraus. Das Ergebnis: Die Europäer
setzen auf eine Politik, die sich an die kleinen souveränen Nachbarstaaten richtet – sie kommt aber an ihre Grenzen, wo die Interessen des Kremls berührt werden.

Swetlana Tichanowskaja muss daran glauben, dass alles bald
vorbei sein wird. Diesen Glauben fahren zu lassen würde bedeuten, ihren Mann aufzugeben, der im Gefängnis sitzt, sowie Hunderte andere Menschen, für die sie sich verantwortlich fühlt.
Anna Krasulina, die Pressesprecherin von Swetlana Tichanowskaja, harrt in Vilnius aus und sehnt sich nach ihrem alten Leben.
Sie hatte sich damals, im August 2020, gemeinsam mit Alexander
Dobrowolskij auf den Weg nach Litauen gemacht, um Swetlana
Tichanowskaja zu unterstützen, und war davon ausgegangen, nur
ein, zwei Wochen zu bleiben. Heute fragt sie sich, ob es nicht doch
irgendeine Möglichkeit geben könnte, nach Belarus zurückzukeh-
ren. Sie vermisst ihre Wohnung, die Familie, den Mann, die beiden erwachsenen Kinder.

Fragt man Alexander Dobrowolskij, ob er einen Plan B parat
habe, dann bejaht er euphorisch und zählt die nächsten politischen Schritte auf, die der Stab plane. Aber die Wahrheit ist: Es
gibt keinen Plan B. Alle, die in diesem siebten Stock geschäftig
Ideen entwerfen und Pläne schmieden, aber Familien und Partner in Belarus haben, können nicht anders, als sich an die eine
Überzeugung zu klammern: dass sie bald siegen werden. Sie wollen dorthin zurück, wo Erinnerungen warten und unaufgeräumte
Wohnungen, weil sie so plötzlich aufgebrochen waren und nicht
geahnt hatten, wie lange dieser Kampf währen könnte. Sie wollen
heim. So schnell wie möglich.

DANK

Ich habe davon gehört, dass Schreiben eine schöne Sache sein soll – man sitzt am Schreibtisch, nippt am Rotwein, guckt aus dem Fenster, und schon fliegen einem die Zeilen nur so zu. Ich beneide die Menschen, bei denen der Schreibprozess so abläuft, doch ich gehöre nicht dazu. Immerhin: Bei diesem Buch gab es keine schweren Krisen. Das ist nicht mein Verdienst, sondern das von Menschen, die mir weitergeholfen haben, wenn es nicht weiterging. Sie haben mich inspiriert, gegengelesen, redigiert, ermutigt, korrigiert, angetrieben, kritisiert, gut zugeredet und beruhigt. Ihnen möchte ich von Herzen danken.

Es heißt, es brauche ein Dorf, um ein Kind zu erziehen. Ich weiß mittlerweile: Es braucht eine Kleinstadt, um ein Buch fertigzustellen. Zu meiner persönlichen Kleinstadt gehören meine Moskauer Freunde Lena und Alexander Sambuk sowie Lena Kamenskaja, die mir bei der Vorbereitung und Recherche halfen. Von Herzen möchte ich Caterina Lobenstein danken, die die Zeit fand, die Rohfassung so viel besser zu machen, obwohl sie selbst in Arbeit versank, und Sabine Fischer, die während ihres Sabbaticals kritisch und genau das Manuskript las. Danke an Yassin Musharbash, dass ich ihm selbst um Mitternacht schreiben konnte: »Yassin, wird alles gut?« Und er sogleich antwortete: »Natürlich wird alles gut. Schreib weiter.« Julia Smirnova möchte ich für ihr unglaubliches Wissen danken, das sie so großzügig mit mir geteilt hat. Ich möchte Elisabeth Raether und Dagmar Rosenfeld danken und meiner Freundin Maren, die mich durch manche Strecke trug.

In meiner Kleinstadt wohnen ganz schön viele Menschen, deshalb möchte ich außerdem danken: Barbara Wenner und Kathrin Liedtke für die kongeniale Unterstützung und die tolle Betreuung. Simone Brunner, Ingo Petz, Alesja Petz-Belanovich und Felix Ackermann für ihre Expertise und ihre Tipps. Leandra Bias nahm sich als Expertin für Feminismus in Osteuropa Zeit für Einschätzungen. Dem ZOiS, vor allem Nadja Douglas, Gwendolyn Sasse und Felix Krawatzek, möchte ich danken, dass sie für Gespräche zur Verfügung standen und eigens Daten herausgesucht haben, um mir mehr Hintergrund zu geben. Elena Gapova und Irina Solomatina möchte ich für den Austausch und die Literaturhinweise danken und der Intendantin Christine Fischer dafür, dass ich mitten in der Pandemie eine Preisverleihung im Stuttgarter Theaterhaus besuchen durfte. Vor allem aber möchte ich den vielen Gesprächspartnern und -partnerinnen aus Belarus danken für ihren Mut und ihr Zutrauen, offen mit einer Fremden zu sprechen. Sie können hier leider nicht namentlich genannt werden. Außerdem möchte ich den Freundinnen und Verwandten von Maria Kolesnikowa für ihr Vertrauen danken. Sie haben mit mir ihre privaten Briefe geteilt und waren zu stundenlangen Gesprächen bereit. Ihnen allen gilt mein größter Respekt.

Ganz besonders möchte ich zwei Menschen danken: zum einen Sebastian Bolesch. Es klingt pathetisch, ist aber so: Ohne seine Geduld, seine Liebe, sein sanftes Antreiben, die stundenlangen Pillow Talks zu Belarus und sein seeeeehr kritisches Gegenlesen wäre das Buch wohl nicht zustande gekommen, ganz sicher jedenfalls nicht rechtzeitig. Und einer unerschrockenen Kollegin aus Belarus, deren Unaufgeregtheit und Professionalität ich bewundere. Und weil sie mich so sehr an Natalie Portman erinnert, soll sie hier Natalie heißen. Denn ihren Namen darf ich nicht schreiben, um sie nicht zu gefährden. Sie half mir stets mit Kontakten und Einschätzungen, las das Manuskript und bewahrte mich vor Fehlern, die peinlich geworden wären. Natalie lebt in Belarus und arbeitet einfach weiter. Auch wenn sie furchtlos zu sein scheint – ich habe Angst um sie.

LITERATUR

Grundlage für dieses Buch sind über hundert Interviews, die zwischen dem Sommer 2020 und April 2021 geführt wurden, sowie die Kanäle bei Telegram, über die sich die zivilgesellschaftlichen Gruppen in Belarus organisiert haben: belarussische Rentner, Ärzte, feministische Gruppen, Frauenaktivistinnen, Angehörige von Festgenommenen, Journalisten und Journalistinnen. Hinzu kamen etliche Konferenzen und Diskussionsrunden seit dem Sommer 2020. Ein paar literarische Quellen halfen mir dennoch weiter, manche sind übersetzt worden. Einen guten Überblick über die feministischen Ansätze in Belarus geben die Aufsätze, die regelmäßig auf Russisch oder Belarussisch in der Reihe »Frauen in der Politik« erscheinen.

Weitere Publikationen:

Ackermann, Felix: *Mein litauischer Führerschein. Ausflüge zum Ende der Europäischen Union*, Berlin 2017.
Akudowitsch, Valentin: *Der Abwesenheitscode. Versuch, Weißrussland zu verstehen*, Berlin 2012.

Alexijewitsch, Swetlana: *Der Krieg hat kein weibliches Gesicht*, Berlin 2004.

Alexijewitsch, Swetlana: *Die letzten Zeugen. Kinder im Zweiten Weltkrieg*, Berlin 2016.

Alexijewitsch, Swetlana: *Secondhand-Zeit. Leben auf den Trümmern des Sozialismus*, Berlin 2013.

Arendt, Hannah: *Macht und Gewalt*, München 1970.

Baranskaja, Natalja: *Woche um Woche. Frauen in der Sowjetunion*, Berlin 1988.

Bohn, Thomas M., Shadurski, Victor (Hg.): *Ein weißer Fleck in Europa. Die Imagination der Belarus als Kontaktzone zwischen Ost und West*, Bielefeld 2011.

Cimafiejewa, Julia: *Zirkus. Gedichte*, Berlin 2019.

Edition FotoTapeta: *Belarus! Das weibliche Gesicht der Revolution*, Berlin 2020.

Feduta, Alexander: *Lukaschenko. Polititscheskaja Biografia*, Vilnius 2005.

Filipenko, Sascha: *Der ehemalige Sohn*, München 2021.

Gapova, Elena: *Zhenschiny na kraju Ewropy*, Minsk 2003.

»Gewalt statt Macht. Belarus: Repression, Schikane, Terror«, *Osteuropa*, 70. Jahrgang, Heft 10–11, Berlin 2020.

Ghodsee, Kristen R.: *Warum Frauen im Sozialismus besseren Sex haben*, Berlin 2019.

Hapeyeva, Volha: *Camel Travel*, Graz 2021.

Ivanowa, Ewgenija, Karatsch, Olga: *Zehnschiny w Politike. Nowyje Podchody k Polititscheskomu*, Band 1, Prag 2012.

Ivanova, Jewgenija, Karatsch, Olga: *Zehnschiny w Politike. Nowyje Podchody k Polititscheskomu*, Band 4, Prag 2014.

Karbalewitsch, Alexander: *Alexander Lukaschenko. Polititscheskij Portret*, Moskau 2010.

Klinau, Artur: *Minsk. Sonnenstadt der Träume*, Frankfurt am Main 2006.

Kollontai, Alexandra: *Autobiographie einer sexuell emanzipierten Kommunistin*, Berlin 1977.

Marples, David R: *Understanding Ukraine and Belarus. A Memoir*, Bristol 2020.

Myles, Bruce: *Night Witches. The Amazing Story of Russia's Women Pilots in World War II*, Chicago 1990.

Nussbaum, Martha C: *Politische Emotionen. Warum Liebe für Gerechtigkeit wichtig ist*, Berlin 2014.

Ousmanova, Almira: *Belarusian Format. Invisible Reality*, Vilnius 2008.

Penn, Shana: *Solidarity's Secret. The Women Who Defeated Communism in Poland*, Ann Arbor 2006.

Schroeder, Henriette (Hg.): *Ein Hauch von Lippenstift für die Würde. Weiblichkeit in Zeiten großer Not*, München 2014.

Wackwitz, Stephan: »Minsk. Widersprüche einer Utopie«, in: *Sinn und Form. Beiträge zur Literatur*, Heft 1, Berlin 2021.

Wein, Elizabeth: *A Thousand Sisters. The heroic airwomen of the Soviet Union in World War II*, New York 2019.

Wilson, Andrew: *Belarus. The Last European Dictatorship*, New Haven/London 2021.